高职高专财经类专业规划教材

市场营销策划

李文义　刘进　张存明　编著

中国财政经济出版社

图书在版编目（CIP）数据

市场营销策划/李文义，刘进，张存明编著．—北京：中国财政经济出版社，2012. 1
高职高专财经类专业规划教材
ISBN 978 - 7 - 5095 - 3286 - 7

Ⅰ. ①市…　Ⅱ. ①李…②刘…③张…　Ⅲ. ①市场营销学 - 营销策划 - 高等职业教育 - 教材　Ⅳ. ①F713. 50

中国版本图书馆 CIP 数据核字（2011）第 245918 号

责任编辑：康　苗　　责任校对：杨瑞琦
封面设计：无极书装　　版式设计：兰　波

中国财政经济出版社 出版
URL：http：//www. cfeph. cn
E - mail：cfeph @ cfeph. cn

社址：北京市海淀区阜成路甲 28 号　邮政编码：100142
营销中心电话：88191537　北京财经书店电话：64033436　84041336
北京富生印刷厂印刷　各地新华书店经销
787 × 1092 毫米　16 开　14. 75 印张　335 000 字
2012 年 1 月第 1 版　2018 年 8 月北京第 4 次印刷
定价：22. 00 元
ISBN 978 - 7 - 5095 - 3286 - 7/F · 2781
（图书出现印装问题，本社负责调换）
质量投诉电话：88190744
打击盗版举报热线：010-88191661　QQ：2242791300

总　序

高职高专财经类专业规划教材是为了深入贯彻《教育部关于推进高等职业教育改革创新，引领职业教育科学发展的意见》（教职成［2011］12 号）、《教育部关于全面提高高等职业教育教学质量的若干意见》（教高［2006］16 号）、《教育部、财政部关于实施国家示范性高等职业院校建设计划，加快高等职业教育改革与发展的意见》（教高［2006］14 号），满足高等职业院校财经类专业高素质技能型专门人才培养的需要而开发编写的。

一、课程改革调研与系统化设计

通过行业背景分析、人才需求调研、生源状况分析、召开校企合作专业建设委员会会议等方式，及时跟踪财经类各专业发展趋势和动态，参考《普通高等学校高职高专教育指导性专业目录专业简介》，依照职业标准和企业用人单位的岗位要求，我们确定了市场营销专业的培养目标和所主要面向的职业岗位（群），在此基础上系统化设计课程体系，以充分满足高职高专院校培养工商企业一线的营销人员和营销管理人员的教学需求。具体课程有：《商品学基础与实务》、《消费心理学》、《市场营销学概论与实务》、《市场调查与预测》、《市场营销策划》、《广告理论与实务》、《国际贸易理论与实务》、《推销技术》、《公共关系》、《商务礼仪》、《商务谈判》等课程。

二、教材编写理念

本系列教材力求突出两大理念：一是校企合作开发，课证深度融合，充分体现职业性、实践性和开放性；二是从学做分离转向工学结合，促进综合素养提高，突出学生学习能力、实践能力、创新能力和就业能力培养。

三、教材特色与创新

本系列教材在编写上具有一定的特色和创新性，主要体现在以下几个方面：

1. 在教材内容的设计上注重以学生为本位，力求体现以业务流程引导教学流程，以知识模块整合培养综合应用能力，加强教材帮助学生将理论转化为能力的实训功能，推动以教师为主导、学生为主体的教学观念的转变和教学方法的改革。

2. 在教材体例设计上，结合学生将来就业去向以及从事该领域工作应具备的能力和职业要求来确定每门课程的教学目标和教学要求，然后对此进行分解形成细化的目标和要求，在此基础上架构教材的框架结构，对知识进行重组和序化。教材编写突破传统体例，每章设计了知识要点、能力目标、导入案例。每章中有同步案例、同步实训，章后有本章知识脉络、导入案例点评、思考与练习（包括理论部分题和实务训练题），既有利于老师组织教学，又便于学生自主学习。

3. 教学目标定位准确，教学内容与职业岗位充分对接。本系列教材在教学目标定位上，既关注学生专业能力的培养，又注重学生社会能力和方法能力的培养，既为培养学生胜任职业岗位能力服务，又为学生可持续发展奠定基础。教学内容与推销员、营业员、收银员、采购员等岗位职业能力要求充分对接，强调岗位分工与协作，促进综合职业素养养成，将企业真实工作任务改造后作为学习任务，实现教学过程与工作过程的统一。教学内容的前后排序符合学生的认知规律。

4. 课证深度融合。本系列教材教学内容与商业营业员职业资格证书、推销员职业资格证书、收银员职业资格证书等职业证书考试内容相融合，通过本课程学习后可以考取相关职业证书。

5. 持续改进。首批推出的 11 种教材，仅仅是我们面向企业、面向社会，在职业化和专业化两个方面对教材进行改革的初步尝试，在课程设置和教材编写方面，还可能存在这样或那样的问题，我们会不断汲取教学实践和社会各界的反馈意见，经过修订完善，把本系列教材打造成经得起时间和实践检验的高水平、有特色的精品教材。

中国财政经济出版社

2012 年 1 月

前言

养兵千日用兵一时。作为市场营销专业或其他管理类专业的学生，学习的归宿在于应用，在于有朝一日把所学用于企业策划，用于市场策划，建功立业，驰骋商场。最直接能体现和实现这一归宿和目的的课程和工具就是营销策划课程，同时所有专业课程的学习最终都要汇集在营销策划这门课程中，进一步加深理解，实现提升。

本书的作者都曾经给企业提供过营销策划，帮助企业提高产品的市场表现，进而提高市场业绩。截至书稿完成时，三位作者已经累计为 87 家企业提供了专业的营销策划服务。作者的这些亲历案例为本书的写作提供了良好的素材，也激发了作者梳理策划的思路。读者可以在本书的阅读、思考和练习中，体会到作者的这种实际经验和理论总结的结合。

书中在每一章都有一个导入案例，目的是让读者能够带着新问题来开启新的一章的学习。在每章都会安排几个同步案例，尤其是从第四章开始，每章的后半部分都提供了一个同步策划范例，并且随着学习的深入和展开，提供的小案例也越来越多。同时，在每章也安排了一些同步训练，有的是以“想想看”、“动动手”的形式出现，有的是以同步实训的形式出现。当出现这些训练形式的时候，希望读者能够想想前面，猜猜后面，从实际出发进行思考和回答。最后，在每一章的后面，安排了丰富的习题，有选择、简答，也有案例和实务操作。尤其是实务操作，希望读者能够认真去做，不怕艰难。毕竟付出越多，体会才会越多，再加上及时总结，收获才会越多，提升才会越快。

本书适合营销专业和其他管理类专业的高年级学生使用，也适合正在从事营销策划工作的从业人员使用。

本书分为十章，李文义确定全书写作框架，并编写第一章、第十章以及第二章至第八章的基本内容；刘进对第一章至第五章进行了进一步的梳理和资料补充，并最后通顺全稿；张存明对第六章至第十章进行了补充编写。

由于作者水平有限，时间仓促，尽管我们已经认真校阅，书中难免有疏漏之处，请读者及时和我们联系，以便我们及时修订、完善。邮箱是 80687916@163.com 或 64655793@qq.com。若读者希望和作者进行进一步的交流，也可通过以上邮箱和我们取得联系。我们表示欢迎和感谢。

作　者

2012 年 1 月

目录

第 1 章
营销策划概述

知识要点　(1) 市场营销；(2) 营销策划；(3) 营销战略规划；(4) 营销战术策划；(5) 营销策划书；(6) 提案；(7) 营销策划的发展阶段；(8) 营销策划的内容；(9) 营销策划思维过程和原则；(10) 营销策划书撰写的理论；(11) 提案的 BAFEV 原则。

能力目标　(1) 对营销策划有一个总体的了解；(2) 把握新营销策划的原则；(3) 形成营销策划的思维；(4) 能够独立撰写营销策划书；(5) 能够独立进行营销策划的提案。

导入案例

"得益乳业"因何"得意"

2005 年 9 月山东得益乳业有限公司获得中国名牌称号，这是山东乳业界首次获得该项荣誉。得益乳业取得的成绩与得益乳业早先进行的一次营销策划密不可分，这次营销策划基本奠定了得益乳业转型发展的基础。下面是这次策划的一些基本内容。

一、市场调研，内外兼顾

调研是策划的基础，经过翔实的调研，策划人员可以掌握大量而翔实的资料。

从得益乳业自身来说，它地处淄博市张店区，其产品主要有鲜奶、酸奶、AD 钙奶、蛋奶、活性乳等，基本全是袋装和塑装奶，产品质量不稳定，包装没有新意；原料供应不足，与养殖户关系紧张；营销方面，缺乏大营销观念，人员观念落后，市场部职能不清，团队中缺乏竞争机制。

从外部环境来说，在淄博本地有淄博绿源乳制品厂、淄博馨牛食品有限公司等竞争企业。这几家企业虽然从规模上不如得益乳业，但在具体的市场操作上都给得益乳业较大的压力。在得益乳业的周边地区有济南市乳品厂（后合并为佳宝乳业公司）、青岛雀巢牛奶有限公司济南分公司、东营市的广北农场乳品厂等。其中，济南佳宝乳业是得益乳业的最大竞争对手。当时的佳宝乳业无论从规模、实力还是影响力来看都是得益乳业无法相比的。淄博北边的滨州市场和东营市场竞争对手相对较弱，市场空白区域较大。淄博东边的潍坊市场竞争对手也缺乏实力，市场空白区域也较大。

通过调查发现，得益乳业在淄博本地市场占有率已经较高，企业要想有进一步的突破，只能借助于周边市场或是开发新产品。

二、战略规划，先易后难

1. 市场目标战略

从长远目标看，应着眼于创建名牌企业、名牌产品。

从近期目标看，应关注利润指标，确立“先生存后发展”的理念，明确一定的销售额及市场规范，注重具体的营销策略。

2. 市场扩展战略

本地市场，加强渗透。北伐南纵，东进西取。具体为：“北伐”是指直接出击东营市场及滨州市场，因为这两个市场的竞争对手较弱；“南纵”是指南部市场顺其自然发展；“东进”是指跨越青州，直击潍坊，迅速占领后作为日后进军青岛的根据地；“西取”是指进军济南。

三、产品设计，紧盯市场

通过借鉴光明乳业的有关产品线，分析佳宝的产品规划，公司决定在山东市场率先推出屋型包装奶和学童奶。屋型奶用复合软包装，保质期较长，适宜长线操作。学童奶针对青少年儿童设计，目标市场明确，随公司其他产品走密集分销渠道。

通过对屋型包装奶和学童奶的直接消费群体的详细分析，公司推出两个屋型包装奶品种：一是纯牛奶，二级品牌名称为草原牧歌；二是乳酸菌饮料，二级品牌名称为都市风情。根据当时的市场消费趋势，建议主打都市风情奶，以走酒店餐饮为主要渠道。

四、市场开发，步步为营

前期的市场开发，得益乳业发起的两大战役较有代表性，一是东营市场开发，二是济南市场屋型奶推广。得益乳业这两大成功的战役为将来的市场开发积累了经验，但是市场不可能只开发不防护，只启动不渗透，攻城略地后如何稳定市场也是得益乳业必须要考虑的问题。

五、市场渗透，服务制胜

得益乳业在开发新市场的同时，其老根据地淄博市场为什么能一直保持一个较高的市场份额？在淄博，公司推出服务客户 24 条措施，强化物流及投诉系统的流程再造，针对每一个环节制定行为规范，提出“客户的事再小也是大事”的服务理念，不断强化针对客户服务的行为监督机制。平时注重公共关系活动，处理好与社区的关系，在节假日进行专门的节假日公关促销宣传，并根据不同的社会事件推出专题公关活动，不失时机地宣传“德义合一”的理念。

六、策划效果，市场开花

经过企业和策划人员的共同努力，得益乳业取得了很好的市场效果，不仅巩固了淄博市场，还顺利进军潍坊、济南等周边市场，销售额有了大幅提升，获得巨大效益。

近年来，营销策划备受企业青睐，它让许多困境中的企业重新焕发生机，也让很多发展中的企业更上一个台阶。得益乳业之所以可以得意，关键在于转型发展的巨大成功，而转型成功的关键得益于上述卓有成效的营销策划。

第一步，得益乳业进行了全面的市场调研，对企业的外部环境、内部营销状况、产品结构和竞争对手状况进行了分析；第二步，得益乳业进行了市场战略的规划，经过对调研资料的分析之后，得益乳业制订了近期和长期的市场目标，对市场进行了整体布局，确定了“北伐南纵，东进西取”的战略；第三步，得益乳业对营销战术要素特别是产品设计做了策划，包括产品的命名、包装等；第四步，战略和战术策划完成后，进行了具体的市场开发和渗透。

当然，营销策划并不是万能的。企业不应该完全迷恋和依赖营销策划而忽视自身管理水平的提升。

1.1　营销与营销策划

1.1.1　营销与营销策划

营销是指生产产品并销售出去。通常需要组织以满足消费者需求和欲望为依据，生产产品或服务，并同他人进行交换以获得所需要的东西。

策划是指有计划地实施谋略。通常需要组织者因时、因地制宜，集天时、地利、人和，整合各种资源而进行的一种安排周密的活动。好的策划，能环环相扣、前后呼应，策划可大可小，时间可长可短，但它们都有一个共同的特点：以实现目标或解决问题为核心。

简而言之，营销策划就是以实现特定营销目标或解决特定营销问题为中心，系统地、创造性地设计和整合各种营销要素（比如价格、产品、广告、现场活动等），有计划地实施谋略，将产品或服务销售出去的过程。营销策划通过环境与策略分析，激发创意，创造性地利用企业资源和社会资源，制定可行的营销活动方案，从而改变企业现状，达到理想目标。

1.1.2　营销策划的发展阶段

营销策划经历了三个发展阶段。

1. 产品策划阶段

顾客需要物美价廉的商品，企业就要生产物美价廉的产品，所以此阶段营销策划工作主要是集中力量改进产品，加强对产品的策划和对企业组织结构的策划，从而提高组织效率，生产出适应市场需求的产品。

由于只关注产品，而不注重顾客的需求和愿望，并忽略了分销、促销等方面的营销工作，从而使营销策划工作成为短期有效的竞争利器。但是，一旦新技术和替代品出现，企业的产品就会很快出现滞销的情况，给企业带来巨大损失。

2. 促销策划阶段

这是一个广告为王，公关为王的阶段。大众化时代，商品更加丰富，企业希望通过促销来打败竞争对手，所以此阶段营销策划工作的重点是进行促销的策划，尤以广告和公关为甚。促销策划，在特定时期确实对企业的产品销售起到了重要作用。

由于过分关注促销活动，而不考虑消费者的喜欢和满意程度，使营销过程成为一种短期的交易活动，企业只关注短期销售额的增长，而忽视与消费者建立长期的可获利的关系。因而，促销策划不是企业长远发展的出路。

3. 系统营销策划阶段

经济不断发展，消费者需求不断变化，企业要想赢得市场就必须更加深入地了解市场。所以此阶段营销策划工作的重点是不断分析消费者心理和行为特征，并进行市场细分，通过设计产品、定价、分销和促销等一系列系统手段来满足目标消费者的需求和欲望。

当企业通过系统的营销策划，掌握了市场信息，了解了消费者购买行为特点，制定了恰当的战略，实现了产品、价格、渠道、促销的平衡发展，那么企业的营销工作就无懈可击了。

当前市场条件下，系统营销策划将成为主导的策划思想，企业已经进入系统营销策划阶段。案例导入的得益乳业的策划，从市场调研到战略规划再到产品的战术策划都已经证明了这一点，企业将不断加大对战略和战术要素的系统策划，达到系统发力的效果。

1.1.3 营销策划的内容

开篇导入的案例中，得益乳业对市场调研、战略规划、产品设计、市场开发和渗透等方面进行了策划，基本上确定了营销策划的主要内容。更确切地说，在系统营销策划阶段，营销策划的主要内容可以归纳为营销战略规划与营销战术策划两大方面。

1. 营销战略规划

营销战略规划，是针对企业长远发展战略的一种整体规划，主要是对战略发展方向、战略发展目标、战略重点与核心竞争能力的宏观策划。随着经济的发展和市场竞争的加剧，越来越多的企业开始重视营销战略的规划，以谋求长远的发展。

营销战略规划的内容包括以下四个方面：

（1）市场调研的规划

掌握全面而准确的信息是营销策划的基础，这些信息主要来源于市场调研工作。市场调研所获得的信息资料将同时服务于战略规划和战术策划。在导入的案例中，营销策划人员在接手得益乳业的项目以后，开展了大规模的内外部的市场调研，掌握了大量而翔实的调研资料，在此基础上进行了此次策划活动。

市场调研主要涉及营销环境现状、消费群体特点、市场竞争状况和企业自身状况等方面，这就是营销策划工作的重点。

（2）营销战略目标的规划

在确定战略目标之前，企业要对市场调研所收集的信息资料进行分析，主要方法就是SWOT分析。企业经过SWOT分析，将机会与威胁同内部优劣势加以综合权衡，利用优势，把握机会，消除劣势，避免威胁，从而制定企业的营销战略目标。

这些目标主要包括：企业在同行业中的地位、销售额、品牌知名度与影响力、产品的市场占有率、完成战略目标的时间期限等。当然，企业还可以根据自身情况制定更加具体的战略目标。例如，导入案例中得益乳业的战略目标是长远着眼于创建名牌企业、名牌产品，为此公司的目标就是争取尽量多的市场份额，先抢占市场。

（3）营销战略重点的规划

任何事情都有轻重缓急。营销战略的重点就应该是企业短期内需要加强的方面，这些方面可能对企业营销目标的实现产生决定性的影响。开篇导入的得益乳业的案例中，通过市场调研的分析，策划组对公司下的结论：得益要想进一步发展，当务之急就是开发新产品，冲出淄博地区，开发新的市场。这就是得益的营销战略重点，公司在整个营销策划中抓住了两点：新产品设计、包装开发和市场的扩展、渗透。

所以，企业要根据已确定的市场营销战略目标，结合企业的优势，如品牌优势、成本优势、销售网络优势、技术优势、质量优势等，确定企业的营销战略重点，并通过不懈的努力，打造企业的核心竞争力。

（4）营销战略实施的规划

企业营销战略策划的重点，关键在于如何实施。通过企业的战略目标来看，得益乳业将战略实施划分为了近期和长期两个阶段：近期以围绕利润来制定和实施战略；长期则以发展名牌产品，建立名牌企业为核心展开。通常情况下，企业习惯于将战略实施规划分为三个层级，即分阶段实施短期战略规划、中期战略规划及长期战略规划。

短期营销战略规划的主要目的就是明确最先确定的市场定位、最先主攻的目标市场等。策划要点包括：保证企业不被挤出现有市场，同时进入潜在的目标市场。

中期营销战略规划的主要目的就是在牢牢把握现有销售市场的基础之上，巩固和维护好新进入的目标市场。策划要点包括：开发新产品，改善产品结构，以适应新市场；消除现有和潜在的竞争威胁；扩大和巩固新市场，时刻准备开辟未来市场。

长期营销战略规划的主要目的就是寻求企业的长远发展。策划要点包括：利用新兴技术，开发全新产品，引领市场需求，创造全新市场；面向社会发展和时代需求，调整企业的产业结构和市场构成，保持企业长久的发展活力。

2. 营销战术策划

营销战术策划是指对能够实现企业营销战略目标的营销组合策略和措施的策划。在企业的营销战略确定后，必须制定营销策略和战术，以贯彻实施市场营销战略，实现战略目标。

对于营销战术策划的内容，在得益乳业的案例中，我们没有一一列举，只给出了公司在产品方面的战术策划，其实公司的整个营销战术策划还包括：市场定位策划、品牌策划、价格策划、分销渠道策划、促销活动策划、公关传播策划和广告策划等。所有这些战术要素，都是企业应该考虑的。当然，由于企业的营销战略目标、战略重点不同，在具体的营销策划中，企业可以对以上要素有选择性地进行策划。

想想看

回想一下过去学过的市场营销知识，是不是这些内容？尽量在脑中形成营销策划的整体内容框架。

1.2 营销策划的过程和原则

企业应该摸索一条本企业特有的思考问题和营销策划的思路，形成一种顺畅的思维方式。当然，不管每个企业有多不同，思维方式有多特殊，我们仍然可以找到一些共性的东西，这就是下面我们将要探讨的，每个企业应该具有的基本的营销策划的思维方式。

1.2.1 营销策划的思维过程

菲利普·科特勒曾经公开说过，营销并不仅仅是一种商业职能，它还是一种思维方式，一种思考如何创造、沟通和传递价值给目标客户群体，并使企业最终获利的强有效的思维方式。

具体地说，营销策划是基于现实状况对企业发展目标与实现途径以及未来发展的思考。因此，营销策划的思维路径应该是以下一系列问题的推演：

①现在和将来的营销环境或行业状况怎样？

②企业自身现在的真实状况以及将来的状况如何？

③企业希望在短期和长期分别达到怎样的目标？

④为了实现目标，企业应该制定怎样的战略？

⑤为了实现这些战略目标，企业应该实行怎样的战术策略？

⑥通过这些战略和战术策略，最终结果如何？

与这些问题相对应，营销策划的思维过程应该是：营销现状调研→明确营销目标→SWOT 分析和战略规划→战术营销组合策划（产品、价格、渠道和促销）→营销执行控制和营销效果评估。如果我们的营销策划方案执行后达到了预定的目标，那么这就是一个成功的营销策划。

1. 市场营销调研

市场营销调研是营销策划的基础。市场调研所收集的信息资料将成为企业进行战略规划和战术策划的依据，也是开展所有营销活动的依据。

营销现状调研的内容主要包括以下四个方面：首先，市场或行业状况调查。主要包括现状调查和趋势调查。其次，企业自身状况调查。主要包括企业战略调查和营销状况调查。再次，消费者调查。主要包括基本信息调查和消费特点调查。最后，竞争状况调查。主要包括竞争对象调查和竞争状况调查。

2. 营销目标规划

确立营销目标是明确营销努力方向和营销策划方向的重要环节。通过市场调研，企业已经掌握了大量的信息资料。在分析资料的基础上，企业应该对行业总体市场规模与市场结构的重大变化作出分析预测，并对企业的营销目标作出规划和决策。

企业的营销目标规划需要明确营销前进的方向与里程、营销目标的数值与增幅、达到营销目标的时间和进度。主要关键指标必须包括销售规模（数量和金额）、市场份额（数值与排名）、品牌状况（增长数值和幅度）和利润收益（数值与增长幅度）等四大方面。

企业营销目标规划需要在企业营销策划部门和企业高层领导之间反复讨论研究才能确定下来，有时可能还需要借助外部专家参与分析、研究和规划。

3. SWOT 分析和 STP 战略规划

企业营销目标一经确定，紧接着就是要进行 SWOT 分析，然后进行企业的战略规划以实现企业的营销目标。

（1）SWOT 分析

SWOT 分析，即对企业内外部环境进行分析，主要是为接下来的战略规划和战术策划提供支持。分析的主要内容包括：

①S 分析：企业的优势是什么？

②W 分析：企业的劣势是什么？

③O 分析：市场的机会是什么？

④T 分析：市场的威胁是什么？

⑤SO 分析：企业如何借助优势抓住市场机会实现快速发展？

⑥WO 分析：企业如何借助市场机会弥补自身劣势实现逆势而上？

⑦ST 分析：企业如何利用优势化解市场危机解除市场威胁？

⑧WT 分析：企业能否克服自身劣势和市场威胁实现成功突围？

（2）STP 战略规划

通过 SWOT 分析后，企业对于自身的优劣势和所面临的机会和威胁有了大致的了解，在此基础上，企业要制定自己的营销战略，即我们经常所说的 STP 战略。

①进行市场细分。所谓市场细分是指把市场细分为具有不同需要、特点或行为的购买者群体，并针对每个购买者群体采取单独的产品或市场营销组合战略[①]。市场细分能发现新的市场机会，更好地满足消费者的需求。

在开篇导入案例中，得益乳业通过市场细分，推出了学童奶。学童奶针对青少年儿童设计，突出均衡营养的功效，是山东首家针对学生量身定做的营养奶。这就很好地把握了学童这一细分市场。

②选择目标市场。进行市场细分之后，企业要选择进入的目标市场。目标市场是指在市场细分、市场定位的基础上，企业要进入的最佳细分市场。

企业选择目标市场应该坚持根据产品、市场和技术之间的关系，遵循企业既定的发展方向，发挥企业的竞争优势。通常情况下，企业目标市场选择的策略主要有无差异营销策略、差异化营销策略和集中性营销策略。

③进行市场定位。市场定位的实质是使本企业与其他企业在目标顾客心中严格区分开来，使顾客明显感觉和认识到这种差别，从而在顾客心目中占有特殊的位置。市场定位主要包括：产品定位、品牌定位、企业定位。

4. 战术营销组合策划

在进行战略规划后，要进行具体的战术营销组合的策划，这是实现营销目标的关键，也是整个营销策划工作能否取得预期效果的决定因素。战术营销组合策划主要包括：产品

---

① 加里·阿姆斯特朗，菲利普·科特勒. 余利军译，科特勒市场营销教程. 北京：华夏出版社，2004. 357－358.

策划、品牌策划、价格策划、渠道策划、促销策划、公关传播策划和广告策划。

5. 营销执行控制和效果评估

进行战术营销组合策划后，整个营销策划方案就基本形成，通过专家讨论后即可作为企业的营销决策方案坚定不移地贯彻执行。

在营销策划方案执行过程中，营销策划人员要深入营销一线，进行营销策划方案的解读与培训，并在执行过程中纠正不恰当的行为，研究执行中出现的新情况、新问题，及时对营销策划方案补充和修正。

执行完营销策划方案之后，企业和营销策划人员要对照营销目标，对营销效果进行评估，及时总结经验教训。对于正确有效的措施要坚持下来并形成自己的营销特色和竞争优势；对于存在的不足要认真分析原因，找到症结，提出改进措施，防止下次再犯同样的错误。

1.2.2 营销策划的原则

营销策划有其自身的规律，在实践中必须把握其客观规律，依据一定的法则进行。营销策划应遵循以下原则：

1. 目标：效益主导性

赚钱是企业的第一目标，因而，得益乳业设定的近期目标就是利润指标。企业所做的一切就是获得收益，所谓的企业长远发展也只是企业期望能长期获利的美好愿望。

因而，效益性成为营销策划工作的主导性原则。营销策划必须以最小的投入使企业获得最大的收益。没有了经济效益，就违背了开展营销策划的初衷，就是失败的营销策划。

2. 眼界：系统全局性

做营销策划，眼界一定要开阔，一切都要从系统的概念出发，把握全局。全局性原则要求对系统中各个部分的策略做统筹安排，确定最优目标，在营销战略规划和营销战术策划等各环节都要策划到位。

今天的市场，无论是生产、销售，还是传播，都是系统的工程，为使系统最优化，必须对系统中各组成要素全盘考虑，并且要与外部环境协调起来，进行资源整合。另外，要协调好产品、价格、渠道、促销等环节，实现系统组合最佳原则。

从得益乳业的营销策划看：在市场启动阶段，公司对市场潜力、产品适应性、消费者的特点、竞争优势、代理商的合作等主要问题进行了思考和策划，在每个市场点上，公司提出了广告传播、促销手段、沟通方式、市场难易等方面的问题；在市场渗透阶段，公司又对情报获取、政府公关、与经销商的沟通、市场运作模式等方面进行了思考。整个策划过程，有点有面，有攻有守，有战略也有战术，形成一个庞大的系统，完全体现了系统全局性的思想。

3. 思维：发散创新性

做营销策划，思维一定要发散，要有创新性。创新性是指营销策划必须动用创新思维，提出解决市场问题并实现营销目标的新创意、新方法。通过创新，创造与顾客的个性化需求相适应的产品特色和服务特色，甚至创造新的生活方式和消费观念，唤起消费者的购买欲望，把潜在消费者转化为现实消费者。

得益乳业率先推出的屋型包装奶和学童奶，无疑是一次伟大的创新。屋型包装奶从产品包装方面进行了创新，其独特的创新包装顺利地吸引了一大批消费者；学童奶从目标市场角度进行了创新，成为山东首家针对学生量身定做的营养奶，很好地把握住了学生市场。这就是创新策划的效用。

4. 方案：具体可行性

做营销策划，策划方案一定要具体，要有可行性。可行性首先是指营销策划方案能够操作实施，无法在实践中操作执行的策划方案，其创意再新奇也毫无价值可言；其次是指营销策划方案必须易于操作实施，不易于操作必然要耗费大量人、财、物，管理复杂并且效果不明显。

可行性要求策划者根据企业营销的战略目标和营销环境状况，对企业在未来的营销活动中应该做什么、什么时候做、在哪做、由谁来做、如何做的问题进行周密的部署、详细的阐述和具体的安排。也就是说，营销方案应该是一组具体的、明确的、相互联系的行动指令，一旦命令发出并付诸实施，企业的每一个部门、每一个员工都能明确自己的目标、任务、责任以及完成任务的途径和方法，并能够与其他部门或员工相互协作，共同完成任务目标。

另外，应该尽可能地利用各方面的专家或者是委托专业咨询机构进行营销策划，从而使经营者能集思广益，能对各种不同的营销策划方案进行评估和选择，以保证营销策划质量的最优化。

5. 实施：灵活机变性

营销策划的实施一定要灵活，要有机变性。机变性是指在进行营销策划时，应尽量对各种可能的意外情况和风险因素进行预测分析，制定相应的对策，以增加营销策划的灵活性和应变性。

灵活机变性要求策划者在制定策划方案时要有一定的弹性，留有应变的空间。同时，在策划方案的执行过程中，执行者要根据市场环境的变化对策划方案的细节进行不断的调整，并且随时应对可能出现的意外情况。

由于市场环境瞬息万变，市场调研过程中所收集的信息资料的准确性会大打折扣，加上意外事件的频繁发生，使得营销策划的灵活机变性变得更加重要。

1.3　营销策划书的撰写和提案

营销策划的最终成果就是要形成切实可行的营销策划书，通过对营销策划书的实施与控制，最终解决相关问题，实现营销目标。营销策划书是策划团队思想的展现。一份清晰可行的策划书，有助于问题的解决和方案的实施。而出色的提案有助于赢得客户或领导的认同和支持，使策划方案得到顺利的实施。营销策划书多是 Word 或 WPS 格式，提案时多采用 PPT 格式。

1.3.1　营销策划书的内容与格式

事实上，营销策划书并没有一个统一的内容和格式。根据所要策划的对象与要求的不同，营销策划书的内容和格式是不一样的。但通常情况下，一份完整的营销策划书应该包括：封面、概要、目录、前言、正文、结束语和附录，如表 1－1 所示。

表 1－1　　营销策划书格式

主要构成		发挥的作用
封面		策划书名片
概要		方案精髓
目录		构成框架
前言		背景与过程
正文	界定问题	策划任务
	环境分析	策划依据
	SWOT 分析	提出问题
	营销目标	明确营销目标
	营销战略	总体布局
	营销组合策略	具体对策
	行动方案	执行蓝本
	财务分析	可行性分析，投入产出分析和效果预测
	控制方案	保障成功
结束语		方案关键点总结和预期效果展望
附录		提高可信度

1. 封面

封面设计的原则是醒目、整洁，不要太花哨，至于字体、字号、颜色则应根据视觉效果具体考虑。

封面构成的要素主要有以下几个：策划委托人，策划机构的名称或策划人的名称，策划负责人及其联系方式，策划完成日期及策划执行的时间段，编号等如图 1－1 所示。

2. 概要

概要相当于一般书籍的内容简介，或者普通文章的内容摘要。它是对营销策划书主要内容的概括性陈述，其目的是使阅读者对营销策划方案内容有一个非常清晰的概念，便于阅读者理解策划人的意图和观点。

概要撰写的原则是，用最简短的言语把策划方案的内容全面地反映出来，即使阅读者没有太多的时间通读全文，也能通过概要对策划案有一个比较准确的了解。

3. 目录

目录是策划书各部分题目的清单，能够使阅读者很快地了解全书概貌和方便地查找相关内容。目录的编制要下一点工夫，既要让人读后了解策划书的全貌，又要引发人们的阅读兴趣。

4. 前言

前言主要是对该策划项目的意义、目的、紧迫性、原由、起因、方法、过程、内容

编号：______ 密级：______

主题：

策划委托人：
策划公司名称：
策划负责人：
联系电话：

策划完成时间：
策划执行时间：

图 1－1 营销策划封面

等背景性资料进行介绍。其作用在于，一方面使读者了解策划项目的背景情况，另一方面引起和激发读者的兴趣，特别是应该使读者看过前言后，对营销策划案产生一种急于了解的强烈欲望和初步的价值判断。前言的文字一般不应太长，其内容集中在以下两个方面：一是接受委托的情况；二是策划的概况，即策划要达到的目的以及策划的主要过程。

5. 正文

正文是整个营销策划的核心内容，也是对前面各章内容的具体应用。其主要内容包括：营销问题的界定、环境分析、SWOT 分析、营销策划目标、战略规划、战术组合策划、行动方案、财务分析和控制方案等。

在这里，我们强调营销策划方案的实施，也就是说要制定出周密细致的行动方案，只有这样才可以保证方案的顺利实施。行动方案要利用 6W2H 分析法，进行周密安排，具体包括：做什么、何时做、何地做、何人做、怎么做、对谁做、为什么做、需要多长时间、需要多少人员及费用、达到什么程度等，如表 1－2 所示。

表 1－2 营销行动计划

活动名称	负责人	地点	开始时间		结束时间		费用		人员	备注
			计划	实际	计划	实际	预算	实际		

当然，作为对营销行动方案的补充，还应该明确对方案实施过程的管理与控制。通过监控与分析，及时修正策划方案，以适应新的情况。

6. 结束语

结束语一般是对整个策划的要点进行归纳总结，一方面突出策划要点，另一方面与前言相呼应。在撰写结束语时，策划者要回答这样一个重要问题：你的策划是如何解决你前面提出的营销问题的？预期的效果如何？如果不能很好地回答这一问题，整个策划逻辑就值得怀疑。

7. 附录

附录的作用有两点：一是对策划中所采用的调查与分析技术做一些必要的说明，二是提供策划客观性的证明。因此，凡是技术性较强、会影响人们阅读策划书兴趣的东西，以及有助于阅读者对策划内容理解和信任的资料都可以列入附录中，比如问卷、分析模型、较为复杂的分析过程、座谈会原始照片、图像资料等。

1.3.2 营销策划书的撰写要求

了解了策划书的基本内容之后，还应该把握其编制的基本要求，以提高策划书撰写的准确性与科学性。营销策划书从形式上要规范、鲜明、具体，具有形象性和可操作性。文案的篇幅要与策划内容的简繁相一致，形式要图文并茂，语言要简约、流畅、生动，结构要严谨、完善、层层递进、环环相扣。除此之外，营销策划文案的撰写要坚持以下原则：

1. 针对性原则

通常情况下，营销策划都是为了解决某一具体问题而进行的。所以营销策划方案要具有针对性，针对某一具体问题，提出改进的措施，而不能泛泛而谈。

2. 逻辑思维原则

策划的目的在于解决企业营销中的问题，因而必须按照逻辑性思维来编制策划书。首先是设定情况，交代策划背景，分析产品市场现状，再把策划中心目的全盘托出；其次是详细阐述具体策划内容；最后是明确提出解决问题的对策，这是策划的核心。

3. 可操作原则

营销策划文案注重实际效果，抓住企业营销中所要解决的核心问题，深入分析，提出可行性的相应对策。文案的针对性要强，必须具有实际操作的指导意义。不能操作的方案，其创意再好也无任何价值。不易于操作的文案必然要耗费大量的人、财、物，成本高但收益较小。

4. 创意新颖原则

营销策划重在务实，在此基础之上还必须要有新意，给人以全新的感受。新颖的创意是策划书的核心内容，这也是企业愿意接受的。

1.3.3 营销策划书的提案

所谓提案，就是把你的营销策划书推介给客户或者是你的领导，使他们乐意接受你的观点和方案。如果把营销策划书看作你的产品，那么提案就是把你的产品销售出去的过程。如果你需要向客户进行提案，推介你的营销策划书，那么提案的质量决定了客户是否会乐意付钱购买你的创意和策划；如果你需要向你的上级领导进行提案，推介你的营销策划书，那么提案的质量决定了领导是否会接受你的方案并执行。这里，为了叙述的方便，无论是商业客户还是上级领导，统一称为客户。总之，糟糕的提案会使你前期的所有投入和付出都变得毫无价值。提案的质量主要体现在以下三个问题上：①提什么；②谁来提；③怎么提。提案中遇到的问题主要有：①不知道提案的重点是什么；②只是一厢情愿的谈话，单调、无聊；③只是认真地读资料而已。

想想看

在正式提案之前，是否有必要营造轻松、信任的气氛？提案人是否有必要精心准备，并穿着正式服装？

提案要遵循 BAFEV 的原则。BAFEV 指的是策划人员在提案时要遵循利益（Benefit）、优点（Advantage）、特性（Feature）、证明（Evidence）、价值（Value）这样一个原则，即先讲利益，再讲优点、特性，最后是证明和价值。策划人员先讲营销策划能给客户带来的利益，其目的是促使客户对营销方案的期待。提案过程的前 90 秒具有决定性意义。进入你的主题，让大家清楚地知道要谈的是什么，能够给他们带来什么，这很重要。在开始的 90 秒里，客户会不知不觉对你有一个大体的印象，并且可能会草率地决定他们自己是否对你将要说的话感兴趣。

B 客户利益点，指产品给客户或利益主体带来的好处。潜台词是“你如果……，你就会……”。比如，实施此方案后，可以使公司的销售业绩提升 20%。

A 优势，它源于比较，要么与过去比，要么与竞争产品比。潜台词是“与……相比……”。其结论会因比较物的不同而不同。比如，与同行业其他品牌相比，我们更加重视终端的工作。

F 特性，指有关产品和服务的客观事实，它不会因评判者的改变而变化。比如，我们计划通过特许经营的方式新开设 5 个专卖店。

E 证明，指你要向客户证明有能力使方案得到有效的执行。比如，我们有充足的资金和熟络的媒体渠道，这将使本方案得到有效的执行。

V 价值，指执行营销策划书的投入和产出比是否有吸引力。比如，我们只需投入 100 万元资金，1 年就可以实现销售收入增加一倍。

1.4　营销策划的误区防范

营销工作的实践性非常强，没有现成固定的营销模式供我们选取和套用，更没有一方包治百病的灵丹妙药。在营销实战中，各种主客体要素始终不断变化着，并且夹杂着许多社会的、心理的和情感的人文因素，即使在同一市场条件下，营销方案也可以有多个，不像自然科学的正确答案往往是唯一的。

营销工作的“深奥”和“神奇”之处也就在这里。正因为如此，在营销策划的行为和观念中存在一些隐性的误区，常常困扰着营销人员。下面我们就一些常见的营销误区作辨析，望能起到警诫明示的作用，以提高营销实战者的鉴别能力。

1. 新办法能够更好地解决问题

面对复杂激烈的市场竞争环境，有的营销人员把过多的精力放在试图寻找能解决所有问题的灵丹妙药，营销的过程几乎变成了寻求新的营销手段的过程，误认为只有新办法才能解决问题。

在这种错误认识的驱使下，营销人员不再专心致志地做那些已经被无数事实证明了的、行之有效的经典的营销方法，他们像赌博似的把赌注压在每一个新创意的方法上，在工作中表现出非常的浮躁，基础工作不扎实、不到位，连4P还没弄懂，只会滥用炒作。

近几年，我们时常对国外大品牌在中国市场的运作深有感触，他们稳扎稳打，绝无虚张声势，一旦立住脚，国内品牌就难以撼动其市场地位。为什么？因为人家是在营销！而我们的一些企业是在炒作，是在吆喝（打广告），然后销售。营销是一种全面的功夫，是管理的过程。而我们有的企业，只知道使用一些很表象的营销工具，比如广告、促销，不注重基本营销工具的组合、营销队伍的建设管理和营销制度的完善。

当今市场竞争已经不仅仅是产品的竞争、广告的竞争、炒作的竞争，而是企业全面功夫的竞争，哪样都不能差。企业经营者要经常检查企业各方面的工作。各方面的工作就像一块块木板围成的木桶，企业整体水平的高低取决于最短的那块木板的高度，长的再长也没有用。创新性的市场运作方法，只有在基础扎实的企业中才能发挥出应有的作用。

科学的、经得起时间考验的理论和方法总是最少的，也是最有用的。

2. 策划是包治百病的良方

随着市场竞争的白热化，企业在经营与管理中遇到的问题也越来越多，许多管理者就把解决问题的希望几乎完全寄托在某些策划者的策划上，这是极其错误的。首先，企业应该努力提高自己的综合素质和领导者的综合素质，加强企业的市场应变能力、核心竞争能力，这些才是决定企业成败的关键因素。其次，在提高自身能力的前提下，适时地学习他人的经验和智慧成果，达到内外结合，融入升华。任何一个企业离开了管理者自身管理能力的修炼和营销水平的提高，都无法取得市场竞争的胜利。

3. 策划只要有实践经验就行

有些人认为只要有实践经验就可以做好策划，这种认识也是一种误解。只有实践经验，没有专业知识和工具的指导，做出的策划往往是盲目的、表面的、零碎的，不能从根本上和全局上系统地解决营销问题。因此，策划人不仅要有实践经验，还要具有丰富的专业知识。因此，只有实践经验并不能成为优秀的策划者。

4. 策划只是专业性文章

有些人认为有专业知识就能做好策划。有一部分人自认为有了一定的经济理论知识、营销理论、策划理论的培训经历，就能做策划，就能做好策划，结果就把策划写成精美但没有实际意义的文案。这也是一种莫大的误解。这牵涉策划的效果问题。策划的效果要由实施策划方案后所产生的营销效果来决定，营销效益好，当然就可以说策划方案好；反之，则相反。

5. 组织机构不健全，设置不合理

许多企业都没有专门的策划部或企划部，甚至没有专门的人员去做这项工作，大多是由销售部来制定和实施的。营销策划是一门专业性极强的学科，许多销售员对营销策划的知识一知半解或没有正确的认识，所以基本上谈不上制订科学的、合理的策划方案，有的甚至把销售过程中简单的让利促销或“送东西”等同于企划。许多企业的企划部门往往与其他部门相互独立，甚至是处于从属地位，因此，在实施营销策划方案的时候，往往很难得到其他部门的有效配合。

6. 无监控过程

好的策划方案只有在正确的执行以后才能体现其作用，但是许多企业尽管设计好了营销策划方案，但缺少监控，在实施过程中要么敷衍了事，要么干脆就没人去实施，从而成了一种典型的"形象工程"。

本章知识脉络

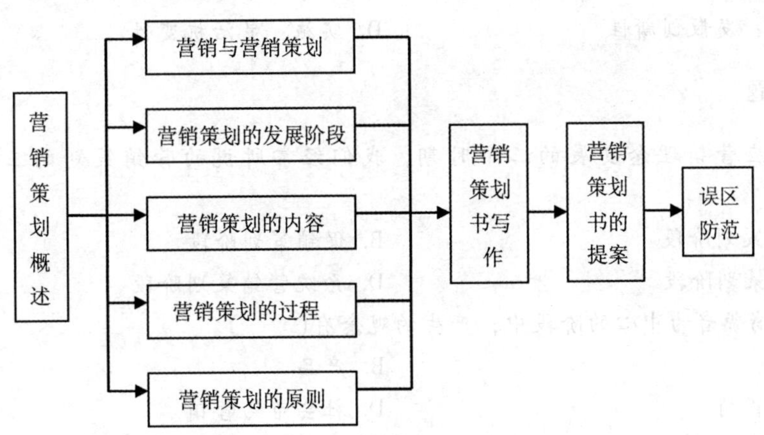

本章导入案例点评

本章开篇导入的得益乳业的案例，很好地展现了营销策划的整体思路，为企业营销策划树立了标杆。在学习完本章后，读者应该能够结合开篇导入的案例，仔细领会营销策划的思想，形成营销策划的整体思维，初步了解营销策划书的写作要求。对于具体的营销策划方法，将会在以后的各章中继续讲解。

思考与练习

1. 单选题

(1) "酒香不怕巷子深"所体现出的企业市场营销观念是(　　)。

A. 生产观念　　B. 市场营销观念

C. 销售观念　　D. 产品观念

(2) 市场营销观念的中心是(　　)。

A. 推销已经生产出来的产品　　B. 发现并设法满足消费者的需要

C. 制造质优价廉的产品　　D. 制造大量产品并推销出去

(3) 与以往旧的市场营销观念相比，在现代市场营销观念的指导下，企业的营销活动主要以（　　）为中心。

A. 生产　　B. 销售

C. 顾客　　D. 服务

(4) 下列不属于营销战术策划内容的是(　　)。

A. 渠道策划　　B. 品牌策划

C. 公关传播策划　　D. 市场调研策划

(5)“在进行营销策划时，要对系统中各个部分的策略做统筹安排，确定最优目标，在营销战略规划和营销战术策划等各环节都要策划到位。”这一说法体现了营销策划的(　　)原则。

A. 目标：效益主导性　　B. 眼界：系统全局性

C. 思维：发散创新性　　D. 实施：灵活机变性

2. 多选题

(1) 对应营销理念发展的三个时期，我们经常所说的营销策划的三个发展阶段是(　　)。

A. 产品策划阶段　　B. 促销策划阶段

C. 广告策划阶段　　D. 系统营销策划阶段

(2) 以消费者为中心的阶段中，产生的观念有(　　)。

A. 生产　　B. 产品

C. 市场营销　　D. 社会市场营销

(3) 营销现状调研的内容主要包括(　　)。

A. 竞争状况调查　　B. 消费者调查

C. 企业自身状况调查　　D. 市场或行业状况调查

(4) 我们经常提到的“SWOT 分析”方法主要包括(　　)。

A. 优势分析　　B. 劣势分析

C. 威胁分析　　D. 机会分析

(5) 下列策划思想中，不正确的有(　　)。

A. 新办法能够更好地解决问题

B. 企业不要急于盈利而应该先把品牌树立起来

C. 策划者在制定策划方案时要有一定的弹性，留有应变的空间

D. 销售额大小是考评营销策划好坏的唯一标准

3. 简答题

(1) 简述市场营销策划的发展阶段?

(2) 市场营销策划的内容主要包括哪两个方面? 具体内容是什么?

(3) 简析市场营销策划中存在的主要误区?

(4) 简述一份完整营销策划书的主要内容。

(5) 简述提案中的 BAFEV 原则。

4. 案例分析题

“秘密武器”为何不能长盛不衰
——更新市场观念

库尔斯公司是美国一家啤酒酿造公司，地处科罗拉多的山沟里。1960 年阿道夫·库尔斯这个 44 岁的啤酒王国的老板，外出遇难后，公司由其儿子比尔和乔兄弟俩经营。库尔斯公司生产的啤酒是用纯净的落基山泉水酿制，公司只生产一种品质啤酒，且只有一家酿造厂生产这种啤酒，啤酒只在西部 11 个州销售，其中多数州是美国人烟稀少的地区。它没有设立分厂，22 年没有扩大过规模，同时，每一桶酒都要销往 900 英里以外的地方。啤酒质量很好，除了一些名演员像保罗·纽曼和伊斯特伍德外，从福特总统到亨利·基辛格，无不对库尔斯啤酒称道叫好。每年大约有 30 万库尔斯的崇拜者来啤酒厂游玩，人们一直称库尔斯有“秘密武器”。

到 1970 年，由比尔和乔经营的一个小规模地区性啤酒厂却异常繁荣，1969 年比 1968 年产量增长 19%，在全国啤酒行业中名列第四。在西部 11 个州市，库尔斯市场占有率达 30%，在加利福尼亚州，到 1973 年为止，它占有了 41% 的市场，比啤酒行业产量最大的安休斯—布希的 18% 还多。这与那些知名的和不知名的人士对库尔斯产品的狂热追求与爱好，与啤酒厂环境清洁的形象及味道清淡适口的啤酒形象是分不开的。到 20 世纪 70 年代中叶，啤酒的消费趋势发生了很大变化，啤酒行业最热门的产品是凉爽型啤酒或低热量啤酒和高级名牌啤酒，这种啤酒的销售量几乎占到啤酒总销量的 10%，而其中全国发展最快的米勒公司啤酒占到 30%，并且这个比例还在上升，其他有发展的啤酒是高级名牌啤酒。安休斯—布希的米歇洛布牌啤酒竞争力很强，每年只以 3% 的速度增长，但几乎所有的增长均来自两种产品：凉爽或低热量啤酒和高级名牌啤酒，而这些库尔斯一种也不生产，只是一味地依赖于它的那一种啤酒，因循守旧。此外，研究表明，每 10 个饮用凉爽啤酒的新消费者中有四个是从库尔斯那里来的。西部市场也不再只属于库尔斯了，那里满是实力雄厚，根基牢靠的竞争对手。比尔不得不承认：“酿造我们能酿造的最好啤酒已经不够了。”1978 年库尔斯的利润下降到 5.48 亿美元，比利润最高的 1976 年减少近 29%，就是退到 1975 年，利润也比这个数字高。

问题就在于对一个变化不定的和更有扩张性的市场，库尔斯一味采取长期观望的态度，而无所领悟，保守主义政策根深蒂固，错误地认为一种啤酒及一种形象的魅力会长盛不衰，从而否认于任何大胆进取的甚至于惯常的市场营销努力的必要性，最终使库尔斯这个历史悠久、令人肃然起敬的啤酒商不回头地走到这样一个历史时刻。

（资料来源：曹刚等. 国内外市场营销案例集. 武汉：武汉大学出版社，2003.）

思考题：

（1）你认为库尔斯的“秘密武器”来自何处？到 20 世纪 70 年代以后，为什么“秘密武器”却失灵了？

（2）库尔斯公司是以什么为导向？怎样才能使产品长盛不衰？

5. 业务模拟训练题

(1) 案例实务操作

训练目标：

整体上把握营销策划的内容，形成营销策划的正确思维。

训练内容：

SWOT 分析；战略规划；战术策划。

训练操作：

参照本章开篇导入的案例，通过阅读书籍、杂志或上网搜索，找一个完整的营销策划的案例，根据本章所讲的内容进行案例分析。

成果要求：

分析案例中企业是如何进行营销策划的；指出该企业在营销策划中存在的不足；提出企业进一步完善营销策划的方案。

(2) 营销策划书的撰写与提案实务操作

训练目标：

熟练掌握营销策划书的构成要素，能够进行策划书的提案。

训练内容：

营销策划书的撰写；营销策划的提案。

训练操作：

自选校内和附近的一家企业，就他们遇到的营销问题或目标，为他们做一份营销策划书，并说服他们接受你的策划方案，并愿意向你支付一定的报酬。看看谁收到的报酬多。学完整个课程后，再进行一次。看看两次之间的差距和进步在哪里？

成果要求：

提交完整的策划方案；通过完成训练题的实践，提交关于营销策划书的撰写与提案的思考和体会。

第 2 章
进行市场调研

知识要点　(1) 市场调研；(2) 消费者行为；(3) 定量预测；(4) 定性预测；(5) EPSTEL 分析法；(6) 竞争对手分析模型。

能力目标　(1) 掌握市场调研策划的步骤；(2) 能够进行营销环境调研的策划；(3) 能够进行竞争调研的策划。

导入案例

德棉营销策划项目综合调查方案

为进一步把握市场营销环境，认识自身状况，德棉集团制订了某年公司的市场调查工作方案，希望通过调查可以获得有用的信息资料，为其营销策划工作提供支持。调查方案如下：

一、纺织行业及纺织品市场调查

1. 调查目的

(1) 全面了解纺织行业及纺织品市场的现状及发展趋势，以适应市场竞争需求，跟上发展潮流，制订企业长远的发展战略。

(2) 了解国际纺织品市场的发展方向，消费需求变化及新技术发展情况。

(3) 了解纺织品细分市场的竞争状况、市场容量及发展趋势，为进入终端产品市场做准备。

2. 调查内容

(1) 行业的宏观经济环境及现状，包括市场容量、市场成长性及发展趋势等。

(2) 加入 WTO 对中国纺织行业发展产生的影响。

(3) 行业竞争格局、竞争特点、竞争趋势，主要包括工业品类各细分市场的状况。

(4) 纺织品市场各细分市场的行业现状、发展趋势。

(5) 纺织品各细分市场的消费者需求特点及流行变化趋势等。

3. 调查方法

(1) 实地访问法。到国家行业有关主管部门、协会、科研机构直接收集信息，邀请业内专家讲课等；对经销商、下游厂家进行调查，了解市场变化信息。

（2）文案调查法。有关报刊、杂志、网站发布的各类信息；行业有关主管部门、协会、科研机构、大专院校的各类分析资料；国家及地方的市场研究机构、市场调查机构的调查报告及相关信息。

二、德棉集团内部环境的调查

略。

三、主要竞争对手的调查

1. 调查目的

对主要竞争对手进行调查分析，知己知彼，以确定有利的竞争策略。

2. 调查内容

（1）竞争对手的产品线构成及发展方向。

（2）竞争对手的生产能力、设备、技术、规模、机构设置、人力资源等企业的基本情况。

（3）营销行为如销售策略、价格政策、渠道网络、广告促销、销售体制及销售现状。

（4）竞争对手的优劣势分析。

（5）竞争对手的发展方向。

3. 调查对象

（1）主要竞争对手：魏棉、南山、河北常山、依棉、安徽华茂、无锡庆丰、南京金双强等。

（2）潜在竞争对手：三枪、宜而爽、恒源祥、AB 等。

4. 调查方法

（1）实地访问法。以社会机构的名义对各公司进行直接调查；通过共同的经销商、供应商及下游厂家进行调查了解。

（2）文案调查法。通过查找相关资料对竞争对手进行调查了解；通过行业协会、纺织行业高校等中间机构对竞争对手进行分析调查。

四、营销策略调查

1. 新产品调查

（1）“德棉 · A 米”新产品调查内容。

①市场上现有抗菌产品销售状况、新产品的下一步的发展情况。

②消费者对抗菌纺织品的认知、接受情况。

③消费者对“德棉 · A 米”品牌的理解、联想情况。

④消费者对功能性服饰的需求情况及下一步服饰的发展趋势。

⑤下游生产厂、销售商（含目标客户）对“德棉 · A 米”、Amicor 纤维的认识及对“德棉 · A 米”新产品的品种、政策价格的意见和建议。

（2）调查范围。

①消费者：有一定经济收入、消费意识超前的消费者。范围：上海、南京、杭州、宁波、广州、深圳、重庆、青岛、济南、北京等城市的大商场及超市。

②目标客户以及特殊领域的客户。

③专业市场：如浙江绍兴、温州、上海、广东、重庆等地的专业市场。

④商场（超市）、经销商。

2. 品牌建设调查

（1）品牌建设调查内容。

①消费者对纺织行业主要品牌及所属企业的了解情况。

②消费者对主要品牌的知名度、信任度、偏爱度、忠诚度及联想情况。

③其他企业的品牌建设、传播策略。

④其他厂家、销售商、消费者对"德棉"、品牌的认识、理解、联想情况，品牌建设的分析、调查。

（2）调查范围。

①消费者：与新产品的推广同时调查，范围相同。

②经销商：产品的经销商、下游厂家等。

（3）调查方法。

问卷法和现场测试法等。

五、德棉新、老客户及潜在客户的调查

略。

案例中，德棉集团的营销调研策划方案非常值得学习和借鉴。第一步，德棉集团从宏观上确定了市场调查的几大内容；第二步，具体设计每项调查的计划方案。企业在进行市场调研策划时，也应该遵循这样的步骤，如此一来，既有宏观的模块内容，又有微观的调查计划，整个调查方案就算比较合理了。

当然，德棉集团的调研方案并不是包含了所有的营销调研的内容，企业要根据自己的需要选择调研的模块内容。根据德棉集团的调研方案，我们总结一下一般企业要进行营销调研策划，需要调研以下内容：营销环境调研策划、市场需求调研策划、市场竞争调研策划和营销绩效调研策划；同时，企业在每项调研策划中，又要制定具体的市场调研计划，主要内容应该包括：调研目的、调查内容、调查对象、调查方法、调查开展的时间和地点、人员安排、预算、问卷设计等。至于具体的策划方法，我们将在接下来的内容中具体讲解。

2.1　市场调研策划分析

2.1.1　市场调研策划的定义

市场调研是市场营销策划的基础和起点，是企业了解营销环境、自身状况、竞争状况的重要途径。市场调研策划是对市场调研工作的规划，即对收集和分析数据或资料而选择研究方法和研究内容的决策过程的策划，其目的是及时准确地收集信息资料，为企业营销策划提供信息的支持，为企业决策提供依据。

关于市场调研策划的内容，在开篇导入的德棉集团的案例中已经有所体现：公司对纺织行业及纺织品市场，内部环境，主要竞争对手，市场营销策略，新、老客户及潜在客户等方面进行了调查。这些基本包含了企业市场调研的内容。

为了更好地指导企业进行调研策划，我们把营销调研策划的内容划分为四大部分，主要包括：营销环境调研策划、市场需求调研策划、市场竞争格局调研策划和营销绩效调研策划。

2.1.2 市场调研策划程序

市场调研策划是由一系列判断与选择组成的过程。为了解决一些特殊问题，它需要按照市场调研的程序，一步步地对收集和分析资料的方法加以选择和限定，其大致程序如下：

第一步，为什么要调研？

企业在进行市场调研之前，首先要明确为什么要进行调研的问题。这就要求企业要事先确定调研主题，明确调研目的，即企业要通过此次调研获得哪些方面的资料，通过这些资料的分析要解决怎样的问题。只有明确了市场调研的目的，接下来的调研计划设计和实际调查工作才有重点可循。

在导入案例中，开篇即给出了德棉集团进行市场调研的目的：为进一步把握市场营销环境，认识自身状况，为新产品上市和集团的营销工作提供支持。目的简洁明确，就是要通过内外部的调研，为新产品开发和上市提供决策依据，并为接下来的营销工作提供支持。明确目的之后，接下来的调研策划工作就有了方向和依据。

第二步，应该怎样调研？

明确调查目的后，围绕这一重点，企业要编制市场调研的计划书，制定具体的工作方案。

市场调研计划是市场调研策划的一个阶段性成果，要以书面的形式提供给有关人员。具体调研实施工作的前期工作是市场调研计划，但只是相对的。在实际中，调研人员需要先做试探性的和方向性的初步调研，然后再进行更为细致和全面的调研设计。

市场营销调研计划的主要内容包括：调研目的、调查内容、调查对象、调查方法、调查开展的时间和地点、人员安排、预算、问卷设计等。

动动手

根据德棉集团的市场调查计划书，请你也来拟定一份市场调查计划书，做一个关于联想笔记本电脑在你所在学校的消费情况的调查。

同步案例 2－1

德棉集团市场调查计划

一、调查目的

为新产品上市策划寻求市场支持；为德棉品牌重新定位寻求市场支持。

二、调查内容

消费者对螨虫的认识；消费者对抑菌防螨类纺织产品的认识；消费者对德棉品牌的认识。

三、调查地点：山东省济南市、青岛市城区

1. 主要商业街（繁华路段）

济南：贵和、大观园、大润发附近、三联附近、银座附近、市华联附近

2. 重点大商场、餐饮娱乐场所

济南：银座商城、购物广场、大观园、人民商场、市华联、大润发、肯德基、麦当劳

3. 服装、床上用品商店或市场

四、调查时间：1 月 20 日（周末能保证足够的客流，调查员也容易找）

五、样本数量：每个城市 200 人

六、样本选取

1. 年龄要求：18 岁以上的成年人，60 岁以内

2. 收入要求：主要以中高档收入家庭为主

3. 性别要求：以女性为主，男女比率为 2∶3

七、调查方法：问卷调查

八、调查员选取

人员：高校学生（最好以女生为主，家来自农村或贫困生为佳）

人数：10 人，每人 20 份/天，每份 2 元钱。（每人每天 20 元交通及伙食补助）

九、被调查人员礼品：每人赠送价值 1 元以内的小礼品（圆珠笔或其他）

十、费用预算

1. 学生调查：1200 元（调查员调查费：800 元；礼品费用：400 元）

2. 公司员工调查：600 元（调查补贴：200 元；礼品费用：400 元）

十一、问卷设计（略）

第三步，如何实施调研计划？

按照市场营销调研的计划开展调研工作，进行资料的收集。资料的收集有两种方法：实地调研和文案收集。实地调研主要是通过观察、问卷、访谈和试验等进行的调查；文案收集主要是收集现有的发表在书籍、报刊或网络上的信息资料。选择好调研方法后，根据人员安排，即可在预定的时间、地点对相关对象进行调查。

在调查之前，由于企业往往缺乏有经验的调研人员，所以，可以先对调查人员进行简单的培训，目的是使他们对调研方案、调研技术、调研目标及与此项调研有关的经济、法律等知识有明确的了解，以提高工作效率和准确度。

在调研过程中，要对调查工作进行监督和控制，及时解决可能出现的问题。首先收集的是文案资料，对这些资料的收集方法比较容易，而且花费也较少。其次是通过实地调查来收集第一手资料，这时就应根据调研方案中已确定的调查对象，选择适合的调研方法和调查方式。这类调研活动与前一种调研活动相比，花费虽然较大，但是调研所得的资料更准确、更实用。

在调研后，要对调研的工作进行总结，以便以后更好地开展工作。

在此，我们要特别强调：策划人员一定要亲自参与到调研中去，尤其是对于关键的、核心的信息搜集，因为，策划人员只有亲自参与，才能对市场信息有最准确的理解和把握，从而才能使策划建立在扎实的情报基础之上。

第四步，怎样进行信息处理？

实施调研计划后，要对收集的信息资料进行整理、统计和分析。首先，要筛选有用的资料，剔除无用的或不符合要求的资料；其次，将有用的资料进行分类统计；最后，要进行数据的比较和表格制作，使信息资料更加直观明了。

通常情况下，企业在进行市场调查资料分析时，可以使用五种基本方法：使用百分率、指数、对比价值、选择比较年份、平均数。

第五步，最终结论是什么？

通过资料的统计与分析，根据市场调研的目的，撰写市场调研报告。在报告中，要对调研分析的结果进行客观的汇报，同时提出调研过程中发现的问题，并提出相关的市场建议。

2.1.3 市场调研报告的写作

市场调研的最终结果要通过市场调研报告来展现，一份好的调研报告可以清晰地向我们展现企业所处的环境、营销现状，指明所面临的营销问题。

市场调查报告的格式一般由标题、目录、概述、正文、结论与建议、附件等几部分组成。

1. 标题

标题和报告日期、委托方、调查方，一般应打印在扉页上。

2. 目录

如果调查报告的内容较多，为了方便读者阅读，应当使用目录形式列出报告所分的主要章节和附录，并注明标题、有关章节号码及页码，目录的篇幅不宜超过一页。

3. 概述

概述主要阐述市场调研的基本情况，主要包括三方面的内容：第一，此次调查的目的，即简要地说明调查的背景和委托调查的原因；第二，介绍调查对象和调查内容，包括调查时间、地点、对象、范围、调查要点等；第三，简要介绍调查研究的方法和过程。

4. 正文

正文是市场调研报告的核心部分。这部分主要是通过对问卷的统计，对调研所得的数据进行分类分析和评论，为决策者进行独立思考提供全部调查结果和必要的市场信息。

5. 结论与建议

结论与建议是撰写综合分析报告的主要目的。这部分主要是对正文部分数据分析的总结，指明数据反映的主要问题，提出有效解决某一具体问题的方案与建议。结论和建议与正文部分的论述要紧密对应，不可以妄下结论。

6. 附件

附件是指调查报告正文包含不了或没有提及，但与正文有关必须附加说明的部分。它是对正文报告的补充或更详尽的说明。包括数据汇总表及原始资料背景材料等。

通常调研报告要提交企业领导审阅讨论，因而，在编写市场调查报告时，要力求条理清楚、言简意赅、易读好懂。

2.2　营销环境调研策划

所谓的市场营销环境，是指一切影响、制约企业市场和营销活动以至于生存和发展的内部和外部因素的汇总。营销环境调研是企业营销调研的重要前提。企业要想在市场营销环境中生存，就要随时掌握营销环境的最新动态。

开篇导入案例中，德棉集团首先就对市场的环境调研做了策划，即关于纺织行业及纺织品市场的调查。

这一调查中，既包含了宏观环境的内容，如宏观经济环境 WTO 对纺织行业的影响等，又包含了微观环境的内容，如细分市场状况、消费者需求特点、竞争状况等。

当然，在企业环境调研策划中，除了对宏观和微观环境的策划，还应该包括渠道调研和传播媒介的调研。虽然德棉集团没有进行这方面的调查，但在其他时候可能会遇到，也应该引起重视。

2.2.1　宏观环境调研策划

企业外部环境是复杂多样的，在当今时代，又是变化莫测的。对环境的调研可以从宏观和微观两个方面来加以说明，如图 2－1 所示。

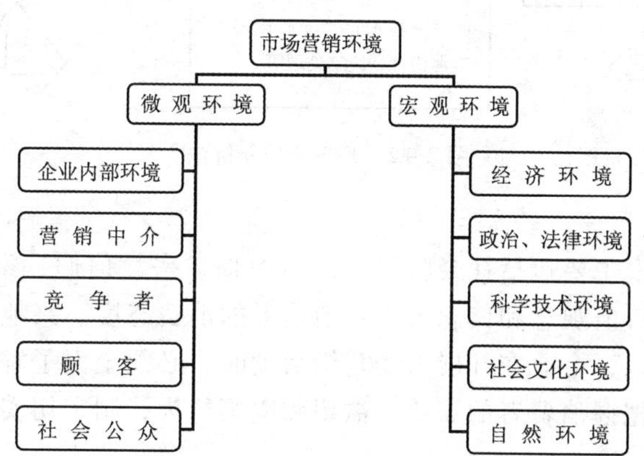

图 2－1　市场环境划分

宏观环境指影响企业营销活动的外部社会力量和因素，是企业不控制的因素，主要包括人口、经济、政治法律、科学技术、社会文化及自然生态等因素。对企业的宏观环境进行分析的通用方法是 EPSTEL 分析法，如图 2－2 所示。

1. 经济环境

经济环境是指企业经营过程中所面临的各种经济条件、经济特征、经济联系等客观因素。企业要考虑消费者的可支配收入、消费支出模式、居民的消费倾向、就业状况、宏观经济的变化发展周期规律等。

2. 政治、法律环境

政治环境是指企业市场营销活动的外部政治形势和状况，主要是国家的方针和政策。

企业对政治环境的分析，就要分析政治环境的变化给企业的市场营销活动带来的影响。例如五一黄金周的取消，短假的增加，对于习惯于靠长假期吃饭的旅行社来说，是一种威胁，这就迫使旅行社不得不改变经营策略。

影响企业战略的政治、法律因素主要有以下几种：政治体制与市场体制、政治稳定性、法制体系的建立与完善、国内法、国际法、国际惯例以及通行准则、行业法律法规等。

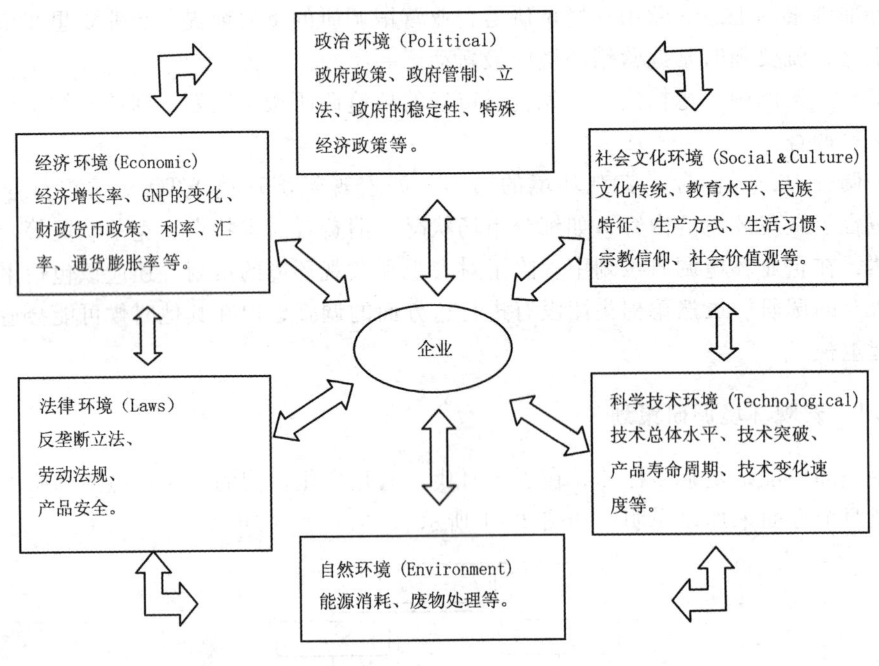

图 2－2 EPSTEL 分析法

3. 社会文化环境

社会文化环境因素主要包括社会阶层、风俗习惯、宗教信仰、家庭结构、价值观念、消费习俗等。人们的价值观念和信念会影响消费者的消费态度、兴趣爱好，从而最终影响购买决策和行为。所以，企业在开展市场营销活动时，必须全面了解、认真分析所处的社会文化环境，以准确把握消费者的需要、欲望和购买行为，制定切实可行的营销行动计划和方案。

4. 科学技术环境

科学技术环境是指一个国家或地区的技术水平、技术政策、新产品开发能力，以及及时发展的动向等。科技是第一生产力，它不仅直接影响着企业内部的生产和经营，同时还与其他环境因素相互作用，既给企业的市场营销创造了机会，又带来了威胁。

5. 自然环境

当前，自然资源日益短缺，能源成本不断提高，政府对自然资源的管理和干预不断加强，这将给企业营销活动带来不利的影响。因此，企业必须积极寻求新的资源或替代品。同时，企业在生产经营活动中要有高度的环保责任感，善于抓住市场机会，推出绿色产品，开展绿色营销，以适应世界环保潮流。

想想看

上面我们具体讲了宏观环境的调研策划，而在实际的工作中，企业少不了也要对微观环境进行了解。根据上面的内容，想一想对微观环境的调研应如何策划？

2.2.2　渠道调研策划

流通渠道是为促使商品从生产领域向消费领域转移，而由商品生产者、流通者、消费者等流通机构构成的一系列相互依存的组织，包括商品流通的途径、环节、形式。

1. 流通渠道系统调研

传统渠道与新型渠道在组织结构、运行方式等方面有着明显不同，如图 2－3 所示。

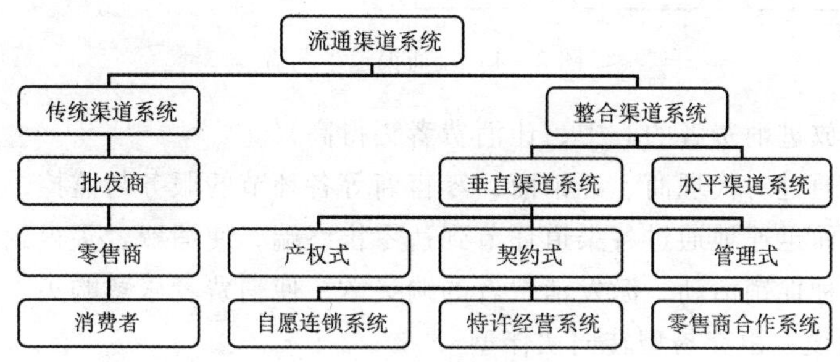

图 2－3　流通渠道系统

传统渠道是一种比较松散的渠道模式，渠道上的各个成员之间彼此独立，购销交易是建立在自身利益、讨价还价、相互竞争基础上的，交易关系很不稳定，容易发生渠道冲突。传统渠道虽然保持了各企业的独立性，但由于缺乏共同目标，因而影响了局部与整体运行效率。

新型渠道是一种比较集中的渠道模式，渠道上的各个成员之间采取了不同程度的联合经营的方式，从而形成了规模效益，提高了整体运行效率和经营效益，有效地增强了环境适应力和市场竞争力，为现在大多数企业所采用。

流通渠道系统是由许多类型的渠道策略组成，这些渠道策略可分为以下几类：

①直接渠道或间接渠道的营销策略；

②长渠道或短渠道的营销策略；

③宽渠道或窄渠道的营销策略；

④单一营销渠道或多营销渠道策略；

⑤传统渠道或垂直渠道营销策略。

2. 流通渠道参与者调研

流通渠道的参与者介入了产品销售的整个活动，要么是企业的客户，要么是企业的合作伙伴。渠道参与者如图 2－4 所示。

3. 渠道的发展趋势调研

（1）渠道运作：以终端市场建设为中心

销售工作从销售网络的开发到经销商开发、从铺货到促销，内容繁多，但归结起来，销售工作要解决的问题只有两个：一是如何把产品放到消费者的面前，让消费者见得到；

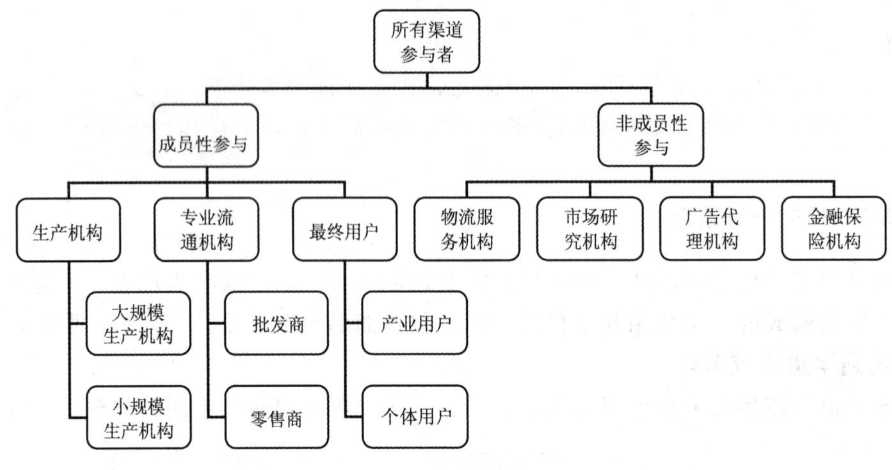

图 2－4　流通渠道参与者

二是如何把产品放进消费者的心中，让消费者买得高兴。

厂家一方面通过对代理商、经销商、零售商等各环节的服务与监控，使得自身的产品能够及时、准确而迅速地通过各渠道环节到达零售终端，使消费者买得到；另一方面，在终端市场进行各种促销活动，激发消费者的购买欲，使消费者乐意购买。

（2）渠道建设：由交易型转向伙伴型

传统渠道的每一个渠道成员都是独立的，以追求个体利益最大化为目标，甚至不惜牺牲渠道和厂商的整体利益。在新型销售渠道中，厂家与经销商的交易关系变为友好合作的伙伴关系，使分散的经销商形成一个整体，渠道成员为实现自己或大家的目标共同努力，追求双赢。

（3）渠道格局：由单一化转向多元化

单个渠道成员通常很关心自己的短期利益，通常为了自己短期的最佳目标采取单独行动，导致了渠道冲突。现在许多企业开始采取了多元化渠道，即混合渠道。混合渠道方式为面临复杂大市场的企业提供许多有利的条件，企业通过每一条新渠道扩大销量和市场覆盖范围，并获得使产品适合各类顾客细分市场特殊需要的机会。但是这种渠道很难控制，更容易发生冲突。

（4）渠道结构扁平化

传统的销售渠道呈金字塔式的体制，因其广大的辐射能力，为厂家产品占领市场发挥出了巨大的作用。但是，传统的渠道存在着许多不可克服的缺点：一是厂家难以有效地控制销售渠道，销售政策不能得到有效的执行落实；二是多层结构不利于信息传播与反馈，有碍效率的提高。因而，许多企业正将销售渠道改为扁平化的结构，即销售渠道越来越短、销售网点越来越多。销售渠道短，增加了企业对渠道的控制力；销售网点多，则增加了产品的销售量。

2.2.3　传播媒体调研策划

我们知道，媒体间的功能差别很大，在传播中的表现也各不相同。广告媒体整合传播就是基于合理、高效地利用媒体资源这一目的。企业在进行媒体调研时，主要是对传播媒体形式的调研、媒体受众定位的调研和媒体传播范围的调研。

1. 传播媒体的形式调研

报纸、杂志、广播、电视被人们称为广告传播的“四大媒体”，互联网络被人们称为第五大媒体，另外还有户外广告。这些主要的媒体就是企业媒介调研的主要对象。

（1）报纸

报纸是以文字和图片形态为传播手段，刊载新闻为主的广告借用媒体。

（2）杂志

杂志是刊登某一方面或某一门类的知识性或娱乐性文章、图片等供读者研究或消遣的出版物。

（3）广播

广播是利用电波把广告信息变成各种声音的纯听觉媒体。

（4）电视

电视是最具实力的传播媒体，但在实际广告活动中电视的性价比并不是很高。

（5）网络

与传统媒体对应的是以网络为代表的新媒体，它在人们尤其是年轻人获取信息方面发挥着越来越大的作用，也越来越受到企业重视。

（6）小众传媒

小众传媒一般是指户外广告、售点广告、电梯广告、接触式广告等多种形式的小范围传播媒体。

想想看

以上媒体都是企业常用的传播媒介，也是消费者最容易接触到的信息载体。想一想：这些媒体各自有什么特点？相比较而言，它们各自有何优势和劣势？

在此，需要强调的是，在不同的市场区域，存在的媒体形式是不一样的，不同的媒体形式的重要性也是不一样的，这种区别尤以城市和农村、大城市和小城镇为典型，在调研时要注意到这些区别。

2. 受众定位调研

受众定位调研的目的就是要明确企业所选媒介的受众定位是否与企业的产品定位和目标消费群体相一致。通过媒介受众定位与目标消费群体的比较，企业要选择最优的媒介组合。

电视、广播、互联网和一般性报纸为大众媒体，它们针对一般性消费者，其受众特别广，没有明显的年龄、性别、职业、文化及消费层次的区分；专业性报纸、杂志为中众媒体，它们对受众是有一定要求的，有年龄、性别、爱好和职业等分别，比如，青年报针对年轻人，体育报针对体育爱好者，女刊针对女性消费者等；户外广告等为小众媒体，只针对个别有需求的人群。

3. 媒体传播范围调研

媒体传播范围调研的目的就是要明确企业所选的媒介的传播范围是否覆盖到了所有的目标市场。通过对传播范围和目标市场的比较，及时调整企业的媒体策略。

在常用的媒体中，传播范围最广的媒体是电视和互联网，只要有电视和网络的地方就有信息的传播。其次是广播、杂志和报纸，层级越高，其覆盖面就会越广。传播范围最小的是户外广告，它有明显的区域性。

2.3 市场需求调研策划

市场需求的调研主要从三个方面入手：市场现状调研、市场预测和消费者需求特点。

2.3.1 市场现状调研

1. 市场供应分析

从一般角度看，市场商品供应分析的内容主要包括市场商品现实供应者和潜在供应者，市场商品供应总量和结构分析，具体商品的供应量分析，可供商品的质量、规格、花色、价格的分析，供应弹性分析等。

在实际应用过程中，不同的项目要求掌握的市场商品供应分析的要求、范围不同。在德棉集团的调研方案中，涉及市场供应方面的调研内容有纺织品市场各细分市场的行业现状、集团的生产情况、竞争对手的生产能力、市场上现有抗菌产品销售状况等。

2. 市场需求分析

从一般角度看，市场商品需求分析主要包括市场商品总量和结构分析、具体商品的需求和结构分析、需求弹性等方面。这些内容在德棉集团的调研方案中也有体现，如纺织品各细分市场的市场容量、消费者需求特点、消费者对抗菌纺织品的认知和接受情况、潜在用户的需求情况等。

3. 供给关系分析

供给关系分析包括供求总量关系和结构关系分析。在分析总供应量和总需求量之间关系的同时，要注意分析不同商品的供求状况，还要分析供求的动态变化状况。一般而言，供求的总量格局与具体商品的供求格局并不是同步的。在总体上供大于求，也有可能存在某些或某种商品的供不应求的状况。

4. 特殊供求现象的分析

特殊供求现象的分析，主要包括替代品的供求分析，连带商品的供求分析，商品供求的逆反现象分析。

市场现状调研是在其他各种调研的基础上进行的总结性分析。只有把环境调研做好了，才能把握好市场的现状，才能更好地预测市场的发展趋势。

2.3.2 市场趋势预测

市场趋势预测是依据市场的历史和现状，凭经验并应用一定的预测技术，对市场发展的未来趋势进行测算和判断的逻辑过程。

市场预测按其性质可分为定性预测和定量预测两种。

1. 定性预测

定性预测是指通过对预测对象内在发展规律的分析，判断其未来发展变化趋势的一种预测方法。它通常是凭借个人经验、知识，或者集体的智慧和直观的材料，对事物的性质和规律进行预测，而不是依靠复杂的数学工具进行的预测。

定性预测是一种常用的方法，它可以充分地考虑到各种影响因素对未来发展趋势的影响，简便易行。其不足之处是难以对未来作出精确的说明，对各项预测目标之间相互影响程度难以做出量的说明，预测结果所产生的误差难以估计。

2. 定量预测

定量预测是根据历史数据，利用数学模型和工具，对预测对象未来发展趋势进行量的分析和描述的方法。它通常在原始数据比较充足或数据来源多且稳定的情况下加以采用。市场本身是质和量的统一，对市场的全面认识需要定量预测和定性预测的结合。

定量预测注重数据的应用，以数学模型作为分析手段，不易受人为因素的影响，有利于保证预测的科学性与客观性。但是，定量预测对预测人员的要求特别严格，对数据资料的要求也比较高，而且其时间的限制性较强。

2.3.3 消费者心理与消费者行为

1. 分析消费者的意义

消费者行为是指人们在购买自己需要或爱好的产品或服务时所表现出的各种行为。消费者的购买行为受到多种因素的影响，具有很大的差异性。所以，企业只有认真研究和分析了消费者，才能有效地开展营销活动，真正把握住企业的目标顾客群体，顺利实现同顾客之间的交换。

分析消费者对企业整体市场发展战略具有重要指导意义，主要表现在：

①企业产品研发、包装设计等离不开对消费者心理和行为的准确把握；

②对产品定位、细分市场具有关键意义；

③对销售促进、广告宣传等具有启发作用；

④对价格体系的制定与维护有监控指导的作用。

所以，正确地分析消费者，是现代企业必须重视的生存手段。消费者的需求就是销售者的市场，怎样把握这个市场，就成为各个企业长期探究的问题。一个企业要使自己生产的产品达到好的销售水平，提高产品的市场占有率，扩大销售额，就要对消费者需求进行分析。

因而，在导入案例中，德棉集团从不同的方面对消费者进行了调查，包括纺织品各细分市场的消费者需求特点及流行变化趋势，消费者对功能性服饰的需求情况，消费者对抗菌纺织品的认知、接受情况，消费者对“德棉 · A 米”品牌的理解、联想情况，消费者对德棉主要品牌的知名度、信任度、偏爱度、忠诚度及联想情况等。这些调研获得的关于消费者的信息，不管是对德棉集团新产品的上市决策还是已有产品的销售提升，都会有巨大的指导作用。

2. 消费者购买的特征

（1）购买的差异性

中国消费市场广大，人数众多。不同的民族、不同的地区存在着差异，同一民族、同一地区又因为性别、年龄、职业、知识层面、性格等不同，导致消费者购买差异性大。

（2）消费的可诱导性

绝大多数消费者缺乏相关的专业知识、价格知识和市场知识。尤其是对某些技术性较强、操作比较复杂的商品，更显得知识缺乏。正是由于这个原因，使得消费者需求存在可诱导性。

（3）消费者多而分散

消费购买涉及每个人和每个家庭，购买者多而分散。为此，消费者市场是一个人数众多的市场。由于消费者所处的地理位置各不相同，闲暇时间不一致，造成购买地点和购买时间的分散性。

（4）购买的层次性

依据马斯洛五层次需求理论，随着经济发展和生活水平的提高，人们的需求行为从低级需求向高级需求发展。在不同的层次，对需求的要求也各不相同。同时，我们要注意到，中国幅员辽阔，地区间发展并不平衡，不同地区和收入水平的消费者的需求具有明显的层次性。

3. 影响购买行为的主要因素

影响消费者购买行为的内在因素很多，经济收入水平是影响消费者购买行为的基本因素。不同收入水平的人的购买行为会有很大的差异。

研究发现，影响消费者的购买行为的非经济因素主要有内外两个方面。从外部来看，主要有消费者所处的文化环境，消费者所在的社会阶层，消费者所接触的各种社会团体，以及消费者在这些社会团体中的角色和地位等。内部因素则是指消费者的个人因素和心理因素，如图 2－5 所示。

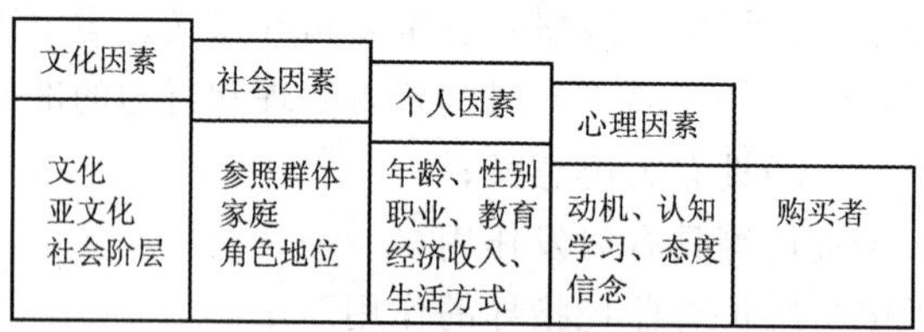

图 2－5 影响消费者购买行为的因素

4. 购买决策过程

想想看

同样作为消费者的你，一定做过不止一次的购买决策。回想一下最近的一次购买经历，你是如何完成整个购买过程的？大家相互交流一下。

消费者的购买决策是一个极为复杂的动态过程，存在众多的可变因素和随机因素，只有进行全面分析才有可能把握其中的规律。消费者的购买决策过程可分为五个阶段，即确认需要、收集信息、比较评价、决定购买、购后评价。

同步案例 2－2

小崔和女友购房

小崔打算和女友小丽结婚，可是他们现在都住在单位提供的宿舍里，于是计划购买一套婚房（确认需求阶段）。小崔现在每次看报纸都会首先找到置业版，并且会仔细看，上专业的房屋置业网站也多了，还不时地打听同事购买房屋的情况（收集信息阶段）。最后小崔打算在泉城花园和香港国际两个小区中选择一个。于是，他设立了以下几个评价标准：户型、单价、交通、设施、周边环境。他给香港国际打了 85 分，给泉城花园打了 82 分（比较评价阶段）。经过反复权衡，他决定购买泉城花园的房子，因为尽管香港国际的综合评价高，但它要明年才能交房，而泉城花园下个月就可以交房（决定购买阶段）。可是，购完房之后，小崔听说房子降价了，比他购买时便宜了 200 元，于是小崔怀疑当初自己的决策是不是错了。住了半年后，小崔对社区环境和房屋质量很满意，于是不断地向朋友推荐购买这个小区的房子（购后评估阶段）。

2.4　市场竞争格局调研策划

当今企业处在一个激烈竞争的环境中，企业营销策划的效果依赖于竞争对手的状况和反应。因此，对市场竞争进行调研就显得尤其重要。

2.4.1　竞争对手的界定

1. 谁是竞争对手

竞争对手是指消费者在考察企业产品时所想到的其他产品的制造企业或经销商。竞争对手对企业的发展会造成各种各样的威胁，有时也是把市场共同做大的同盟。明确谁是企业的竞争对手，对竞争对手进行研究，是我们制定企业发展战略、应对市场竞争的第一步。

2. 竞争圈

竞争圈指的是在目前的竞争态势下，企业依据竞争强度的大小来确定竞争对手的位置，从而确定应对方式的竞争对手划分方法。在竞争圈中，我们可以直观明确地得到竞争对手在竞争活动中所处的位置，从而确定本企业的竞争状态。

在此，对竞争圈中的竞争对手划分作出一些解释：

（1）核心竞争对手

核心竞争对手是企业研究的主要竞争对象，它指的是在市场竞争中与本企业直接发生竞争关系的企业。在所有的竞争对手中，这些企业与本企业相比，有相同的经营范围、同样的客户群体，向顾客提供的是相同的服务和产品，有同等的地位，一般处在相同的区域，有同等的实力和比较相近的规模。对于核心竞争对手的研究，关系到企业的生死存亡，值得我们花最大的精力对它进行研究。

（2）中间竞争对手

中间竞争对手在战略分析中处于核心竞争对手和外围竞争对手的夹层中，它们也有着和本企业相似的产品和服务，或者是处于同一个地区，或是相同规模的同类公司，但是由于这些企业的发展目标和战略与本企业的目标战略没有发生直接的冲突，所以就没有直接的、持续的和经常的竞争。

(3) 外围竞争对手

外围竞争对手指的是在产品和服务上与本企业有相似的地方，有可能影响到本企业发展的企业，它们也是以产品和服务上的某些相似作为基础的。

(4) 潜在竞争对手

这样的企业一般与本企业生产不同的产品，提供相异的服务，只是由于经济上的某种联系，才产生竞争。这个类型的竞争对手一般情况下不是直接可以识别的，需要通过产业经济分析才能意识到。这种竞争的产生，有的是因为产业的协同效应，有的是因为有着相似的客户群体，也有的是由于政策的因素。总之，很多原因都会导致潜在的竞争对手产生。

2.4.2　分析竞争对手

1. 竞争对手分析的内容

分析竞争对手的实力是企业竞争对手研究的重要内容。面对一大堆的财务数据、市场信息以及其他各种信息，如何理顺和筛选这些信息，如何对竞争对手进行分析是摆在企业的情报工作者面前的一个重要课题。

我们先看一下导入案例中，德棉集团是从五个方面进行竞争对手分析的，基本上包含了有关竞争对手分析的所有内容。为了更好地把握竞争对手分析的内容，我们将分为四个方面进行分析：

(1) 竞争对手的历史及现状

包括竞争对手经营历史和发展目标，竞争对手基本现状，竞争对手在全球发展状况及其在国内的战略地位。

(2) 竞争对手的4P情况

包括竞争对手在产品研发、生产、组合以及品牌规划、价格体系、分销体系、促销活动、推广策略等方面的表现。

(3) 竞争对手财务状况分析

包括财务政策，资产负债表、损益表、现金流量表、财务状况变动表及其他附表，财务情况说明书。

(4) 竞争对手综合实力评价

包括经营力、盈利能力，行销力和企业形象力，研发创新能力等。盈利能力通常采用的指标是利润率，比较竞争对手与本企业的利润率指标，并与行业的平均利润率比较，判断本企业的盈利水平处在什么样的位置上，同时要对利润率的构成进行分析。

2. 竞争对手分析的方法

了解了竞争对手分析的内容之后，企业应该怎样对内容进行具体的分析呢？下面我们将介绍一种常用的竞争对手分析的方法——竞争对手分析的模型。

竞争对手分析的模型是从企业的现行战略、未来目标、竞争实力和自我假设四个方面分析竞争对手的行为和反应模式，如图2-6所示。

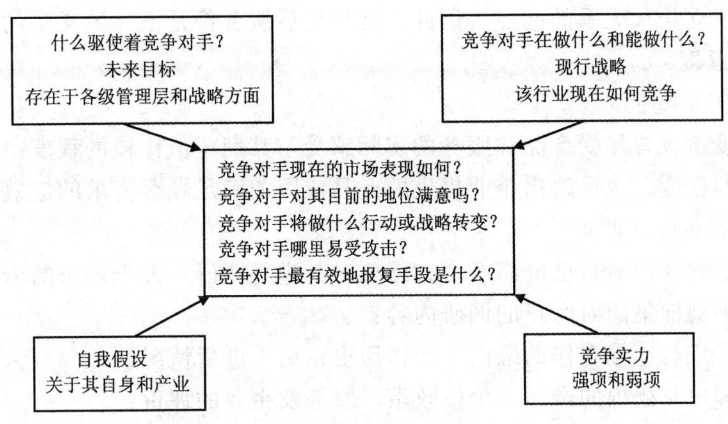

图 2－6　竞争对手分析的模型

2.5　营销绩效调研策划

2.5.1　绩效的含义

绩效，从管理学的角度看，是组织期望的结果，是组织为实现其目标而展现在不同层面上的有效输出，它包括个人绩效和组织绩效两个方面。个人绩效是组织绩效实现的基础，但个人绩效的实现并不一定能保证组织绩效的实现。如果把组织绩效按一定的逻辑关系层层分解到每一个工作岗位以及每一个人的时候，只要每一个人达成了组织的要求，组织绩效就实现了。

2.5.2　营销绩效评估的意义

通过绩效评估，企业可以分析企业面对的情况，发现企业内部和外部所存在的问题，给企业的管理高层提供大量的信息资料来做出经营决策，进而能提出更好的经营管理方面的解决方案。面对瞬息万变的市场，营销作为企业经营管理中的重要一环，同样需要进行细致而专业的绩效评估，以更好地把握方向。相反，缺乏绩效评估过程，营销将陷入一片模糊之中，管理者就很容易做出错误的判断，实施错误的决策，给企业带来巨大的损失。

2.5.3　营销绩效调研的主要方面

对于营销绩效的调研我们主要可以从产品销售的测试、客户满意度以及品牌形象三个方面着手。

1. 产品销售的测试

产品销售的测试可以从售前、售中、售后三个方面进行测试。

在整个服务链中，销售的各环节是紧密联系的。企业应该系统地看待客户服务，不应该把售前、售中和售后服务生硬地分割开来对待。而且，售后服务并非是销售的终点，而是企业与客户建立长久关系的起点。因此，任何售后服务都是下一笔交易的售前营销。

2. 客户满意度

（1）客户满意度定义

客户满意度指顾客接受产品和服务的实际感受与其期望值比较的程度。这个定义既体现了顾客满意的程度，也反映出企业提供的产品或服务满足顾客需求的成效。

（2）客户满意度的调查

企业要想了解客户对自己的满意度，就要对其进行调研。关于调研的内容，我们可以参考导入案例中德棉集团对客户的调研内容：

①新、老客户与德棉合作的缘由、合作历史，历史进货情况；

②新、老客户对德棉的产品、价格政策、服务及企业的评价；

③新、老客户对德棉品牌的认知情况，主要客户对德棉的满意度；

④新、老客户的资信情况调查；

⑤新、老客户的地域分布情况；

⑥新、老客户与其他企业的合作情况；

⑦潜在用户的基本情况、发展动向、需求情况；

⑧潜在用户与其他企业的合作情况。

这些基本上包含了所有的内容，其中有些内容并不是直接体现客户的满意度，而是为分析客户满意度提供信息支持。在实际的调研中，企业可以根据自己需要的方面有选择地进行调查，从而掌握客户满意情况。

（3）客户满意度的影响因素

客户满意度的影响因素很多，总体来说，主要包括服务质量、产品质量、产品价格以及环境因素和个人因素。

（4）客户满意度的提高

①尊重客户、关怀客户。客户应该得到充分的尊重。营销人员必须持续不断地重视关心每一个客户，特别是有上进心的客户，并且采取一些行之有效的方法了解客户的心态以便对症下药。营销人员要善于用感情的关怀和实际的行动来感动客户。

②提高服务质量。在提高服务质量的过程中，要有科学的标准，如服务窗口的设计与排队等待的限度等；要使无形服务有形化，通过对服务设施的改善、对服务人员的培训与规范等措施来实现；服务过程要透明，当在某方面出现服务不满意时，应迅速查找原因以实施服务补救。快速的补救措施不仅提高了顾客满意度，还提升了企业的形象。

满意的客户往往乐于把自己的感受告诉别人，起到更有效的、不需要成本的广告宣传。只有提高客户满意度，才能提高客户忠诚度，才会推动满意的客户向忠诚的客户转化，才会给企业带来效益，实现企业长期利益。

3. 品牌形象

（1）什么是品牌形象

品牌是企业提供给消费者的一种形象。它是一种特定的名称、术语、符号或设计，或是它们的组合运用，其目的是借以辨认某个销售或某群消费者的产品或服务，并使之同竞争对手的产品或服务区分开来。

品牌形象是人们对品牌名称所引起的所有感情与美感的特征，是指消费者基于能接触到的品牌信息，经过自己的选择与加工，在大脑中形成的有关品牌的印象总和。

（2）品牌形象的调研

企业要想了解企业或产品在消费和客户心中的形象，就要进行市场调研。同样，我们也可以参照德棉的策划方案。

（3）品牌形象的塑造

品牌形象是企业的品牌在市场、社会公众中所表现出的个性特征，体现了社会公众及消费者对此品牌的认知与评价，反映着它的知名度和美誉度。

打造品牌就是运用营销手段来塑造品牌形象。首先我们要明白，品牌形象不是孤立存在的，它是由许多营销中的其他形象罗织起来的，如产品的形象、价格的形象等，它们都关系到品牌形象的建设。至少有七条有关的形象在创建品牌时需要共同来打造，它们是品质形象、价格形象、通路形象、广告形象、促销形象、顾客形象和企业形象。

（4）品牌形象的判定

我们可以从以下方面对品牌形象进行判定：品牌知名度 、品牌美誉度 、品牌认知度、品牌忠诚度。品牌形象的评判常采用市场调研的方法实现，依据上述指标进行综合评价。

品牌形象的塑造需要公司的各个阶层共同的努力。好的品牌形象，员工的付出一定也是很多的，所以品牌形象也可以作为评估营销绩效的参照。

2.6　营销调研策划的误区防范

市场调研策划是一项基础的、重要的、细致的、繁琐的工作，任何的疏漏都有可能导致市场调研进入某个误区，从而影响调研质量。许多营销问题是通过精确的市场调研发现的，由此可见市场调研的基础性和重要性。所以，企业在做市场调研时要力求获得所需的、准确的数据和结果。但是由于种种原因，市场调研策划中除了不可避免的误差外，还有许多误区会导致市场调研策划的失败。

1. 调研不是万能的

有些企业把市场调研想象成无所不能的工作，认为产品策略、广告创意、活动方案、竞争对手情报等都可以通过市场调研来解决。这种看法是错误的。

企业通过市场调研可以获得相关信息，这仅仅是为决策者提供信息依据，辅助决策，使决策更有把握，增加胜算的机会。过分依赖调研数据，会导致企业失去自主性，使企业过分依赖于对竞争对手的策略分析，从而迷失方向。

这就要求企业正确对待市场调研，正确使用调研数据，在调研的基础上，充分发挥企业的自主性，创造性地做出决策，赢得竞争优势。

2. 调研问题界定失误

不同的企业在市场中所处的境况都不一样，同一个企业在不同阶段也会遇到不同的营销问题。在界定营销问题时，企业往往会出现失误：要么将营销问题界定得过于宽泛，要么将营销问题界定得过于狭窄。

如果问题界定过于宽泛，那么结果将是企业得到许多不需要的信息，而实际需要的信息可能得不到。如果问题界定过于狭窄，那么结果是调研的结果不全面，从而造成整个营销策划工作的片面性。

因此，企业在初步界定调研问题后，还应将调研问题继续深化。企业应该根据自身的需要，确定从什么地方、以什么方式从调研对象中获取最有效的信息。切勿采用不当的调研设计，获得不必要的信息，而错漏真正需要的有价值信息。

3. 调研程序僵化

由于部分企业缺乏专业的调研人才，所以调研工作相对简单，主要是营销人员根据理论的内容，照搬调研程序，机械化地实施调研，导致调研程序僵化，最终结果就是调研成本越来越高，调研可信度越来越低。

每次调研的内容不同，调研对象有所差异，这就要求企业培养专业的调研人才，打破调研程式，积极探索适合企业的调研方式。例如，对空调普及率的调查，程式化的调研就要求企业入户调研，这就增加了难度。其实，通过室外观察也能得出结论。

4. 调研造假

调研造假是一个非常恶劣的问题，因为数据是一切营销策划工作的基础，根基不牢，后期的工作都是白搭，错误的信息会给企业带来巨大灾难。

调研造假可能有这么几种情况：部分市场调研人员诚信缺失，责任心不强；个别调研公司偷工减料，欺骗企业；为了掩饰问题，将调研数据进行特别处理，虚报结论。

这就要求企业在做市场调研时要以积极的态度对待，敢于发现问题，解决问题；加强市场调研人员的监管，加强调研过程的监测；如果企业选择调研公司帮助调研，要选择可靠的公司。

本章知识脉络

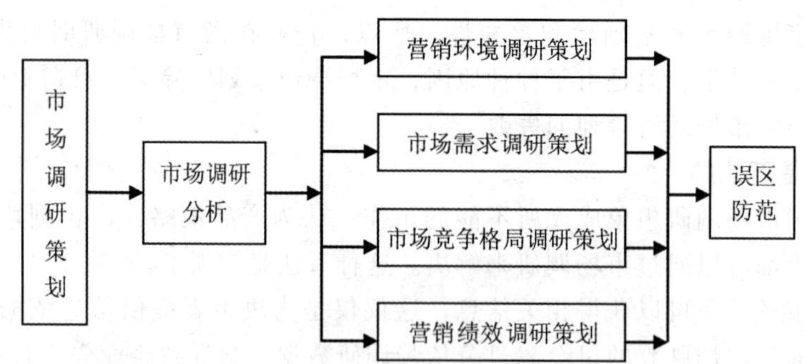

本章导入案例点评

本章开篇导入的德棉集团的案例，不仅从宏观上展现了市场调研策划的主要内容，而且从微观上提供了调研计划，为企业市场调研策划提供了参考范式。在学习完本章后，读者应该能够结合开篇导入的案例，把握住营销调研策划的精髓，同时学会营销调研策划的方法，具备独立进行营销调研策划和实施的能力。

思考与练习

1. 单选题

(1) 下列因素中，不属于宏观环境分析因素的是(　　)。

A. 经济环境　　B. 政治、法律环境

C. 社会文化　　D. 社会公众

(2) 通过对预测对象内在发展规律的分析，判断其未来发展变化趋势的预测方法，我们称之为(　　)。

A. 定量预测法　　B. 趋势预测法

C. 定性预测法　　D. 特殊预测法

(3) 当市场调研人员分析问题时，除了亲自收集的资料外，先前为了一定目的收集的资料也是一个重要的消息来源，这些资料被称为(　　)。

A. 一手资料　　B. 二手资料

C. 最初数据　　D. 便利数据

(4) 按照马斯洛的需要层次理论，最高层次的需要是(　　)。

A. 生理需要　　B. 安全需要

C. 自我实现需要　　D. 社会需要

(5) 下列属于新营销策略的是(　　)。

A. 概念营销策略　　B. 终端包装策略

C. 媒体组合策略　　D. 品牌提升策略

2. 多选题

(1) 营销调研策划的内容主要包括(　　)。

A. 市场需求调研策划　　B. 市场竞争调研策划

C. 营销绩效调研策划　　D. 营销环境调研策划

(2) 政治法律环境是由那些影响各种组织、个人行为的(　　)组成。

A. 法律　　B. 公众团体

C. 群体规范　　D. 政府机构

(3) 我们经常所说的，被人们称之为广告传播“四大媒体”的广告媒介中，除了电视外，还包括(　　)。

A. 报纸　　B. 杂志

C. 广播　　D. 户外广告

(4) 市场需求的调研内容主要包括(　　)。

A. 市场需求调研　　B. 市场供给调研

C. 市场预测　　D. 消费者需求特点

(5) 对于营销绩效的调研，我们主要可以从(　　)方面着手。

A. 品牌形象　　B. 竞争对手实力

C. 客户满意度　　D. 产品销售测试

3. 简答题

(1) 什么是市场调研？市场调研的程序是什么？

(2) 简述 EPSTEL 分析法的具体内容。

(3) 请简单描述一下消费者购买决策的过程。

4. 案例分析题

消费者为什么出尔反尔、言行不一？

20 世纪 80 年代，可口可乐公司决定开发新型可乐，于是对顾客口味作了随机测试，发现顾客喜欢百事可乐的甜味，而不是可口可乐的干爽味。其实，这个结论最早是由百事可乐做的，可口可乐后来的测试证实了这个结论。此后，可口可乐找到一种含甜味的新配方，从 1982—1985 年，历时 3 年，对近 20 万消费者进行的测试表明，55% 的消费者倾向于新可乐的口味，53% 的消费者倾向于新可乐的商品名称。1985 年 4 月，新可口可乐正式面市，公司决定停止生产老可口可乐。

消息传开，可口可乐总部每天都收到消费者上千个抗议电话及雪片般的抗议信，甚至成立"美国老可口可乐饮用者"组织来威胁可口可乐公司，如果不按老配方生产，就要提出控告，并组织召开抑制新可乐的集会。

在 3 个月的抗议风潮中，可口可乐公司又重新做了公众调查，6 月份还有 49% 的人喜欢新可乐，到了 7 月初，只有 30% 的人喜欢。于是，7 月 11 日，公司决定重新生产老可乐。

可口可乐风波中，消费者的言行不一，源于"言"（调研）与"行"（购买）环境的差异，以及环境差异带来的购买决策标准（理性与感性）的变化。

消费者调研通常隐含着一个重要前提：消费者能够清晰表达自己的需求。其实，这个前提是不存在的。消费者也许能够清晰地表达显在的需求，却基本无法表达潜在的需求。正像每个人在恋爱时都有自己的标准，但这种标准总也说不出来，或者不能完整地说出来，就像一句诗说道："不能说，不能说，一说就错。"直到有一天，遇到自己的意中人，会情不自禁地说："就是他（她）！"

宗庆后是中国本土企业家中很另类的人物，他不相信专家，不相信传统市场调研。正是凭着每年 200 多天在市场的摸爬滚打，凭着自己的市场体验，跟着感觉走，一步一步走向成功。宗庆后的感觉，实际上就是无法用语言描述的市场感受。连宗庆后都无法表达，普通消费者可以吗？

（资料来源：曹刚等. 国内外市场营销案例集. 武汉：武汉大学出版社，2003.）

思考题：

(1) 消费者为什么会言行不一？你认为还有什么原因未分析出来？

(2) 我们应该怎样进行市场研究才能避免本案中的调查陷阱？

5. 业务模拟训练题

市场调研实务操作

训练目标：

明确市场调研策划的内容；熟练掌握市场调研的方法和流程。

训练内容：

营销环境调研；市场需求调研；市场竞争格局调研。

训练操作：

选择自己熟悉的企业和产品，编写与之相关的市场调研方案（方案应该包括产品、品牌、价格、渠道、促销等内容），根据调研目标设计市场调研问卷，然后进行实地调研。

成果要求：

提交市场调研方案一份（附调研问卷）；提交市场调研报告一份（此次调研结果在接下来的训练中会用到，注意资料保存）。

第3章 规划营销战略

知识要点 (1) SWOT 分析；(2) 市场细分；(3) 产品定位；(4) 产品和品牌定位的理论；(5) 企业定位的理论；(6) 竞争战略的理论；(7) 发展战略的理论。

能力目标 (1) 能够灵活运用 SWOT 分析方法；(2) 能够进行市场细分并选择目标市场；(3) 能够给企业、产品、品牌进行准确定位；(4) 能够选择正确的竞争战略和发展战略。

导入案例

北京全聚德集团的营销发展战略

一、辉煌的历史

中华著名老字号“全聚德”，创建于 1864 年（清朝同治三年），以北京烤鸭最为著名。百余年里，全聚德菜品经过不断创新发展，形成了以独具特色的全聚德烤鸭为龙头，集“全鸭席”和 400 多道特色菜品于一体的全聚德菜系，备受各国元首、政府官员、社会各界人士及国内外游客喜爱。2005 年 8 月 6 日，世界品牌实验室宣布全聚德品牌评估价值为 106.34 亿元人民币。

二、机遇与挑战

在 21 世纪，全聚德品牌的发展同中国整体餐饮业、乃至中国商业服务业一样，面临着严峻的挑战和良好的机遇。

挑战是：餐饮业持续发展，即使是仅指经营烤鸭类食品的餐饮业（单就北京市目前就有以“北京烤鸭”命名的烤鸭餐饮大小餐厅 400 多家，各餐厅、饭店兼营北京烤鸭这道菜更是数以千计），竞争也是更加激烈；知识经济、信息产业的发展，要求全聚德集团所属的国内外直营、连锁企业，其生产制作、经营、管理和服务的文化、科技含量必须大幅度增加，存在“前三脚好踢，持续发展不易”的难度。

机遇是：中国经济和国际接轨，知识经济和信息网络的发展，使全聚德更便于学习和引进发达国家发展餐饮业的先进经营、管理、服务、生产的理论、方法和经验；国际交往更加频繁，国内外旅游业进一步发展，全聚德潜在顾客群体将会不断扩大；随着市场经济的发展和人们消费水平的提高，名牌效应日益明显，使用名牌、享受名牌将逐步成为一种社会时尚，久负盛名的全聚德将进一步得到社会与消费者的推崇与青睐。

三、拟定“三大发展战略”

面对新时期的机遇与挑战，确定进一步的发展目标，是全聚德必须认真思考和冷静对待的战略问题。为此，集团决策层进行了反复的讨论，邀请了 30 多位专家学者对全聚德集团的整体经营状况进行调研、咨询和诊断，对全聚德的未来发展进行系统的研究和论证。

首先，专家学者对全聚德品牌给予了充分的肯定和评价，大家一致认为，以全聚德品牌烤鸭为代表的全聚德品牌，独具个性特征，具体表现在：

1. 特色鲜明。全聚德品牌具有中国特色、京味儿特色。

2. 雅俗共赏。上至国家首脑、社会名流，下至平民百姓一致推崇全聚德品牌，这是其他品牌难以做到的。

3. 驰名商标。全聚德品牌已经在国内外进行了商标注册，并以“中国驰名商标”的身份，享有更大范围的知识产权法律保护，使得这一品牌具有不可仿冒、不可侵犯性。

根据对全聚德品牌内涵结构及其特征的认识，专家认为全聚德集团发展的战略目标应该是：以全聚德烤鸭为龙头、以精品餐饮为基业，通过有效的资本运营，积极审慎地向相关产业领域延伸，创造具有中国文化底蕴、享誉全球的餐饮业世界级名牌。

为了实现上述目标，专家认为全聚德应该选择全面的事业发展战略——“正餐精品战略”、“快餐战略”和“食品加工业战略”。在三大事业发展战略中，“正餐精品战略”是全聚德集团产业发展战略的中心环节，采取各种必要对策，使全聚德烤鸭能在北京烤鸭中独树一帜，形成产业优势、经营服务特色和文化壁垒是全聚德人面临的最紧迫的任务。实施“快餐战略”是全聚德扩大产业规模和市场占有率的必由之路，具有可能性和广阔的市场前景。“食品加工业战略”可以使集团的事业领域由单纯的餐饮业扩展到食品加工业。小包装熟食品可以直接进入家庭消费，中国有 12 亿人口，家庭熟食品是一个巨大的市场。

三大发展战略的思路一出台，各路专家便一致认同了“正餐精品战略”和“食品加工业战略”，但对于“快餐战略”意见不一，并且争论异常激烈。

三大产业发展战略可具体如图 3－1 所示：

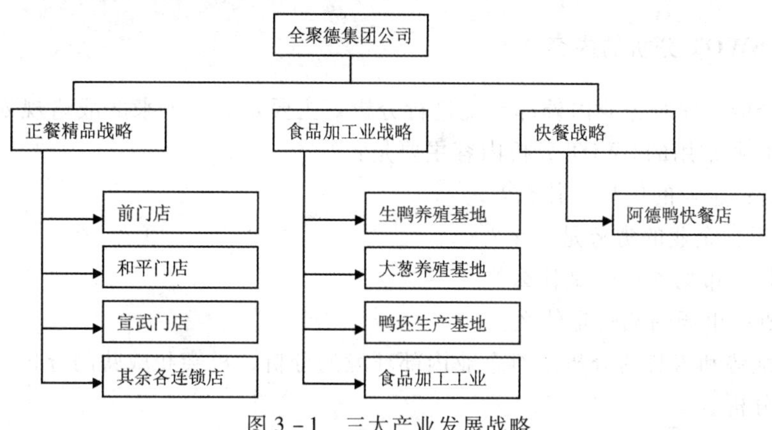

图 3－1　三大产业发展战略

在充分地听取了各派专家意见的基础上，全聚德企业集团的决策层经过反复研讨、分析与调查，决定综合两派专家的意见，采取下述行动：

1. 巩固发展“正餐精品战略”。集团下力度进一步在产品质量、服务质量、营销质量等方面做出努力，在全体员工之中牢固树立“精品”意识，从“弘扬中国传统饮食文化、促进全聚德发展”的战略高度认识“正餐精品战略”的意义。

2. 发展食品加工业，走集约化、规模化之路。具体为采用“一体化”发展战略，分别建立生鸭养殖基地、大葱养殖基地，建立食品加工企业。

3. 在北京以试验性质开办一家快餐店用以投石问路。

（资料来源：张海青．胜鉴．北京：机械工业出版社，2006．本文有较大删减。）

企业经过市场调研之后，收集了大量的信息资料，接下来就是要对企业进行营销战略要素的规划，这些要素包括制定战略目标、确定目标市场、制定市场目标、选择竞争战略和发展战略等。当然，在进行战略规划之前，企业要对调研资料进行分析处理，这就必须要用到SWOT分析的方法。

SWOT分析是战略规划的前提。战略规划是对整个营销活动方向的规划，为战术策划指明方向，方向不容出错。

3.1 SWOT环境分析和制定营销目标

3.1.1 SWOT分析的定义

SWOT分析法是战略分析中最常用的方法之一，是一种能够较客观而准确地分析和研究一个企业现实情况的方法。它是制定市场营销战略的基本手段，也可以称为态势分析，就是将与研究对象密切相关的四种因素，即优势（Strength）、劣势（Weakness）、机会（Opportunity）及威胁（Threat）通过调查列举出来，并按矩阵形式将其排列起来，系统地思考之后得出相应的结论，这种结论往往具有一定的决策权。

3.1.2 SWOT分析的内容

SWOT分析，即对企业内外部环境进行分析，主要是为接下来的战略规划和战术策划提供支持。企业常用的SWOT分析内容主要是：

①S分析：企业的优势是什么？

②W分析：企业的劣势是什么？

③O分析：市场的机会是什么？

④T分析：市场的威胁是什么？

其中，优势和劣势的分析是对企业内部环境的分析，机会和威胁的分析是对企业所处外部环境的分析。

利用这四个方面的分析，企业可以从中找出对自己有利的、值得发扬的因素，以及对自己不利的、要避开的因素，发现存在的问题，找出解决办法，并明确以后的发展方向。

另外，SWOT 分析还可以进行深入的组合分析。这些虽然不常用，但我们应该知道，同时，对于它所延伸出的四种组合战略也要清楚。

(1) SO 分析：企业如何借助优势抓住市场机会实现快速发展？

(2) WO 分析：企业如何借助市场机会弥补自身劣势实现逆势而上？

(3) ST 分析：企业如何利用优势化解市场危机解除市场威胁？

(4) WT 分析：企业如何避开劣势，摆脱威胁，实现成功突围？

根据分析的方法，延伸出四种不同的组合模式：优势与机会（SO 战略），劣势与机会（WO 战略），优势与威胁（ST 战略），劣势与威胁（WT 战略）。如图 3－2 所示：

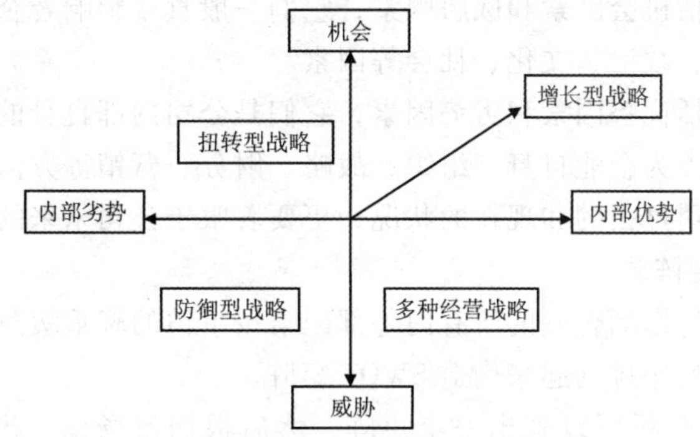

图 3－2　四种战略 SWOT 分析图

1. SO 战略分析

SO 战略，就是利用企业内部资源的优势与外部机会的一种理想型战略。当企业具有某种竞争优势同时又有外部机会的提供时，企业就可以采用这种战略模式。

2. WO 战略分析

WO 战略，是指合理的利用外部机会弥补企业内部的不足，使劣势改优势，增强企业的竞争能力。也就是说，当存在外部机会时，而企业内部有很多缺点阻碍这种机会的发展时，我们可以采取这种扭转战略，克服公司内部的弱点以充分发挥机会，并给公司带来利益。

3. ST 战略分析

ST 战略，就是利用企业内部的竞争优势回避或减轻外部威胁带给公司的不利影响。例如红色罐装王老吉，若定位在饮料上，那么其在饮料市场上就有可口可乐、百事可乐等强大的竞争对手，若是定位在“药茶”上，人们则以牛黄解毒片来消炎止痛，王老吉危机四伏，此刻现在做的就是将其威胁转化成机会，于是王老吉利用其悠久的品牌名和淡淡的中药味可以去火成功定位，成功的转危机为优势。

动动手

王老吉凉茶是中国畅销品牌，请课后主动研究这个品牌和企业，搜集更多的相关资料，并进行思考。在后面的介绍中，我们也会多次以王老吉为案例来说明一些策划点。

4. WT 战略分析

WT 战略，是一种旨在减少内部弱点，回避外部环境威胁的防御性技术。当企业存在内忧外患时，往往面临生存危机，降低成本也许成为改变劣势的主要措施；当企业成本状况恶化，且设备老化，使企业在成本方面难以有大作为，这时将迫使企业采取目标聚集战略或差异化战略，以回避成本方面的劣势，并回避成本原因带来的威胁。

3.1.3 SWOT 分析的操作步骤

1. 分析环境因素

公司的环境因素一般分为内部环境因素和外部环境因素。

外部环境因素包括机会因素和威胁因素，它们一般直接影响着企业的发展，属于客观因素，一般包含经济、政治、文化、社会等因素。

内部环境因素包括优势因素和劣势因素，它们是公司内部自身的积极与消极因素，属于主观因素，一般归类为企业自身、组织、战略、财务、营销等方面。在分析这些因素的时候，不仅要注重公司过去的和现在的状况，更要着眼于公司未来的发展状况。

2. 构造 SWOT 矩阵

经过调查研究，将影响企业的所有内外部因素按事情的轻重缓急、影响程度、短暂与长远、主要与次要等顺序排列起来构造 SWOT 矩阵。

我们根据 SWOT 分析可以列出一个矩阵，然后根据市场调查出来的结果填充矩阵，以便我们很快并准确无误地做出市场决策，达到领先对手、占领市场的目的。

同步案例 3－1

红色罐装王老吉

红色罐装王老吉在扩大销售市场的时候，面对的第一个难题就是广东、浙南消费者对红罐王老吉的认知混乱。王老吉是以凉茶的身份还是以饮料的身份来销售，成为企业所要面临的核心问题，也成为企业所面临的最大的劣势，同时也是企业要拓展市场的潜在威胁。再加上原有饮料市场上可口可乐、百事可乐等强大对手，还有本身略带的中药苦味使得王老吉陷入困境。红罐王老吉后来经过重新定位，明确它是在“饮料”行业中竞争，竞争对手应是其他饮料；其品牌定位是预防上火的饮料，独特的价值在于喝红罐王老吉能预防上火，让消费者无忧地尽情享受生活，如吃煎炸、香辣美食、烧烤，通宵达旦地看足球。红罐王老吉通过变劣势为优势，成功地进军市场（如图 3－3）。

动动手

大家对饮料一定不陌生，都有过喝饮料的经历。大家在选饮料时，或许大部分时候没有选王老吉凉茶，而是选择了可口可乐等碳酸饮料或者红茶、绿茶、果汁等。对照上面对王老吉的 SWOT 分析，请选择你所熟悉的一款饮料品牌，进行 SWOT 分析并绘制 SWOT 分析矩阵图。

3. 制订行动计划

根据上述 SWOT 矩阵的分析，制定出符合公司发展的战略。总的思路就是，充分利

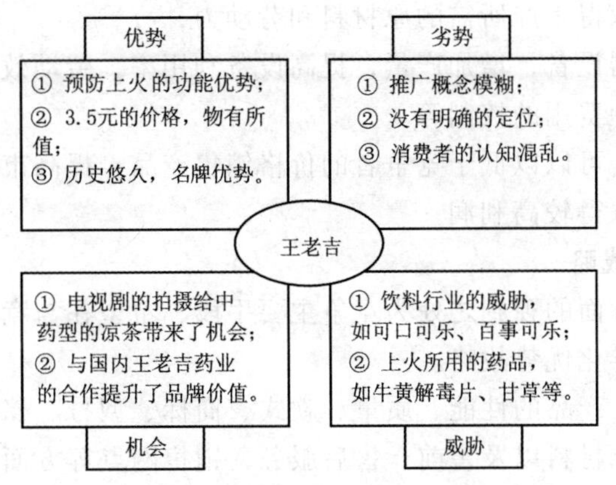

图 3-3　红罐王老吉 SWOT 分析

用优势，克服弱点，抓住机会，躲避威胁。基于上面的思路，公司立足于长远的考虑，制定出切实可行的行动计划。由于具体情况所包含的各种因素及其分析结果所形成的对策都与时间有着直接的关系，所以在进行 SWOT 分析时，可以先划分一定的时间段分别进行 SWOT 分析，然后对各个阶段的分析结果进行综合汇总，最后进行整个时间段的 SWOT 矩阵分析。这样，分析的结果会更加精确。

3.1.4　制定营销目标

企业的营销目标是指在计划期内所要达到的目标，是营销策划中的核心部分，对营销策略和行动方案的拟定具有指导作用。在分析营销现状并预测未来的机会和威胁的前提下，在避免威胁、把握机会、消除劣势、用好优势的基础上，营销策划人员要制定出企业合理的营销目标。这些目标主要包括：企业在同行业中的地位、利润额、销售额、品牌知名度与影响力、产品的市场占有率、完成战略目标的时间期限等。当然，企业还可以根据自身情况制定更加具体的战略目标。例如，三年内把品牌知名度提高到 80%，销售额实现每年 20% 的增长，三年后销售额达到 1 亿元等，这些都是清晰明确的营销目标。下面所有的策划都是围绕如何实现这些营销目标而展开的。

3.2　确定竞争战略

竞争战略为企业计划在一段较长的时期内采用的主要竞争手段，最为著名的是美国战略专家迈克尔·波特的竞争战略。

1. 低成本竞争战略

低成本竞争战略是指企业以低成本作为主要竞争手段，企图使自己在成本方面比同行的其他企业占有优势地位。

实现低成本战略的关键是发挥规模经济的作用，使生产规模扩大、产量增加，使单位产品固定成本下降。在扩大生产规模过程中，争取做到：

①以较低的价格取得生产所需的原材料和劳动力；

②使用先进的机器设备，增加产量，提高设备利用率、劳动效率和产品合格率；

③加强成本与管理费用的控制等。

实现低成本战略，可以以低于竞争者的价格销售产品，提高市场占有率，也可以与竞争者同价销售产品，取得较高利润。

2. 差异优势竞争战略

企业以表现某些方面的独到之处为竞争主要手段，希望在与竞争对手的差异比较中占有优势地位，形成差异化优势战略。

这里的差异包括：产品的性能、质量、款式、商标、型号、档次、产地，生产产品所采用的技术、工艺、原材料以及售前、售后服务，销售网点等方面的差异。

差异优势竞争战略是在各个企业大批量生产同一无差异产品并出现销售困难时提出来的一种战略。因为在上述情况下，解决问题的出路是使企业在技术、实力、创新能力、原材料、经营经验等方面的优势，成功地转化为产品、服务、宣传、网点等方面独具特色的差异优势，减少与竞争对手的正面冲突，并在某一领域取得竞争的优势地位。

在行业内，顾客对具有特色的产品可能并不计较价格或无法进行价格比较，从而企业可以高于竞争者的价格销售产品，从而取得更多利润。在行业外，具有特色的产品可以阻碍替代者和潜在加入者进入和提高与购买者、供应商讨价还价的能力。

但实施这一战略可能要付出较高的成本代价；当较多的顾客没有能力或不愿高价购买特色产品时，市场占有率提高较困难。

3. 集中优势竞争战略

集中优势竞争战略要求企业致力于为某一个或少数几个消费者群体提供服务，力争在局部市场中取得竞争优势。

所谓集中，就是企业并不面向整体市场的所有消费者推出产品和服务，而是专门为一部分消费者群体（局部市场）提供服务。

集中精力于局部市场，仅需少量投资，这对中型企业特别是小企业来说，正是一个在激烈竞争中能够生存与发展的空间。同时这一战略既能满足某些消费者群体的特殊需要，具有与差异战略相同的优势；又能在较窄的领域里以较低的成本进行经营，兼有低成本战略相同的优势。

但它也有一定的风险，当所面对的局部市场的供求、价格、竞争等因素发生变化时，就可能使企业遭受重大损失。

营销策划人员要根据企业的内外部环境分析和企业营销目标，选择合适的竞争战略。

3.3　选择目标市场

3.3.1　分析市场机会

分析市场机会主要包括市场结构分析、消费者行为分析、竞争对手分析、企业自身能力分析、营销环境的研究等方面。这部分的内容，在 SWOT 分析中基本已经涉及了。

1. 市场结构分析

根据市场结构划分标准，可以将市场结构划分为四种类型：完全竞争市场、垄断竞争市场、寡头垄断市场和完全垄断市场。

2. 竞争对手分析

对竞争对手的分析，有利于帮助企业了解竞争对手当前的经营状况和动态，合理调整自己的战略决策，对于企业内部问题的诊断具有参考价值。对竞争对手的分析，首先要明确谁是主要的竞争对手。主要竞争者是指那些对企业现有市场地位构成直接威胁或对企业目标市场地位构成主要挑战的竞争者。此外，还要对竞争情报进行收集、整理、加工、储存、分析、研究和管理等，这对于企业分析竞争环境的变化、了解对手的动向和支持企业战略决策具有重要意义。

3. 消费者行为分析

在企业与消费者的交易过程中，企业可以通过主动措施来影响消费者的决策，反过来，消费者的购买行为也影响着企业的行为。毫不夸张地说，消费者决定着企业的命运。

影响消费者行为的因素主要有文化因素、社会因素、个人因素、心理因素。只有对消费者从以上几个方面进行分析，总结消费者的购买行为，制定战略计划，才能使企业获得消费者的认可，占据市场的份额。

3.3.2　市场细分

市场细分是指把市场细分为具有不同需要、特点或行为的购买者群体，并针对每个购买者群体采取单独的产品或市场营销组合战略。

那么一般企业应该如何进行市场细分呢?

1. 市场细分的步骤

市场是由购买者组成的，不同的购买者组成的市场是千差万别的。市场细分包含以下三个步骤：一是确定产品市场的最大范围；二是确定市场进一步细分的依据；三是衡量细分市场的规模。

2. 市场细分的标准

市场细分的标准又称市场细分变数，通常包括地理细分、人口细分、心理和行为细分等。下面，我们结合快餐巨头麦当劳的市场细分来看一下细分的标准。

(1) 地理细分

按照地理环境的不同，把市场细分成不同的地理单位，例如国家、地区、城市、气候带等。然后，再根据地理位置不同的消费者的喜好、习惯制定相应的竞争战略。

麦当劳有美国国内和国际两个市场，他们有各自不同的饮食习惯和文化背景。麦当劳进行地理细分，主要是分析各区域的差异。例如，麦当劳发现中国人爱吃鸡肉而不是牛肉，与其他洋快餐相比，鸡肉产品更符合中国人的口味。针对这一情况，它推出了鸡肉产品。在全世界从来只卖牛肉产品的麦当劳也开始卖鸡肉了。这正是针对地理要素所做的改变，加快了麦当劳在中国市场的发展步伐。

(2) 人口细分

通常人口细分市场主要根据年龄、性别、家庭人口、收入、职业、教育、宗教、种族、国籍等相关变量。麦当劳对人口细分主要根据年龄及生命周期阶段，其中，将不到开车年龄的人划为少年市场，将20～40岁之间的人划为青年市场，还划定了年老市场。

（3）心理和行为细分

行为细分是指按照消费者购买时机、追求的利益、进入市场的程度、使用率和对品牌的忠诚度，把购买者细分成不同的群体。根据消费者的购买行为，可以将其分为冲动型、理智型、习惯型、选价型、复杂型和认牌型；根据消费者的数量，可以将其分为大客户和小客户。

根据人们生活行为划分，麦当劳将快餐业分为两个细分市场：方便型和休闲型。针对方便型市场，麦当劳提出59秒快速服务，即从顾客开始点餐到拿着食品离开柜台标准时间为59秒，不得超过一分钟；针对休闲型市场，麦当劳对餐厅店堂布置非常讲究，尽量让顾客觉得舒适自由，以吸引休闲型市场的消费者群。

想想看

肯德基与麦当劳两大快餐巨头，各有各的优势，时刻都在进行着竞争。上面我们分析了麦当劳的市场细分方法，想一想：与麦当劳相比，肯德基在市场细分方面有何独到之处呢？

3.3.3 选择目标市场

对市场机会的分析、评估之后，企业进行市场细分，市场细分能发现新的市场机会，然后，企业决定进入某个市场或是市场中的某个部分，就要研究和选择目标市场。

同步案例3－2

蒙牛酸酸乳“酸甜少女的专饮”的市场选择，就是典型的成功案例。蒙牛酸酸乳是蒙牛集团于2004年开始推出的新产品，蒙牛希望除了开发利乐包UHT纯牛奶外，还要开发有更高利润的新产品。在制订整体推广方案前，蒙牛明确将13～18岁人群，尤其是感性的女生作为蒙牛酸酸乳的目标消费群，并希望通过一个电视节目创造一种流行元素，实现酸酸乳与电视节目的整合营销，以此牢牢抓住目标消费群的心。

2004年刚刚诞生的“超级女声”由此进入了蒙牛的视野。“超级女生”的节目形式和目标消费群非常适合酸酸乳的计划。据湖南卫视公布的《2004“超级女声”影响力分析》显示，2004年湖南卫视的平均收视率位列同时段全国所有卫星频道的第二位，仅次于央视一套。

2004年10月，蒙牛开始与湖南卫视洽谈合作。蒙牛不想只做简单冠名，而是希望深度参与到这个节目中，赋予蒙牛品牌新的性格。蒙牛与湖南卫视达成的协议包括“超级女声”节目分赛区的选择，蒙牛在其中获得了一定的话语权。蒙牛选择长沙、郑州、杭州、成都和广州5个城市作为赛区，正是考虑到这5个城市是蒙牛2005年力攻销售的5个重点城市，也是和伊利、光明重点对战的5个城市。

2005年，蒙牛选择首届“超级女声”的季军张含韵作为酸酸乳的广告形象代言人，发布了让“小女生”心心相印的“酸酸甜甜就是我”的品牌口号，充分表达了目标人群的个性、前卫的精神诉求，同时也彰显了消费者的个人魅力与自信。同时，蒙牛向市场投放了 20 亿包印有“2005 蒙牛酸酸乳超级女声”的产品，印刷了 1 亿张海报在各个赛区张贴，还在全国做了 300 场“超级女声迷你歌会”，同时设立了“超级女声”夏令营以进行促销。

最终，在湖南卫视和蒙牛的共同努力下，2005 年的“超级女声”取得了空前成功，不仅参与人数多，而且在社会上形成了被长期关注的多种话题，尤其是蒙牛这一品牌和超级女生这一节目让目前社会的中流砥柱们，不得不重新审视自己身边这些“小女生”，重视她们张扬的个性、强烈的参与意识和多样化的精神需求。在这种背景下，蒙牛酸酸乳于 2005 年实现了 20 亿包的销售，蒙牛品牌成功地登上了中国乳业的第一品牌宝座。

企业在选择目标市场时应该注意以下内容：

1. 确定目标市场的原则

根据产品、市场和技术之间的关系；遵循企业既定的发展方向；发挥企业的竞争优势。

2. 目标市场选择的策略

（1）无差异营销策略

无差异营销策略又称大众营销策略，是一种市场覆盖策略，不考虑细分市场的差异性，对整个市场只提供一种产品。

这种营销策略的优点是有利于实行标准化和大规模生产，获得较好的规模效率，节省了产品生产、储存、运输、广告宣传等费用；但它不能满足消费者需求的多样性，不能适应多变的市场形势，容易让竞争对手找到突破口，有一定的营销风险。

（2）差异化营销策略

企业根据细分市场制定不同的营销方案称为差异化营销。这种方案可以满足消费者不同的需求，使企业适应激烈的市场竞争，有利于获取市场占有率，扩大企业的销售额，能降低营销风险；但这必然使得销售费用和各种营销成本较高，受企业资源和经济实力限制较大。

（3）集中性营销策略

企业放弃一个大市场的小份额而去争取一个或几个亚市场的大份额。这样有利于企业了解目标市场的消费者需求，使产品适销对路，有助于企业集中资源、节约成本和各项费用，取得良好的经济效益，但是这种营销策略风险很大，最容易受到竞争冲击。

3.4　进行市场定位

3.4.1　市场定位概述

市场定位是在 20 世纪 70 年代由美国营销学家艾·里斯和杰克·特劳特提出的，他们认为，“定位要从一个产品开始，那产品可能是一种商品、一种服务、一个机构甚至是一个人，也许就是你自己，企业根据竞争者现有产品在市场上所处的位置，针对顾客对该类产品某些特征或属性的重视程度，为本企业产品塑造与众不同的、给人印象鲜明的形象，并将这种形象生动地传递给顾客，从而使该产品在市场上确定适当的位置”。

随着社会的发展，人们的认识不断进步，现代企业的市场定位不仅仅是关于产品的，并不是你对一件产品本身做些什么，而是你在潜在消费者的心目中做些什么，定位应该是关于整个大环境的。市场定位的实质是使本企业与其他企业严格区分开来，使顾客明显感觉和认识到这种差别，从而在顾客心目中占有特殊的位置。

具体来说，人们对市场定位的认识包括以下几个方面内容：

1. 产品定位

产品定位是指通过对产品的塑造，突出产品的鲜明特点，使其符合消费者心理需求，从而确立产品在市场竞争中的位置，促使消费者树立选购该商品的稳固印象的策略。

产品定位侧重于产品实体定位，包括质量、成本、特征、性能、可靠性、使用性、款式等。根据企业的产品结构、系列产品的不同功能、价格及与竞争产品的差异，给消费者不同于其他产品的印象，确定适当的位置，定位在被细分的目标市场上。定位能否成功，取决于企业对目标市场消费客户的细分及品质承诺化为现实的真实程度。产品定位是定位策划的基础，是定位的源头。

2. 品牌定位

品牌定位是指以满足经过市场细分选定的目标顾客群的独特心理需求为主要目的，通过对品牌整体设计宣传整合，形成总体形象，并在同类品牌中建立具有比较优势的品牌策略。

品牌定位的目的在于将产品转化成品牌。品牌定位以产品定位为基础，定位的焦点是消费者的心志，用来满足消费者的需求并形成具有鲜明特征的代表。例如，清扬洗发水已成为男士去屑洗发水的第一品牌。

在市场定位中，品牌定位和产品定位关系最为密切，关联度最高。品牌不是空的，品牌旗下必须有产品。品牌定位与产品定位之间的关系主要体现在以下几个方面：

①产品定位的消费群体比较宽，品牌定位比产品定位相对要窄，但市场更专业。品牌定位要求消费需求个性化，是经过个性化细分后的准确定位。

②品牌定位较之产品定位，不具有市场生命周期的特征。产品定位需要随着产品生命周期变化而作出必要调整。

③品牌比产品更重要，要用品牌推动产品。品牌定位要和细分消费市场研究紧密联系在一起。

④品牌定位必须以产品定位为基础，通过产品定位来实现。品牌定位虽然主要是通过占据消费者的心理位置来占据市场份额，但是也不是能够完全与产品定位无关的。一旦品牌定位成功，品牌作为一项无形资产能与产品脱离而单独显示其价值。

3. 企业定位

企业定位是指企业树立其在社会公众及消费者心中的美好的以及特定的形象，为企业的未来发展起到促进作用并带来好的影响和效益。企业通过定位其产品及品牌，将企业独特的个性、文化和良好形象，塑造于消费者心目中。

企业定位的成功与否直接影响着该企业的产品和品牌在人们心目中的地位。对于企业整体而言，企业定位是宏观层面的问题，而产品定位和品牌定位则相对属于微观层面。三者其实是统一的，只不过定位的对象不同。它们同样面临一个竞争的市场，面对的是消费者，目标是要使自己的产品和品牌在市场中占据一定的位置，具有较持久的竞争优势，实现企业价值。

3.4.2 产品和品牌定位策划

没有哪个品牌可以同时被所有的人群所青睐，即在不同年龄、不同收入、不同信仰和不同职业经历的消费者中广受欢迎，所以，我们有必要细分人群。同样，产品功效和消费者价值感也存在细分的必要，在主张个性化的时代，不断细分产品功效和给予消费者价值感将十分重要。

那么，在通常情况下，企业应该如何进行产品和品牌定位呢?

在这里，我们将给大家介绍一种新的定位方式，以产品品类、品牌核心价值和目标人群三大指标来全方位定义品牌，也就是所谓的“三角定位法”（如图3-4）。这种定位方法将为品牌获得“稳定感”，使品牌定位在实际操作中平衡发展，各营销工具各显其能、相得益彰。

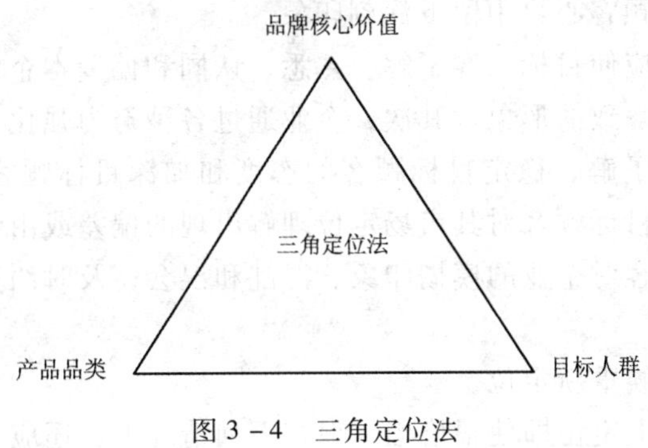

图3-4 三角定位法

1. 了解自己的产品

你真的了解自己的产品吗？一个显而易见的事实是，企业对产品的熟知并不等于消费者对这个产品的熟知，企业对产品的看法并不能替代消费者对产品的看法。消费者的认同更具有决定性的意义。

众所周知，“人头马”之类的洋酒在国内市场上一直是比较畅销的，许多人将其作为送礼佳品。为什么？你可能会列出大堆的理由，比如历史、文化、味道、广告等，但其中一个重要原因是这些洋酒的酒瓶都很漂亮，做工考究。许多人把它买回家就是要摆在酒柜里作为一种不错的装饰品，至于洋酒的味道对于喝惯了本土酒的人而言实在不具吸引力。

所以，认识产品的出发点是消费者的需求。消费者的需要将引导和贯穿产品的设计、生产、改进以及销售的整个过程。对产品的认识与市场需求要联系起来考虑，尽力避免单纯就产品而分析产品。

2. 产品定位的步骤

第一步，分析目标市场的现状，确认本企业潜在的竞争优势。

这一步骤的中心任务是要回答以下三个问题：一是竞争对手产品定位如何；二是目标市场上顾客欲望的满足程度如何以及还需要什么；三是针对竞争者的市场定位和潜在顾客的真正需要的利益要求，企业应该以及能够做什么。

要回答这三个问题，企业市场营销人员必须通过一切调研手段，系统地设计、搜集、分析并报告有关上述问题的资料和研究结果。通过回答上述三个问题，企业就可以从中把握和确定自己的潜在竞争优势。

第二步，准确选择竞争优势，对目标市场初步定位。

竞争优势表明企业能够胜过竞争对手的能力。这种能力既可以是现有的，也可以是潜在的。选择竞争优势实际上就是一个企业与竞争者各方面实力相比较的过程。比较的指标应是一个完整的体系，只有这样，才能准确地选择相对竞争优势。通常的方法是分析、比较企业与竞争者在经营管理、技术开发、采购、生产、市场营销、财务和产品等七个方面究竟哪些是强项、哪些是弱项，借此选出最适合本企业的优势项目，以初步确定企业在目标市场上所处的位置。

关键是这种优势一定是顾客在乎的。在王老吉凉茶的定位中，“怕上火”就是大家在乎的。

第三步，显示和放大独特的竞争优势。

这一步骤的主要任务是企业要通过一系列的宣传促销活动，将其独特的竞争优势准确传播给潜在顾客，并在顾客心目中留下深刻印象。

为此，首先，企业应使目标顾客了解、熟悉、认同和偏爱本企业的市场定位，在顾客心目中建立与该定位相一致的形象。其次，企业通过各种努力强化企业在目标顾客心中的形象、保持目标顾客的了解、稳定目标顾客的态度和加深目标顾客的感情来巩固企业形象。最后，企业应注意目标顾客对其市场定位理解出现的偏差或由于企业市场定位宣传上的失误而造成的目标顾客对企业的模糊印象、混乱和误会，及时纠正与市场定位不一致的形象。

第四步，必要的时候重新定位。

企业的产品在市场上定位即使很恰当，但在下列情况下，还应考虑重新定位：

（1）竞争者推出的新产品定位与本企业产品相似，侵占了本企业产品的部分市场，使本企业产品的市场占有率下降。

（2）消费者的需求或偏好发生了变化，使本企业产品销售量骤减。

重新定位是指企业为已在某市场销售的产品重新确定某种形象，以改变消费者原有的认识，争取有利的市场地位的活动。如某日化厂生产婴儿洗发剂，以强调该洗发剂不刺激眼睛为诉求点，定位与众不同，起到了很好的促进销售的效果。

3. 定位产品品类

通过清晰地界定品牌的产品属性，了解“我的产品”、“我的服务”究竟是什么。例如在青岛啤酒的品牌家族中，“青岛”代表的是产品——啤酒，“欢动”代表的是啤酒中的淡啤，这是两种不同类的产品，不是同类产品的不同价格级别。

菲利浦·科特勒在《市场营销》一书中指出，产品属性是品牌的基本内容，界定品牌的产品属性是品牌运作的基本。一个清晰的产品品类界定就是一个品牌发展的良好开端。

例如，在目前众多品牌的感冒药中，创新性提出“白天吃白片，黑夜吃黑片”的白加黑感冒药，依靠其独特的“分时感冒药”概念（在业内可视为细分的新感冒药品类），成为形象与销售俱佳的感冒药品牌代表。

4. 定位品牌核心价值

这里的核心价值既是品牌自身产品所能带给消费者的利益、价值，又是品牌相对于竞争者在产品功能和价值上具有的相对优势。在产品同质化程度越来越高的今天，定位的精髓就在于舍弃普通、平常的东西而凸显更富个性、特色的东西，所以竞争特质直接影响品牌的后续发展能力。

同步案例 3－3

星巴克不仅是一个成功的世界级品牌，而且是一个依靠销售咖啡体验而非咖啡的独特推广方式成功的品牌。在很多专业人士的笔下，星巴克依靠的是公关而非广告成就了伟业，阿尔·里斯更是将其作为《公关第一，广告第二》的主要案例依据。

那么，什么使星巴克的公关变得容易而且高效呢？答案是它的独特品牌定位。

曾任星巴克首席推广官的斯科特·贝德伯里在《品牌新世界》一书中写到："星巴克的核心识别与其说是生产一杯伟大的咖啡，不如说是提供一次伟大的咖啡体验。"而事实上，在这个品牌定位之前，星巴克也曾因为品牌定位上的平庸而停滞不前，直到有一天，公司品牌专员杰罗姆·康伦将消费者和竞争品牌的调查报告呈送给首席执行官霍华德·舒尔茨时，情况才发生了巨大改变。

康伦的调查显示，经常喝咖啡的人在重视口味的同时，更在乎消费的体验，在乎咖啡的形态、周围的环境、服务和自己在这里即将获得的美好回忆。在星巴克和其他竞争者的比较测试中，在那些自称是"严肃"地喝咖啡的人或咖啡鉴赏家的人中间，星巴克被认为是一个新兴的、受人尊重的、高质量的品牌。而同时，有人认为连锁咖啡馆将影响品牌的形象。

看来，星巴克不能单纯地将高质量作为自己的优势，而应该确定一种不受连锁、不受经营者变化影响的新优势。500 年咖啡馆历史沉淀下来的文化，显然是一个良好的备选新优势，星巴克可以从营造"让顾客玩味这种充满感情的饮料"的周围环境开始，为顾客提供独特的咖啡体验。从"选择高质量咖啡豆，按正确的方法研磨，用最纯净的水、适当的温度、准确的时间来煮"，从"关注卷边的纸杯和中间带小孔的亮白色塑料杯"到"开发高档的咖啡甜酒品牌"，所有一切表明星巴克的品牌定位正发生着革命性变化。舒尔茨显然对此很满意，"星巴克不像当初想象得那样是服务顾客的咖啡生意，而是提供咖啡的以人为本的生意"。

想想看

感冒药、凉茶是否还有其他的品牌定位可能？

5. 品牌定位方法

（1）利益属性定位

利益属性定位又分单一利益定位和多利益定位，是指选取自己产品的一个利益属性来定位自己的产品。

例如，电冰箱行业竞争激烈，有海尔、海信、新飞、西门子、美的、美菱、LG 等众多品牌，但它们的定位是多种多样的。目前我国电冰箱市场上的诸多生产厂家，采用单一利益定位的方法。各个品牌的电冰箱只选出一个自己最具优势和独特性的属性，通过各种广告媒体反复突出这些诉求，以招徕广大的消费者。比如，节能省电冰箱、抗菌冰箱、智能冰箱、静音冰箱等。但是，有的冰箱宣称具有全无氟、长寿命、节能、静电、抗菌等优异特征，是全能冰箱，这就是多利益定位。

（2）竞争属性定位

这种定位的方法是考虑自己和竞争对手的关系以及行业地位后给出的定位。

①领先定位。即突出传播自己在行业内的领先地位，比如波司登羽绒服经常宣传自己全国销量第一。

②避强定位。避强定位是避开强有力的竞争对手，不要进行正面冲突，通过和平相处实现双赢的市场定位策略。这种策略使企业能迅速地在市场上站稳脚跟，并能在顾客心中留下特别的形象。例如，美国的阿维斯公司（Avis）将自己定位于汽车出租业的第二位，强调“我们是第二，我们将更加努力”。这种定位方式的风险小、成功率高，常常被多数企业采用。

③依附定位。把自己归于某一个领先集团的做法，就是依附定位。比如，通用汽车声称自己是汽车销量最大的品牌；克莱斯勒声称自己是美国三大汽车厂商；又比如宁城老窖称“宁城老窖——塞外茅台”，也是奉行让自己加入“高级俱乐部”的策略。

想想看

在现实的市场竞争中，有许多有实力的企业选择了依附定位的竞争策略，但结果不尽相同。请搜集相关资料，找一个依附定位的成功案例和一个失败案例，分析成功或失败的原因。

让我们看看蒙牛的案例：蒙牛在创业初期，没有喊出“要做中国乳品业第一品牌”的豪言壮语，更没有发出要做行业“龙头老大”之类的张扬口号，而是把学习放在了首位，采取了依附定位的策略。它在产品包装上，别出心裁地印上了“向伊利学习，争做内蒙古第二品牌”的口号，让所有的消费者耳目一新。蒙牛从产品的推广宣传开始就与伊利联系在一起，利用伊利的知名度，无形中将蒙牛的品牌打了出去，提高了品牌的知名度。随着品牌影响力的提升，蒙牛改变了定位策略，通过一系列大事件，强势出击。这其中包括：与中国航天合作，成为中国航天员专用牛奶；与湖南卫视合作，创办超级女声；携手美国NBA；“特仑苏”品牌的提出。正是通过这些事件，蒙牛锁定了中国乳制品行业的第一品牌，强势定位，打出了漂亮的翻身仗。

以上三种方式是目前企业常用的三种竞争定位的方法，企业要根据自身实力和面临的具体情况，选择合适的竞争策略。

3.4.3 企业定位策划

企业定位是关于企业以什么服务社会、以什么立足市场的定位，并以此确立企业在行业中的地位。企业定位和品牌定位有异曲同工之处。比如，海尔的“服务到永远”，长虹的“以产业报国，民族昌盛为己任”，宝洁公司的“宝洁公司，优质产品”等。有的公司，产品和品牌定位与企业定位是一体的、重叠的，有的三者是独立的。

下面重点看一下，企业定位中的行业地位定位，其通常情形下有市场领先者、市场挑战者、市场跟随者和市场补缺者四种定位策略。

我们可以通过蒙牛和伊利的例子，体会一下这几种策略。在最初阶段，蒙牛将自己定位于市场挑战者，将目光瞄向了当时的市场领先者伊利，并向市场领先者发起攻击。但是，蒙牛老总牛根生清醒地认识到，在蒙牛羽翼未丰之时是不能与行业领导者进行正面攻击的，需要厚积薄发。

一开始蒙牛以“追随者”的模糊面目进入市场，发展同类产品中的低端产品，进行迂回进攻；采用“甘当老二”的策略在思想上麻痹伊利，尽可能减少伊利的敌视、抵制；等时机成熟以后，蒙牛在产品、价格、市场、传播等方面，开始全方位地正面进攻。最终，蒙牛与伊利站在了势均力敌的位置。

通过这个案例，企业应该认识到：必须认清自身实力和竞争状况，给自己正确的定位；不管是市场领先者、追随者、挑战者或补缺者，都要时刻保持清醒，随时应对挑战，也随时发现机会、发起挑战、重新定位。

3.5　选择发展战略

战略管理之父安索夫博士于 1975 年提出安索夫矩阵，以产品和市场作为两大重要维度，分析出四种产品/市场组合和相对应的营销策略，是应用最广泛的营销战略分析工具之一（见表 3－1）。

表 3－1　安索夫矩阵

	营销原有产品	开发新产品
深耕原有市场	市场渗透战略	产品开发战略
开发新市场	市场开发战略	多角化战略

1. 市场渗透战略

营销人员设法在现有市场扩大现有产品的市场份额。如：牙膏厂商鼓励人们早晚多刷牙。经常更换牙刷，在原有市场内增加销售网点等。现在市场渗透战略也被俗称为深度营销。

2. 市场开发战略

营销人员寻找现有产品可满足其需求的新市场以实现销售额的增长。如汽车下乡、家电下乡等。

3. 产品开发战略

营销人员考虑新产品开发的可能性，并在已有市场销售新产品。如：牙膏厂商在原有市场推出美白牙齿的新品牙膏，然后又推出缓解牙齿过敏的新牙膏等，每一款新品的推出，必然会带动原有市场销售额的增加。

4. 多角化战略

除上述战略外，营销人员可以考虑在新市场推出新产品的方式来增加销售额，这就是多角化策略。例如，与美国的肯德基相比较，肯德基在中国推出适应国人口味的油条等。

营销策划人员要根据企业的内外部环境分析和企业营销目标，选择合适的发展战略。

3.6 营销战略规划的误区防范

在市场竞争日益激烈的商品经济条件下，企业要想长期地生存和发展下去，就必须根据随时变动的市场状况制定营销战略。尽管制定的战略是在一些基本的观念的指导下，但仍有相当一部分在慢慢成为悖论和误区。

3.6.1 营销战略认识的误区

第一，缺乏市场开拓意识，盲目追逐市场热点。要想把企业搞好，就要注重各种社会活动的趋向，打破陈规陋习，善于发现和开拓新的市场。目前我们国家很多企业面临激烈的竞争，盲目跟着热点跑，缺乏科学的市场筹划，追逐成风，没有明确的企业目标，缺乏市场动态分析和创新意识。

第二，缺乏市场细分意识，目标市场选择不当。营销战略的首要工作就是做好市场细分，只有这样才能选择目标市场，以求发挥自己的竞争优势。当今企业跟风现象严重，只要看到有丰厚的利润可赚，一窝蜂地涌入，以至于各企业目标雷同，形成同一水平的恶性竞争。

第三，缺乏市场营销策划，市场调研走过场。目前很多人认为营销策划是在产品生产出来之后进行的，殊不知犯了本末倒置的错误。为了短期的利益，不重视市场调研，市场调研走过场，使产品不能满足消费者的需求，适销不对路。

3.6.2 定位误区

1. 无所不能型

定位是一种差异化营销战略，在成熟的竞争市场，没有定位战略简直无法想象，但是我们仍能见到一些“眉毛胡子一把抓”的原始的竞争手段。

在专业化分工日益严密的条件下，市场划分越来越细，每种产品一般只能满足某一部分的消费者，企业要把火力集中于这个狭小的市场，才会取得战果。想要包治百病的产品，几乎是不可能的。但是纵观我国的产品，公关、广告中“老少皆宜”的雷同化宣传仍不少。

2. 定位过窄，局部定位或者短期定位

定位仍处于产品定位的阶段，没有达到品牌定位的高度。某些企业品牌意识不强，甚至还有许多认识上的偏见：把知名度当品牌；某些产品只有产品名称、无品牌名，如感冒通、乌鸡白凤丸、排毒养颜胶囊等。企业思维局限在某个产品，缺乏长远的战略规划，没有阶段性、具体化的定位目标，固步自封，当然也不可能有步骤地推进品牌资产积累。

3. 炒作概念

这是一种源远流长的说服方法。例如，现在电视流行“纯平、大屏幕”，空调流行

“负离子、超静音”等，概念一旦成为企业定位的核心表现点，就超越了产品本身的符号意义，甚至超过了产品实体，而产品只是新概念的附属品而已。这些概念除了极少数是真的技术创新，而更多的是吸引消费者的诱饵。

无论何种产品市场，货真价实地提供高品质产品，满足消费者需求，永远是市场营销的真谛，夸大其词的概念营销急功近利，最终会遭到市场淘汰。此外，也要避免一些过分的、混淆模糊的定位，造成消费者对企业和产品的理解缺失，影响企业的正常发展。

企业总是要成长和发展的，而在这个过程中，企业容易犯一些错误，造成消费者的困惑，如果处理不当，将带来严重的后果。所以，我们要避免一些模糊、混乱的定位，及时与消费者进行准确细致的沟通，只有这样企业才能避免误区，蓬勃发展。

本章知识脉络

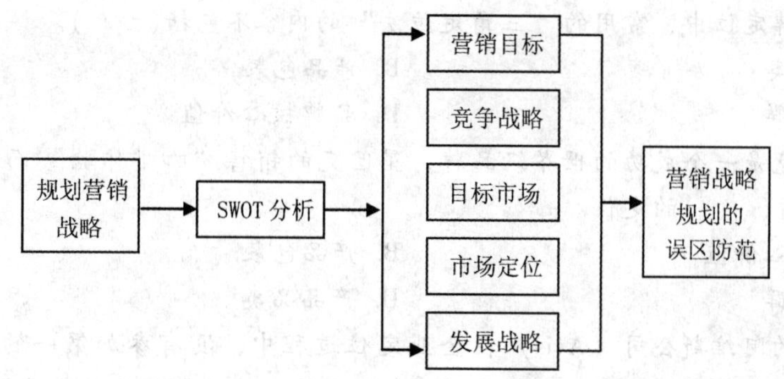

本章导入案例点评

在导入案例中，第一步，公司进行了 SWOT 分析，围绕公司的战略目标，对公司自身的优势和劣势进行了分析，同时指出了公司面临的市场机会和威胁；第二步，公司进行了战略的规划，包括企业的战略目标和措施。

思考与练习

1. 单选题

（1）某企业通过合理地利用外部机会，不断弥补内部的不足，使劣势变优势，来增强企业的竞争能力。这一做法体现了（　　）。

A. SO 战略　　　　B. WO 战略

C. ST 战略　　　　D. WT 战略

（2）企业进入市场时要选择市场，相同的是，市场也在选择企业，即顾客选择产品，这一论述体现了市场的（　　）特性。

A. 竞争性　　　　B. 互选性

C. 流动性　　　　D. 导向性

(3) 在某一阶段，产品的销量逐渐趋于稳定化，市场增长率和需求量不再增加，重复购买已成为消费者的主要特征，企业的收益开始回落。根据产业寿命周期理论，此时该产业处于(　　)。

A. 投入期　　B. 成长期

C. 成熟期　　D. 衰退期

(4) 在下列策略中，不属于目标市场选择策略的是(　　)。

A. 分散性营销　　B. 集中性营销

C. 差异化营销策略　　D. 无差异营销策略

(5) 在市场竞争条件下，有时卖主和买主只能是价格的接受者，而不是价格的决定者，这种竞争情况叫做(　　)。

A. 垄断竞争　　B. 寡头竞争

C. 完全竞争　　D. 纯粹垄断

(6) 在品牌定位中，常用的“三角定位法”的内容不包括(　　)。

A. 产品品类　　B. 产品包装

C. 目标人群　　D. 品牌核心价值

(7) 星巴克是一个成功的世界级品牌，星巴克的销售“咖啡体验”而非“咖啡”的品牌定位，是对(　　)的定位。

A. 品牌核心价值　　B. 产品包装

C. 目标人群　　D. 产品品类

(8) 美国的阿维斯公司（Avis）在企业定位过程中，没有参加第一的争夺战，而是将自己定位于汽车出租业的第二位，强调“我们是第二，我们将更加努力”。这一竞争策略是(　　)。

A. 二次定位　　B. 迎头定位

C. 重新定位　　D. 避强定位

(9) 某连锁超市用“天天低价”的口号来吸引一些精打细算的顾客，该超市的市场定位属于(　　)。

A. 产品特色定位　　B. 顾客利益定位

C. 使用者定位　　D. 竞争定位

(10) 企业进行市场定位的核心内容是(　　)。

A. 不断降低产品的成本　　B. 设计和塑造产品特色或个性

C. 明确竞争对手和竞争目标　　D. 弄清消费者的需求差异

2. 多选题

(1) 下列属于SWOT分析的内容的是(　　)。

A. S分析　　B. W分析

C. ST分析　　D. WO分析

(2) 营销战略的内容主要由(　　)三部分组成。

A. 目标市场战略　　B. 营销组合战略

C. 营销费用预算　　D. 营销发展计划

(3) 根据市场结构划分标准，可以将市场结构划分为(　　)。

A. 完全竞争市场　　B. 垄断竞争市场

C. 寡头垄断市场　　D. 完全垄断市场

(4) 市场营销活动管理的内容主要包括(　　)。

A. 市场营销计划　　B. 市场营销组织

C. 市场营销领导　　D. 市场营销控制

(5) 市场细分的标准又称市场细分变数，通常包括地理细分、人口和行为变量等。下列属于人口细分因素的有(　　)。

A. 年龄　　B. 教育

C. 宗教　　D. 国籍

(6) 市场定位策划的内容主要包括(　　)。

A. 产品定位策划　　B. 品牌定位策划

C. 企业定位策划　　D. 竞争定位策划

(7) 下列属于企业定位策略的是(　　)。

A. 市场领先者策略　　B. 市场挑战者策略

C. 市场跟随者策略　　D. 市场补缺者策略

(8) 企业在竞争定位过程中，常用的竞争策略有(　　)。

A. 避强定位　　B. 二次定位

C. 迎头定位　　D. 重新定位

(9) 当下列(　　)情形发生时，企业应该考虑重新定位。

A. 新产品原来定位错误

B. 企业的营销目标发生变化

C. 竞争者推出新产品或目标顾客偏好发生变化

D. 居民购买力发生突然增长，需求量明显增加

(10) 下列定位误区中，属于定位错位的是(　　)。

A. 定位过宽，盲目进行品牌延伸

B. 定位过窄，局部定位或者短期定位

C. 定位手段单一化、表面化

D. “历史定位”和“规模定位”

3. 简答题

(1) 什么是 SWOT 分析？简述 SWOT 分析的具体内容。

(2) 市场细分的定义是什么？主要的细分变量有哪些？

(3) 企业在战略规划过程中，有哪些误区？如何防范？

(4) 简述产品定位的步骤。

(5)“三角定位法”是企业常用的品牌定位的方法。“三角定位法”的具体内容是什么？

(6) 企业常用的竞争策略有哪几种？说明不同竞争策略的适用条件。

4. 案例分析题

宜家：从瑞典到中国北京

宜家，为大多数人创造更加美好的日常生活

宜家家居于1943年创建于瑞典，“为大多数人创造更加美好的日常生活”是宜家公司自创立以来一直努力的方向。宜家品牌始终和提高人们的生活质量联系在一起，并秉承“为尽可能多的顾客提供他们能够负担、设计精良、功能齐全、价格低廉的家居用品”的经营宗旨。在提供种类繁多、美观实用、老百姓买得起的家居用品的同时，宜家努力创造以客户和社会利益为中心的经营方式，致力于环保及社会责任问题。

今天，瑞典宜家集团已成为全球最大的家具家居用品商家，销售主要包括坐椅/沙发系列、办公用品、卧室系列、厨房系列、照明系列、纺织品、炊具系列、房屋储藏系列、儿童产品系列等约10000个产品。

目前宜家家居在全球38个国家和地区拥有310个商场，其中有10家在中国内地，分别在北京、上海（两家）、广州、成都、深圳、南京、大连、沈阳、西安。宜家的采购模式是全球化的采购模式，它在全球设立了16个采购贸易区域，其中有3个在中国内地，分别为华南区、华中区和华北区。目前宜家在中国的采购量已占到总量的18%，在宜家采购国家中排名第一。根据规划，至2010年，宜家在中国内地的零售商场将达到10家，所需仓储容量将由现在的10万立方米扩大到30万立方米以上。中国已成为宜家最大的采购市场和业务增长最重要的空间之一，在宜家的全球战略中具有举足轻重的地位。

宜家中国扩张提速，未来5年开8~10家门店

2010年12月15日，在宜家位于北京的第二家门店奠基的仪式上，宜家家居中国区零售经理吉丽安表示，1998年在中国开设第一家门店，未来5年，宜家将在中国新开8~10家门店。这与过去近12年仅开出8家门店的状态相比，以买地自建方式发展的宜家家居明显提速。吉丽安称，“通过长时间的摸索，宜家家居认为，我们可以深入更广阔的中国一二线市场”。

刚刚过去一个财年，宜家中国销售数据实现了23%的增长。2010财年（2009年9月1日~2010年8月31日），宜家集团销售额增长了7.7%，达231亿欧元，宜家中国销售额则超过了37亿元。

宜家家居集团亚太区总裁杜福廷称，“过去数年，亚太区是宜家集团中增长速度最快的区域，其中，中国市场保持着年15%的复合增长。未来，15~25年的时间，中国将成为宜家销售贡献最大的单一国家市场”。

宜家成景点引来家庭游

其实，类似的情况并不是头一次发生。《洛杉矶时报》的一篇题为“中国爱宜家，但不是为了购物”的文章一针见血地指出了中国的“宜家乱象”。

报道开篇描述了这样一家北京人：在一个“毫无计划”的周六，北京人张鑫（音译）告诉其妻子、儿子和母亲，穿上漂亮的衣服，开启其“周末一游”。不过他选择的“景点”不是故宫和长城，而是宜家。

34岁的张鑫是一家公司的办公室经理，用他的话说：“我们只是来这儿玩玩的，虽然我们可以选择去别的地方，可是没有哪个地方能够像宜家一样给我们‘完整的体验’。”

位于北京的宜家，整体风格看来更像是一个主题公园而不是商店。报道称，每到周末，总能看到数以千计的“随便逛逛”的人流涌进宜家的展示厅。

店内睡觉、聚餐就是不购物

一些人直接扎在了床上，头埋进被单里，睡起了午觉。有些人蜷缩在床上，肚子上竟然还放着一本书。一些人更是把宜家当成了一个景点，衣着靓丽地拿起相机在宜家的装饰面前摆起了Pose。有些家庭更是选择在炎热的午后来宜家逛逛，只为了享受“免费的空调”。

相比于上述“事迹”，“购物”在光顾宜家的顾客眼里是“事后的想法”了。美国著名网站Gawker（掴客网）更是指出，宜家俨然成为中国的“迪斯尼乐园”。

（资料来源：1. 宜家“奇观”，www. zaobao. com/special/china/zaodian/pages3/zaodian _ zi111021. shtml,联合早报网；2. 宜家家居官网，www. ikea. com；3. 内地宜家大量顾客店内睡觉相亲旅游不购物引外媒关注，news. ifeng. com/society/2/detail _2011 _10/28/10233580 _1. shtml，凤凰网。）

思考题：

（1）通过对本案例及相关资料的研究，你认为应该如何对家居市场进行细分？宜家家居的目标市场是怎样的？它在目标市场中的定位是怎样的？

（2）宜家家居在其发展过程中选择了怎样的发展战略？

（3）结合本章所学内容，从营销策划人员专业的角度来评述，对于宜家的各种“乱象”，宜家应该是高兴还是不高兴？为什么？

5. 业务模拟训练题

市场定位策划实务操作

训练目标：

明确市场定位策划的内容；熟练掌握市场定位的方法和技巧。

训练内容：

企业定位；品牌定位；产品定位。

训练操作：

通过上网或查阅书籍，对你所选择的企业的市场定位进行描述，分析企业当前定位的得失，并提出改进意见。

成果要求：

提交企业市场定位分析报告一份，内容包括：对现有的企业、品牌、产品和竞争定位进行描述，分析目前定位是否得当，提出改善措施或重新定位。

第 4 章
实施产品策划

知识要点 (1) 产品策划；(2) 概念产品；(3) 整体产品；(4) 疲软产品；(5) 先发制人策略；(6) 产品生命周期策略理论；(7) 新产品开发和上市理论；(8) 产品包装理论；(9) 概念产品推广理论。

能力目标 (1) 进行产品规划的能力；(2) 进行新产品上市推广的策划；(3) 使疲软产品重生的能力。

导入案例

21 世纪的星巴克卖的是咖啡吗？

一、星巴克的历史

轻柔的音乐声中，飘来阵阵的咖啡香味，阿拉伯风味的摩卡（Mocha）或是意大利的卡布其诺（Cappuccino）。顾客喝着一杯杯香醇的爪哇咖啡，或沉思、或看书、或谈天……这就是星巴克咖啡店的写照，地点可能是纽约或维也纳，也可能在上海或台北。

星巴克于 1971 年在美国西雅图海岸边开出全球的第一家店，创始人将品牌命名为“星巴克”，构想来自于梅尔维利（Melville）的古典小说，小说中叙述着红海及咖啡商人浪漫的海上冒险故事，今天的星巴克则以完全不同的方式，诠释咖啡的浪漫。今天，星巴克在北美、欧洲、中东及太平洋地区的总店数已超过 5000 家以上。

二、不是家，也不是办公室

一杯星巴克的咖啡价格大约三倍于纽约普通咖啡店的咖啡。然而这并不影响消费者的慷慨，因为星巴克是消费者在家庭和工作场所之外的“第三场所”，定位是“介于顾客家中和办公室之间的休憩场所，并提供完全放松的气氛及优质咖啡”。在这里，咖啡豆的醇香萦绕于室内，别致的桌椅、宾至如归的服务令人倍感亲切。而店堂内精心布置的电子插座以及免费的无线网络，可以方便消费者上网和使用各类随身电子设备。这些独到之处令星巴克培养了一大批忠实“粉丝”。

此外，星巴克也供应外带服务，让顾客能将咖啡、点心带回家或办公室食用。它的店内格局和服务正是所谓的“星巴克体验”，就像神仙头顶上那一圈难以捉摸的光环，所有竞争对手都想学习模仿，却怎么学也学不来。要学一个品牌的表面功夫，如外观、店的感觉，都不困难，但要超越品牌过去所积累的内在经验与价值，却非易事。最重要的是顾客心中对店的喜好度及其所引发的联想，一种无法解释清楚的“亲和力”，换言之，星巴克似乎是一个令人不得不去接近它的品牌。星巴克在不同的国家里，可能会出现细微的差异，但大体上是一致的，例如，在东京或是维也纳，无论是咖啡产品组合，或是其他饮品，星巴克所提供的服务，基本上差别不大。典型的星巴克产品组合约有 20 ~25 种咖啡，每种咖啡都赋以诱人的名称，如巴西伊波尼玛波本咖啡、可摩多龙调和咖啡等。产品来源则由盛产阿拉伯高级咖啡豆的原产地进口，如拉丁美洲、非洲和印度尼西亚。店内也提供各种不同的高档调和咖啡、茶饮料和点心，如法布奇诺咖啡、大佐茶……

尽管星巴克店内卖的是上好咖啡，但它的核心价值并非咖啡本身，而是跨越咖啡以外的无形附加价值——顾客在店内饮用咖啡的体验。星巴克的成功，促使竞争对手纷纷起而模仿所谓的“星巴克体验”，特别是 400 年前即已存在着咖啡馆的欧洲，所到之处，座无虚席。

（资料来源：①www. starbucks. cn；②谁打碎了星巴克的咖啡梦，第一财经日报，2008 - 07 - 03。）

产品策略是营销战术组合策略的主线，是价格策略、渠道策略和促销策略的基础。企业的一切营销活动都围绕产品展开。产品策略的至高地位，决定了产品策划成为营销策划的基础，是战术营销组合策划的核心。产品策划包含以下内容：产品的规划、新产品上市的策划和疲软产品提升的策划。

在导入案例中，为什么一杯星巴克咖啡的价格可以三倍于纽约普通咖啡呢？星巴克卖的是咖啡吗？如果不是，那它卖的是什么？

4.1　产品策划分析

4.1.1　产品策划的主要内容

产品策划是指产品策划人员通过调查研究，在了解市场、客户需求、竞争对手、外在机会与风险以及市场和技术发展态势的基础上，根据公司自身的情况和发展方向，制定出可以把握市场机会、满足消费者需要的产品的远景目标以及实施该远景目标的战略、战术的过程。其主要内容有：

①产品定位。产品市场定位的关键主要在顾客心目中寻找一个空位，使产品迅速启动市场。

②产品质量功能方案。产品质量就是产品的市场生命。企业对产品应有完善的质量保证体系。

③产品品牌。要形成一定知名度、美誉度，树立消费者心目中的知名品牌，必须有强烈的创牌意识。

④产品包装。包装作为产品给消费者的第一印象，需要能迎合消费者并使其满意的包装策略。

⑤产品服务。策划中要注意产品服务方式、服务质量的改善和提高。

4.1.2 产品策划的工作流程

产品策划是一项复杂的工作，包含多方面的内容，主要有：

1. 研究

产品策划人员研究与产品发展和市场开拓相关的各种信息，包括来自市场上的、来自销售渠道的和来自内部的信息；研究用户提出或反馈的需求信息；研究竞争对手；研究产品市场定位；研究产品发展战略等。

2. 沟通

产品策划人员应及时与消费者以及公司内部的开发人员、管理人员、产品经理等保持良好的沟通，这种沟通要覆盖整个产品生命周期。

3. 数据收集与分析

产品策划工作中最基本也是最重要的一项内容就是收集与产品策划相关的各类数据，并对这些数据进行科学的分析。

4. 提出产品发展的远景目标

产品策划工作的基本任务是提出产品发展的远景目标，并通过各种沟通渠道让公司内的相关人员熟悉和理解这个远景目标。

5. 建立长期的产品计划

除了提出当前产品的远景目标外，产品策划人员还负责对产品的长期发展规划（如3~5年内的发展计划）进行设计和描述。

此外，产品策划工作还具有不受产品开发周期约束的特点。也就是说，产品策划通常会跨越整个产品开发周期，在每个阶段中，产品策划人员的工作方式并没有明显的不同，他们会随时了解客户、市场、技术创新等情况，并根据内外部的各种变化调整或完善产品策划。

4.1.3 具体的产品策划

1. 产品的规模策划

多品种、多产品的营销已经成为现在企业发展的共同趋势，其好处在于可以分散风险。因为市场变化莫测，消费者需求不断改变，一种产品很难保证长销不衰。如果实行多品种、多产品营销，就能够取长补短，适应瞬息万变的市场，生产上也具有较大的灵活性，从而降低和分散营销风险，保证利润总额不会减少，甚至增加。

当然，产品的规模也不是越大越好，企业必须考虑营销多少个品牌、多少个相关或非相关产品，才能维持或增加销售量和利润，适应生产经营和市场发展的需要①。

2. 产品的角色策划

顾客挑选产品时，他们在理性上考虑产品的实用功能，同时也评估不同产品所表现的个性。当产品表现的个性与他们的自我价值观相吻合时，他们就会选择该产品，并用该产品表现出自己的个性。

---

① 王锋．如何进行整合营销．北京：北京大学出版社，2004．89－90．

所以，企业在进行产品的市场推广时，要给产品进行角色定位，以满足顾客购买产品的个性化原则。个性化原则要求产品定位要有创意，要与众不同，即使这种个性与产品本身并无关联，是人为地赋予上去的，但只要得到消费者的认可，它就将是企业战胜对手、赢取消费者芳心的最有利的武器。

我们可以从产品的物理特性和功能利益发展出一个定位，但定位并不仅仅是产品物理特性和功能利益的总和，它还含有另外一些完全属于精神上的东西。我们看看万宝路与西部牛仔和马到底有什么必然联系呢？显然没有，万宝路以西部牛仔和马定位于消费者心中的自由、奔放、帅气、强劲，这完全是从消费者出发的，让消费者吸万宝路香烟时自然而然地产生这样的心理感受。至于烟本身的特性和功能却与这种心理感受关系不大，企业所做的只是将产品的包装、广告和其他手段与其角色定位相配合就行了。

3. 产品的数量策划

在激烈的市场竞争中，不少经营者习惯采用“开放式”经营策略，扩大自己的生产规模，增加自身的产品数目，希望产生所谓的规模效益。

然而也有一些精明的经营者反其道而行之，在经营中采取限量销售，取得了意想不到的好效果。例如，芬克女士的公司是专门制作女式服装的企业，每年她都要推出几十款新式服装，但在数量上控制较严，这是她的一条计策。芬克根据西欧女士喜欢高贵典雅与活泼色系为一体的晚礼服、夏装等时装的特点，创造出了组合时装。为抓住顾客追求时髦的心理，她把晚礼服新款式分为 8 组，每次推两组，选准换季推出新服装的机会，隆重而热闹地登场。然而，每组新服装只有一两百套，隔两个月再推出一批服装，数量一样。以这种布控出台的次序，市场上总见新款而不见现货、存货，吊足追求时髦的顾客的胃口，造成供不应求的现象。直到布控时间结束，服装才进行减价出售。芬克推行这一销售策略，是让顾客真正体会到自我体系的名牌服装不仅花样款式多，而且数量少，像精品屋中的小摆设一样，过了展览期，就很难找到相似的款式了。因此，芬克设计的时装价格再贵，情有独钟的女士也不会吝啬那几个钱，这就是芬克销售成功的秘密。

限量版销售原本只在少数高端品牌中特别流行，这些“限量款”意味着绝对的投资价值和升值空间，而现在，“限量”结合了低价，这对商家来说是万无一失的销售策略。但是，正如限量版销售越来越常见，在市场竞争中，限量不一定真的会成为出奇制胜的法宝，所以企业应该慎重使用。其实，实施这些手段只是为了把商品形象塑造得更为独特，人为地给商品贴上限量这层金衣，能够满足顾客的虚荣心理，从而更容易获得消费的满足感，而只有当实际销量将大于限量数字本身时，限量才显得有真正意义。

4. 产品的整体策划

现代市场营销认为，消费者购买产品，追求的绝不是产品本身，而是某种需要和欲望的满足，强调的是产品的实质性，即产品提供给消费者的一种效用和利益。产品不是单纯的实体性的产品，而是包含实体性和实质性相统一的市场产品，包括质量、性能、外观、品牌、商标、声誉、形象等许多有形和无形、物质和非物质的因素。这种对产品的理解，在现代市场营销中被称为整体产品。对消费者来说，按照产品整体概念，购买产品的核心是买卖后需要得到满足，而产品外形是满足需要的形式。对营销企业来说，按照整体产品概念来出售产品，不仅是为消费者提供产品实体，而且是提供一种满足。所以，营销企业要想在市场竞争中取得胜利，必须对产品整体有充分认识，如图 4－1 所示：

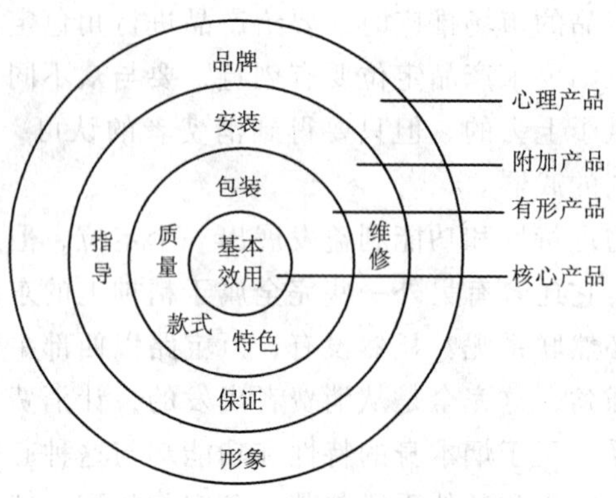

图 4－1　产品整体论

若产品在核心利益上相同，但附加产品所提供的服务不同，则可能被消费者看成是两种不同的产品，因此也会造成两种截然不同的销售状况。

考虑产品竞争性利益点的定位，既可以考虑产品某个因素与消费者偏好紧密结合，形成与同质产品明显的差异，也可以考虑产品若干因素与市场的组合，形成产品整体的特色。如在产品有形层上改变质量、款式、包装、特色等某个因素实现产品的差异化，或者同时改变这几个因素实现产品整体形象的改观。企业不管怎样考虑，都要把目标市场上消费者需要是什么和竞争对手的产品因素特点是什么集合起来①。

产品差异化着重在产品有形层和附加层上展开，通过突出这两个层次上产品因素的特征，争取本产品在消费者心目中形成深刻影响，促使他们决定购买本产品，从而达到战胜竞争对手、获得较大利润的目的。

5. 产品的生命周期策划

产品的生命周期即产品销售和利润在整个产品生命期间的变化过程，它主要有四个不同的阶段：导入期、增长期、成熟期和衰退期。产品生命周期的不同阶段具有不同的特征，而企业的产品策划也就以各阶段的特征为基点来制定和实施。

（1）导入期的产品策略

①高度形象策略。即采取高价和高水准的推销政策，这既可造成一种身价高的形象，又可较快回收发展新产品的投入。采取这种策略，必须是在潜在市场尚未有这类新产品，没有竞争者的情况下实施。

②选择渗透策略。以高价格、低促销费用推出新产品，目的是以尽可能低的费用开支求得更多的利润。实施这一策略的条件是：市场规模较小；产品已有一定的知名度；目标顾客愿意支付高价；潜在竞争的威胁不大。

③占先渗透策略。以低价格、高促销费用推出新产品。目的在于先发制人，以最快的速度打入市场，取得尽可能大的市场占有率。然后再随着销量和产量的扩大，使单位成本降低，取得规模效益。实施这一策略的条件是：该产品市场容量相当大；潜在消费者对产品不了解，且对价格十分敏感；潜在竞争较为激烈；产品的单位制造成本可随生产规模和销售量的扩大迅速降低。

① 王成．企业最优市场定位．北京：中国经济出版社，2002．56－57．

④低度形象策略。以低价格、低促销费用推出新产品。低价可扩大销售，低促销费用可降低营销成本，增加利润。这种策略的适用条件是：市场容量很大；市场上该产品的知名度较高；市场对价格十分敏感；存在某些潜在的竞争者，但威胁不大。

（2）增长期的产品策略

①改善产品品质。如增加新的功能，改变产品款式，发展新的型号，开发新的用途等。对产品进行改进，可以提高产品的竞争能力，满足顾客更广泛的需求，吸引更多的顾客。

②寻找新的细分市场。通过市场细分，找到新的尚未满足的细分市场，根据其需要组织生产，迅速进入这一新的市场。

③改变广告宣传的重点。把广告宣传的重心从介绍产品转到建立产品形象上来，树立产品名牌，维系老顾客，吸引新顾客。

④适时降价。在适当的时机，可以采取降价策略，以激发那些对价格比较敏感的消费者产生购买动机和采取购买行动。

（3）成熟期的产品策略

①市场调整。这种策略不是要调整产品本身，而是发现产品的新用途、寻求新的用户或改变推销方式等，以使产品销售量得以扩大。

②产品调整。这种策略是通过产品自身的调整来满足顾客的不同需要，吸引有不同需求的顾客。整体产品概念的任何一个层次的调整都可视为产品再推出。

③市场营销组合调整。即通过对产品、定价、渠道、促销四个市场营销组合因素加以综合调整，刺激销售量的回升。常用的方法包括降价、提高促销水平、扩展分销渠道和提高服务质量等。

（4）衰退期的产品策略

①继续策略。继续沿用过去的策略，仍按照原来的细分市场，使用相同的分销渠道、定价及促销方式，直到这种产品完全退出市场为止。

②集中策略。把企业能力和资源集中在最有利的细分市场和分销渠道上，从中获取利润。这样有利于缩短产品退出市场的时间，同时又能为企业创造更多的利润。

③收缩策略。抛弃无希望的顾客群体，大幅度降低促销水平，尽量减少促销费用，以增加目前的利润。这样可能导致产品在市场上的衰退加速，但也能从忠实于这种产品的顾客中得到利润。

④放弃策略。对于衰退比较迅速的产品，应该当机立断，放弃经营。可以采取完全放弃的形式，如把产品完全转移出去或立即停止生产；也可采取逐步放弃的方式，使其所占用的资源逐步转向其他的产品。

4.2　产品包装策划与设计

在世界经典营销中，有些产品就是通过包装而风靡世界，如可口可乐的瓶子为可口可乐公司占据世界市场起到了重要的形象识别和产品识别的作用，使产品从众多的饮料中脱颖而出，成为清凉饮料的领先者。在市场营销中，发挥包装在产品设计中的作用是产品策划的一个重要因素。包装具有吸引消费者的注意力，促进产品的差异化，提升公司和品牌形象，以及为企业提供创新机会等作用。

4.2.1 产品包装策划

为产品设计有效实用的包装，需要做出大量的策划：

第一，要建立包装化概念。包装化概念的定义是，规定包装基本上应为何物，或为一个特定产品起什么作用。包装的主要作用是为产品提供保护，引进一个新颖的使用方式，提示产品或公司的某种质量，或者某些作用①。

第二，必须为包装设计的其他要素做出策划，如包装物的大小、形状、材料、颜色、文字说明以及品牌标记等。策划的内容还必须包括：大量的文字说明还是少量的文字说明，采用什么样的包装材料等。包装化的要素也必须和定价、广告和其他市场营销要素相协调。

第三，包装设计完成后要进行测试。这要经过技术测试、视觉测试、经销商测试和消费者测试等多种测试，修改合格后，才能将产品和包装推向市场。进行技术测试的目的，是为了保证包装在正常情况下经得起磨损；进行视觉测试的目的，是为了保证字迹清晰和色彩协调；进行经销商测试的目的，是为了保证经销商发现包装具有的吸引力，并且能够便于处理；进行消费者测试的目的，是为了保证赢得有利的消费者反应②。

特别要注意，在设计包装时，要防止一些包装缺陷可能给企业带来的损失。如啤酒瓶包装，可能会在一定温度下，或者在运输途中发生爆炸，从而对企业形成不可预知的风险。

4.2.2 产品包装设计

一个好的产品，如果再加上一个设计巧妙的包装，无疑会使产品更上一层楼。如今，各种包装设计理念层出不穷，各种形式的包装争奇斗艳，许多产品不仅卖功效、拼质量，而且更注重包装的时尚性和文化性，以此来充分体现产品的品位和价值。下面我们来探讨一下如何通过包装来提升产品的品位和价值。

首先，我们要找到产品的个性特点，即找出产品的 USP。包装设计在满足产品的基本要求之后，我们应更多考虑的是设计中的核心价值。一个人的穿着能反映他的思想和修养，同样，一个产品的包装设计也能反映出产品、品牌、企业等不同的核心价值。

同类型的产品也有其自身的特征。比较同类产品找出异同点，针对目标市场划分消费阶层，给产品进行准确的定位，符合产品鲜明个性，这些是包装的第一个切入点。以白酒为例，同样是卖酒，是突出表现酒的文化还是酒的品质。如兴鲁酒业对红嫂家系列和沂蒙泉乡系列就有不同的卖点。红嫂家酒以红嫂精神、沂蒙文化为主，目标消费者是对沂蒙文化、红嫂精神和红色文化有感情的人；而沂蒙泉乡系列主要是突出酒的品质，“生态美酒”、“溶洞深藏”。

---

① 杨德慧．策略思维．北京：北京大学出版社，2005．73－74．

② 帕特里克·巴韦斯，肖恩·米汗著．孙选中等译．只需更好．北京：商务印书馆，2006．156－157．

其次，包装是企业的文化形象的积累和反映。包装为产品而设计，产品出自于企业，包装设计无疑也折射出企业的文化形象。比如：可口可乐的包装设计不但赋予了产品品牌价值，更是可口可乐企业文化积累的一种反映。那种朝气蓬勃、热情似火的企业精神已渗透世界各地，每当可口可乐的包装出现时，人们总会感受到可口可乐公司那固有的文化精髓。

最后，包装设计的表现。包装设计的表现通常由立体的包裹性设计与平面的装饰性设计构成。立体造型形成了包装的基本造型。近年来，随着新材料的开发和利用也为包装设计的造型提供了更大的空间，传统材料如纸、木材、布、塑料、合金等不再是唯一的选择。新型再生材料和环保性材料等也使包装设计有了更多的发展形式。

从平面装饰上讲，色彩的运用也不再停留于传统的理解认识上。如食品业中，传统观念认为应多用易于产生食欲的暖色调设计，但有一种叫做“趣多多”的食品在色彩上则运用了传统工业包装设计中运用的蓝色，而“汰渍”洗衣粉用了食品业中的橘色。这样的例子还有很多，它们一反常态的色彩理念给消费者留下深刻的第一印象，使产品品牌形象深入人心，为提高销售发挥了不可忽视的作用。

除色彩因素外，图形文字也是平面视觉效果中不可忽视的因素。

同步案例 4-1

小提手拉动大乳业

2002 年 2 月，时至春节，蒙牛液态奶事业本部总经理杨文俊在深圳沃尔玛超市购物时，发现人们购买整箱牛奶搬运起来非常困难。由于当时是购物高峰，很多汽车无法开进超市停车场，而商场停车管理员又不允许将购物手推车推出停车场，消费者只有往返好几次才能将购买的牛奶及其他商品搬上车，这一细节引起了杨文俊的重视。

在一次偶然的机会里，杨文俊购买了一台 VCD，往家拎时，拎出了灵感：一台 VCD 比一箱牛奶要轻，厂家都能想到在箱子上安一个提手，我们为什么不能在牛奶包装箱上也装一个提手，使消费者在购物时更加便利呢？这一想法在会上一经提出，就得到了大家的认同，并马上得以实施。

这个创意使蒙牛当年的液体奶销售量大幅度增长，同行也纷纷效仿。小小的一个提手，不仅拉动了蒙牛，而且拉动了一个行业。

此外，蒙牛还于 2002 年在业内率先打破 24 支包装的老传统，推出 16 支装小包装，既降低了消费者的价格敏感，又带来了“便捷化”的胜数。

（资料来源：孙先红，张治国著．蒙牛内幕．北京：北京大学出版社，2005.）

想想看

想一想：产品包装是由你来设计好呢？还是由专业的设计人员来设计好呢？策划人员可以在哪些方面为专业的设计人员提供建议和帮助呢？

4.3 概念产品推广策划

所谓概念产品是指具备独特的销售主张的产品或是具备独特消费观念的产品。成功的概念产品推广，不仅能够提升品牌形象，更能够给企业带来巨大的经济效益，因此为各企业所采用。

4.3.1 概念产品的选择

每个企业的产品都有多项特点，选择一个什么样的“概念”来推广，通常应遵循以下原则：

一是市场适应性。即消费者的适用性，一个概念产品的推出必须经过严密科学的调查分析，必须要明确目标消费者，能够满足目标消费者的需求，并且必须调查出其市场潜力及市场容量。

二是不可模仿性。概念产品对竞争者来讲必须具备一定的进入壁垒，防止竞争者的跟进。一个产品概念或一个消费观念炒热以后，会有众多的跟随者，企业必须设立进入壁垒，以保持自己引导的概念能销售自己的产品，为自己带来利益。

三是可延伸性。对企业而言，主推广的概念产品的支持技术能够延伸，将一个产品延伸为一条产品线，增强品牌整体竞争力，占领更多的市场份额。

4.3.2 概念产品的开发

有了一个“概念”之后，要围绕此概念去开发产品。概念产品是消费意义上而并非技术意义上的产品。开发概念产品时应遵循如下原则：

1. 核心概念原则

一个概念产品的推出需要有多项技术的支持，多项技术应围绕核心概念进行。比如开发一种安全型汽车，那么这种车的各种部件都要围绕安全去做，要有安全的气囊、安全的刹车等。如果开发的是一种适合家用的舒适的车，那么就要围绕舒适去做。如果开发的是一种静音型的洗衣机，仅仅采用静音的电机是不够的，若电机的噪音降下来了而其他部件的噪音很大，仍难以成为“静音”产品。

2. 全新产品原则

推广一个概念产品，应坚持全新产品原则，让消费者感觉到这是一种“全新”的产品，可通过以下几方面实现：

（1）全新产品类别

为显示概念产品的创造性，重新命名一个产品类别。电子行业的DVD与VCD之争，就是为了在产品类别上确定全新的产品概念。自己的产品已不是原来意义上的VCD，而是全新的产品。

（2）全新产品名称

通过产品名称达到证实产品全新的目的。例如：一种外桶能够旋转的波轮洗衣机，名称叫做“手搓式”洗衣机，而淡化其为波轮洗衣机。另一种方式是企业通过新的副品牌或行销名称达到产品差异（全新）的目的。

（3）全新产品外观

要让消费者直觉上感到产品的差异性，包括产品的外观设计表达、型号命名，甚至外包装都要以全新面貌出现。如果一个企业开发一种具备高新技术的产品，在产品外在表现上与原产品几乎没什么差异，这样的产品是难以让消费者认为是新产品的。

4.3.3　概念产品的宣传

一个产品概念或消费观念提出后，要让消费者接受，并得到迅速传播，应坚持如下原则：

1. 对比宣传原则

对比产生价值，概念产品通过与原来产品的对比方能显示出其价值所在。对比内容有效果对比、过程对比、消费者心里感觉对比等。在对比方式上，可与原产品对比、与竞争者产品对比。与原产品相对比容易失去原有顾客及原有市场，与竞争品牌相对比又容易带来纠纷。

因此选择一种与对手相同或相近的产品（或专门生产此种产品），以此作为广告参考产品与概念产品作对比性宣传，既不影响原来的市场又可打击竞争者。

2. 信任支持原则

在产品竞争中，宣传有一个常规：凡是自己企业所具有而竞争品牌所没有的东西都是好的和必须的，凡是竞争品牌所独有的都是不好的或没必要的。概念产品无论采用了什么新技术、给消费者带来多大利益，只要竞争对手无法跟进，则会想办法进行抵制。因此，企业必须采用通过各种方式对概念产品进行证明，以防受到攻击。可以通过有影响的国际组织、国家权威机构和组织等进行各种鉴定、认证等，以此增加消费者的信任。

4.3.4　概念产品的市场推广

推出一个产品概念，仅仅是成功了一半，只有将概念产品推广才能获得效益。要成功地推广这种产品，通常有以下原则：

1. 高宣传、低销售原则

一个概念型产品在概念的导入期，通常采用的是高价策略，树立起此形象，吸引部分超前的消费者。而要取得进一步的成功，则需要引导广大的理性消费者。通常可采用高调宣传、低价销售策略，即主要宣传高价类产品，将产品概念宣传出去，然后在此产品概念下开发低价类产品，用低价类产品去占领市场。或者利用此“概念”，针对不同市场再开发系列产品，占领更多的市场。

2. 重点投入原则

推广概念产品需要三个阶段，即导入概念、推广产品、延伸产品。在这三个阶段都需要遵循重点投入的原则。在概念导入阶段，通过公关活动制造出一个视听热点，引起广大目标消费者的关注，即产生一定的轰动效应。在此阶段，需要企业将宣传信号集中在一个点上。在推广产品阶段，需要企业在促销、广告、人员推动、渠道、财务激励等各方面对概念产品进行重点投入，一方面可以增加概念产品销售，另一方面可以增强销售人员的信心。

4.3.5 推广概念产品的后续工作

在一个“概念”被广大消费者接受之后，利用此概念延伸出系列产品，需要加强对延伸产品的特性宣传，在促销、广告等方面的特别宣传。

1. 制造概念，引导行业发展

行业的领导者需要“概念”来开拓市场、稳定领导地位；跟随者需要“概念”进攻市场；补缺者需要“概念”来确定企业特色。引导一个概念，如果没有行业内其他品牌的跟踪，难以形成市场[①]。通过一个概念引导行业的发展，这能够极大地提升企业形象。竞争品牌的跟随能够使这一概念得到迅速传播，这一产品市场也会迅速扩大，概念的引导者如操作得当也将是最大的受益者。

2. 制造壁垒，防止竞争者跟进、超越

没有竞争者的跟进难以形成市场，但竞争者的加入会减少企业的利益，而竞争对手的超越又会损害到概念的推广。因此，企业应制造进入壁垒，将竞争者的跟踪限制在一定的范围内或一定的距离之后，让跟进者的宣传只起到推波助澜的作用，而不会成为“概念”的受益者。引导一个“概念”前期做的是对消费者的普及性教育，在此阶段应尽力将概念“锁定”在企业上，以防止“做了行业先驱，最终牺牲了自己”[②]。20 世纪 90 年代初，广东江门“万燕”研发生产出世界上第一台家庭 VCD，开创了世界 VCD 先河，并做了前期的引导性宣传，但最终被各家企业超越，这一方面是由于前期未能将“概念”锁定上品牌，另一方面也是由于没能保持竞争优势——核心技术。

3. 自我防护，防止竞争者破坏

当一种消费需求或消费观念引导取得成功时，对竞争对手造成很大威胁，若对手没有类似产品进行对抗时，会寻找（或制造）这种产品的不足之处进行攻击。因此企业必须预见到可能的攻击，充分做好防御的准备。

4. 自我突破，夺取更大的市场

一个企业引导“概念”，如果没有竞争对手跟进，通常难以形成消费热潮。当一个产品打入市场取得成功后，竞争对手往往会跟进。为防止竞争对手跟进，企业通常采取申请专利等保护措施，但这并不是上策，因为很多技术无法用专利保护。竞争对手可用同一思路开发出相仿或更强的产品进行竞争。最为有效的措施是在自己开辟的市场、引导的消费领域内，不断地开发改进型产品进行自我超越。

动动手

就营销策划来说，实物产品和概念产品在市场推广过程中，一定存在许多不同之处。请你搜集相关案例，通过比较说明两者在上市推广过程中存在的差异。

---

① 徐哲一，武一川．策划管理十堂课．广州：广州经济出版社，2004．77－78．

② 李琦．浅议企业文化研究．北京市计划劳动管理干部学院学报，2002，(03)．

4.4 新产品开发和上市策划

企业同产品一样，也存在着生命周期。如果企业不开发新产品，当产品走向衰退时，企业也同样走到了生命周期的终点。相反，企业如能不断开发新产品，就可以在原有产品退出市场舞台的时候，利用新产品占领市场。因此，进行新产品开发对于企业的生存和发展是至关重要的①。

一般而言，当一种产品投放市场时，企业就应当着手设计新产品，使企业在任何时期都有不同的产品处在周期的各个阶段，从而保证企业盈利和稳定增长。

4.4.1 新产品开发的程序

新产品开发有八项主要管理程序：

第一，新产品构思。即为满足一种新需求而提出的设想。

第二，筛选新产品构思。选出符合本企业发展目标和长远利益，并与企业资源相协调的产品构思。

第三，产品概念的形成与测试。

第四，初拟营销规划。制订出拟开发产品的市场引入计划。

第五，进行商业分析。从经济效益的角度分析新产品概念是否符合企业目标，是否有利于企业的长远发展。

第六，新产品研制。将通过商业分析后的新产品概念交送研究开发部门试制成为产品模型或样品，同时进行包装的研制和品牌的设计。

第七，市场试销。确定试销的地点、时间、经费及营销策略等工作。

第八，商业性投放。新产品试销成功后，可以正式批量生产，全面推向市场。

4.4.2 新产品开发的策略

一般而言，新产品按其创新程度，可分为全新产品、改进型新产品、系列型新产品、仿制型新产品。采用何种开发策略要根据企业自身的实力和市场竞争的状况而定。一般可以采用的策略有以下三种：

1. 先发制人策略

先发制人策略是指企业率先推出新产品，利用新产品的独特优点，占据市场上的有利地位。采用先发制人策略的企业应具备强烈的“占据市场第一”的意识。因为对于广大消费者来说，对企业和产品形象的认知都是先入为主的，他们认为只有第一个上市的产品才是正宗的产品，其他产品都要以“第一”为参照标准。因此，采取先发制人策略，就能够在市场上捷足先登，利用先入为主的优势，最先建立品牌偏好，从而取得丰厚的利润。而且，从市场竞争的角度看，如果你能抢先一步，竞争对手就只能跟在后面追，而你

① 甘华鸣，王俊杰，高照娟．新产品开发流程操作手册．北京：中国物资出版社，2004．14－15．

不满足占领已有的市场，连续不断地更新换代，开发以前没有的新产品、新市场，竞争对手就会疲于奔命。一个不断变化的目标要比一个固定的靶子更让人难以击中，这样就会取得竞争优势。采用先发制人的策略，企业必须具备以下条件：企业实力雄厚，且科研实力、经济实力兼备，并具备对市场需求及其变动趋势的超前预判能力。

2. 模仿式策略

模仿式策略就是在别的企业推出新产品后，立即加以仿制和改进，然后推出自己的产品。这种策略是不把投资用在抢先研究新产品上，而是绕过新产品开发这个环节，专门模仿市场上刚刚推出并畅销的新产品，进行追随性竞争，以此分享市场收益。所以，又称为竞争性模仿，既有竞争，又有模仿。竞争性模仿不是刻意追求市场上的领先，但它绝不是纯粹的模仿，而是在模仿中创新。企业采取竞争性模仿策略，既可以避免市场风险，又可以节约研究开发费用，还可以借助竞争者领先开发新产品的声誉，顺利进入市场。更重要的是，它通过对市场领先者的创新从而做出了许多建设性的改进，有可能后来居上。

3. 系列式产品开发策略

系列式产品开发策略就是围绕产品向上下左右前后延伸，开发出一系列类似的，但又各不相同的产品，形成不同类型、不同规格、不同档次的产品系列。采用该策略开发新产品，企业可以尽量利用已有的资源，设计开发更多的相关产品，如海尔围绕客户需求开发的洗衣机系列产品，涵盖了城市与农村、高收入与低收入、多人口家庭与少人口家庭等不同消费者群的需要。

4.4.3 新产品开发的方式

在选择不同策略的基础上，企业应根据具体情况选择相应的新产品开发的方式：

1. 独立研制方式

这种方式指企业依靠自己的科研和技术力量研究开发新产品。

2. 联合研制方式

这种方式指企业与其他单位，包括大专院校、科研机构以及其他企业共同研制新产品。

3. 技术引进方式

技术引进方式是指通过与外商进行技术合作，从国外引进先进技术来开发新产品，这种方式也包括企业从本国其他企业、大专院校或科研机构引进技术来开发新产品。

4. 自行研制与技术引进相结合的方式

这种方式是指企业把引进技术与本企业的开发研究结合起来，在引进技术的基础上，根据本国国情和企业技术特点，将引进技术加以消化、吸收、再创新，研制出独具特色的新产品。

5. 仿制方式

按照外来样机或专利技术产品，仿制国内外的新产品，是迅速赶上竞争者的一种有效的新产品开发方式。

4.4.4 新产品上市推广计划

新产品开发的目的是满足消费者的需要，形成企业的竞争优势，给企业带来经济效益。要实现这个目的，企业就应该为产品的上市制定详细的上市推广计划。在产品上市之初，企业要对产品进行详细的市场规划，编写新产品上市推广计划书。

总的来说，新产品上市推广计划书主要包括四大部分：市场环境分析、战略规划、产品分析和上市执行。

市场环境分析，包括外部市场环境分析和内部的 SWOT 分析，找出新产品上市面临的机会、威胁，企业自身的优势和劣势。战略规划，主要是为新产品上市推广及未来发展描绘蓝图，设置未来发展的战略目标和发展方向。产品分析，主要包括产品本身卖点和特色的分析、产品的定位、市场细分和目标市场的选择。上市执行，包括新产品上市后的产品定价、渠道、广告、促销等一系列问题，还包括费用预算等。

新产品上市存在一定的风险，所以新产品上市计划一定要具体可行。在编制计划前，要做好充分的市场调研，在综合分析和讨论的基础上，得出相关结论。在写计划书时要充分考虑各种可能出现的情况，注意每一个细节，这样才可以保证新产品的成功上市和推广。

想想看

企业在将新产品推上市场的过程中，存在哪些潜在的风险？企业应如何积极应对？

4.4.5　新产品上市的执行策划

产品在经过前期周密的设计、开发和测试，做好了充分的上市准备并且确定了基本的上市执行策略以后，企业还应该对新产品上市的具体执行做出规划。要点如下：

1. 目标开拓市场的市场调查

主要调查以下方面：通路状况，如经销商的经营能力、经营质量、是否适合自己的产品运营，零售商的业态和数量分布以及在不同类别的零售商处可能的销售分配比例；媒体的调查，如电视、报纸、电台、户外、网络以及其他的媒体的分布特征、同类产品的媒体组合策略、目标受众接受媒体信息的特点；此外，还有政府部门的调查、消费者的调查、竞争对手的调查，以及当地市场的人口、经济、地域分布等。

2. 进入市场的策略选择

前期的总体产品营销策略并不能够代表所有的目标进入市场都要千篇一律地采用同样的策略。因为每个市场都有自己的特点，面临的竞争态势通常会有所区别，比如竞争对手的数量、竞争力大小、投入的策略、配备的资源、经销商的能力、销售团队的战斗力、零售业态的分布、媒体的特征、消费者的购买心理等。因此进入的策略在总体营销策略的指引下，要灵活地应用到当地市场。这些入市策略主要有：正面攻击、侧翼战略、强势终端、强势媒体策略等，具体采用哪一种或者哪几种，视自身的资源以及竞争态势而定。

3. 进行详细的铺货计划

产品的陈列质量以及铺货的深度和广度始终是评价经销商以及销售人员工作质量的重要内容，是直接影响到产品运营的成功与否的关键因素之一。而铺货计划涉及的内容有以下几方面：

一是追求产品的铺货率。首先应该进行目标铺点的定义并制定铺货率标准。注意，单一的铺货率并不能够完整地体现铺货的质量，要综合考虑产品买入的目标零售商的面积以及同类产品的销售量。

二是确定与零售商对应的产品上架标准。这是进行有效分销的重点内容。就是说，在产品的一系列规格组合中，适合不同的零售业态如大卖场、中型连锁、食品商场、大型药店、一般药店、便利店等类型的零售商销售的产品规格不同。

三是考虑产品陈列促销需要的合适首批铺货量。在产品推广过程中，需要特别考虑堆头、专柜、促销、季节等因素，制定合理的铺货量，以便能够有效地执行终端营销策略。

4. 制定科学的入市执行步骤

主要是铺货以后的一些跟进工作，如分销商的培训、促销的培训、铺货的检查和强化、宣传品的有效使用、媒体计划的执行与评估、市场推广活动的计划、市场信息的收集和反馈、进行的策略评估以及执行修正等。这些步骤看起来比较教条但是十分必要，它使执行上市管理的人员对上市的一些关键过程有一个系统的思考，而且能够依据这些过程进行一些必要的跟踪，特别是影响上市执行的关键步骤可以进行监控，确保落实。

5. 目标市场的媒体策略以及组合计划

对于保健食品、化妆品和 OTC 药品的营销而言，媒体的策略、媒体组合计划以及媒体的执行十分关键。对比已获取成功的产品，我们会发现这些产品的推广并没有采用相同的媒体策略和媒介组合计划。因此，根据市场和产品的特点选择和制定策略并加以有效执行是十分关键的。良好的媒介策略和执行，不仅仅可以提高媒体效果，极大地增强传播对消费者购买的影响，而且，因为媒体费用往往在市场和销售费用中所占的比例巨大，因此有助于控制风险。

6. 零售商的管理

目前，围绕终端的争夺十分激烈。快速消费品素有“得终端者得天下”的说法。零售商的管理涉及多个层面，比如零售商的销售管理、陈列管理、促销管理、库存和补货管理、价格管理、存货周转管理等。

7. 坚决执行价格政策

价格政策是核心策略的组成部分，对于维护当地市场的稳定和良性持久发展十分重要。如今随着零售商的力量进一步加强，零售商的促销和相互之间的杀价竞争屡见不鲜，给经销商和厂家带来了很大的压力。因此在零售商层面，加强品牌的力量以及对于消费者的吸引力，稳定保持产品给零售商创造的盈利能力，加强与商品采购人员的谈判并建立好的客情关系是稳定零售市场价格的主要方法。有一些制造商开始在不同的零售渠道销售不同规格和价位的产品，这些都是可以借鉴的方法。经销商的价格冲突管理起来相对要容易一些，可以通过制定统一的价格体系、串货处罚政策、对厂家销售人员的严肃处理、对赠品特价以及返利政策的严格管制来进行约束。搞好价格管理，不仅要与经销商充分沟通，而且要在销售团队内部统一思想和认识，同时公司的决心也是非常重要的。制定的政策必须得到 100% 的贯彻和执行，否则不会有效果。

4.5 疲软产品提升策划

产品在市场上存在的时间长了，大多数的产品销售会衰退。销售衰退的原因很多，其中包括技术进步、消费者口味的改变、国内外竞争的加剧。所有这些都会导致生产能力过剩、削价竞争增加和利润被侵蚀。像这样销售不畅，已进入衰退阶段的老产品，我们称其为“疲软产品”。针对疲软产品，可以采取以下提升策略：

1. 发现新市场，寻求新客户

地理、文化、经济的差异会导致市场需求的巨大差异，在一个市场上处于疲软状态的产品在另一个市场上很可能处于产品生命周期的引入期、成长期或是成熟期，企业可以根据市场需求的差异适时地转移目标市场。在城市销路不佳时转向其他中小城镇或乡村，这可能会产生良好的效果；如果某类产品在经济发达国家或者发达地区已经过时，但有可能在相对落后的国家或者地区仍然存在市场。20 世纪 70 年代末期，日本企业将在国内市场上处于疲软状态的黑白电视机引入我国，就该产品而言，我国当时正处于引入期，此举获得了成功，使该产品进入新的一轮生命周期循环，企业也获得了巨大的利润。这样就可以通过疲软产品的地域转移，开拓新市场，发现新的顾客群体，为其寻找出路。

2. 进行重新定位，创造新消费观念

有些产品的销售状况虽然显示其表面上进入了疲软状态，可实质上并非核心产品本身出了致命的问题，而是人们价值观念、消费习惯有所改变，认为消费该商品与当前的流行风尚不符，引起购买行为的改变。这时经营者就应该摆脱已有的思维定式，根据消费者的需要跳出原有的位置重新定位产品，挖掘、创造产品满足消费者某种层次需要的能力，配合进行广泛的沟通，宣传新的消费观念，转变消费者的消费习惯，使产品符合消费时尚，焕发第二次青春。

“万宝路”香烟是 20 世纪 50 年代生产的一种过滤嘴香烟，其焦油和尼古丁含量很低。同市场上其他名牌香烟相比，它被看成是妇女吸的烟，市场业绩一直平平。它的生产者通过市场预测发现 70 年代妇女市场将呈疲软之势，原因是：年轻的妇女吸烟者将少于年轻的男人；吸烟妇女的平均消费量比男子吸烟要低得多；怀孕妇女遵医嘱要停止吸烟，以后往往也不再吸烟，或更换牌子。有鉴于此，它的生产者决定对其进行重新定位：从原来“女性烟”转为“男性烟”。于是，通过广告创造出一个西部地区（“万宝路”故乡）粗犷牛仔的形象，强化了“万宝路”作为男士享用香烟的市场定位和品牌形象，成为世界上最畅销的香烟。

3. 发现新用途，发掘新消费方式

在不变动产品的特性和功能的前提下，通过改变其技术和设备来发展产品新用途，通过扩大产品的使用功能，使产品重新获得活力，该策略广泛适用于作为生产原料的产品。例如，尼龙是美国杜邦公司在 20 世纪 40 年代开发的新产品，最初应用于军事上的降落伞、绳索等，销量很快就达到饱和。第二次世界大战结束后，对尼龙的大量需求随之停止，尼龙又转向非军事用途，从妇女长筒袜到轮胎芯、地毯、帐篷以及包装材料，每一次开发新用途，都使尼龙产品不断转入新的成长期，生命延续至今不衰。

4. 利用改进新产品或换代新产品延长产品生命周期

在原有产品的基础上，部分采用新材料和新结构或对现有产品的性能、质量、样式等进行一定的改进，迎合人们不断提高的消费要求。如奶粉产品不断更新换代，以满足消费者的需求，从全脂奶粉到脱脂奶粉、母乳化奶粉、婴儿助长奶粉等，从而获得了成功。

5. 其他方面的配合

重视和加强终端促销。当产品处于疲软状态时，销售终端的促销活动主要放在为该产品附加新的功能和理念，以博取消费者的欢心，尽量延长其产品生命周期。总之，疲软状态的产品不应简单地采取放弃、全盘否定的策略。如果能及时发现并抓住适当的条件与机遇，就可能使其重新回到成长期或成熟期。

另外一种情况是，若经过准确判断，产品无法再给企业带来预期的利润，如果继续维持将成为企业的一个包袱，这时就应果断采取退出策略，淘汰疲软状态的产品。如果企业决定放弃经营某种产品而退出市场时，也必须采取积极措施，慎重地做好善后工作，解决好两个问题：一是丢弃方式。企业必须决定是直接丢弃还是将产品的商标、生产权和设备等转让给其他部门或企业。通常后者较为有利，它不仅使企业在转移经营的过程中得到一定的收入，还可满足市场剩余顾客的需要。二是丢弃时机，企业必须果断地决定是快速退出市场，还是逐渐减少供应量，有计划地退出市场。前者有利于及时抓住市场机会，将资源投入更为有利的市场；后者虽然不能给企业带来较高的利润，但依然有利于企业在获取较少利润的同时，给顾客一个从容改变消费习惯、接受新产品的过程。

疲软状态的产品并非都是“烫手的山芋”，企业要综合分析所处的环境、企业的实力、产品生命周期的实质位置，决定产品的去留。通过有效处理疲软状态产品，创造企业新优势。

同步策划范例

露茗矿泉水整合营销策划案

撰写时间：2004年左右

一、市场背景与分析

（一）市场背景

1. 饮料市场竞争激烈。饮料市场品种和品牌众多，市场推广投入大，利很薄。新品种、新品牌果汁、功能饮料不断涌现，饮料市场不断被细分，瓜分着消费者的钱袋，挤占着饮料水的市场。

2. 品牌繁多。饮料水分为纯净水（包括太空水、蒸馏水）和矿泉水两大类。全国有纯净水生产企业1000多家，矿泉水生产企业1000多家。

3. 矿泉水前景良好，潜力巨大。在发达国家，饮用矿泉水才是讲健康、有品味的标志。我国消费者对矿泉水的认识有较快的提高，饮水已不仅仅是解渴，同时还追求对身体有益。

（二）竞争者状况

第一集团军：乐百氏、娃哈哈、农夫山泉、康师傅，他们是领先品牌；第二集团军：怡宝、小黑子、汇源、获特满，他们是强势品牌；其他 40 余种水饮料是杂牌军，是弱势品牌。

特点：品牌知名度高，企业实力强大，广告投入大，其中乐百氏既生产纯净水又生产矿泉水，既靠纯净水低成本赚钱，又靠矿泉水树形象从长计议。

（三）消费者状况

消费者已形成购买饮用水的习惯，经常购买者占 48.89%，偶尔购买者占 48.15%，只有 2.96% 的人从来不购买。年龄结构明显偏轻。

消费行为特征：重品牌，重口感，对矿泉水、纯净水概念模糊，但已有一部分消费者认识到，长饮纯净水无益，开始留意选择优质矿泉水了。

（四）露茗市场表现

知名度、美誉度不高。在青岛，露茗原市场占有率仅 1.70%。消费者对露茗“不了解”者占 87.41%，“了解”者占 12.60%；品牌知名度为 16.20%。

露茗有特点，但表现不突出。露茗富硒特点区别于其他纯净水、矿泉水，但较少人知。

售价高，在消费者不知是好水的情况下，价格缺乏竞争力。

包装设计极差，瓶贴显得陈旧，无档次，无品味。

有品牌生存基础。露茗在青岛靠人际关系销售了三年，维持住了品牌生存基础。

（五）结论

消费者及全社会对矿泉水的认识有所提高，纯净水的霸主地位开始动摇。

越来越多的消费者认识到，选择对身体有益的矿泉水才是选择健康，才是有品味的生活。上海市明令禁止中小学生饮用纯净水就是这场转变的开端。露茗矿泉水应抓住机遇，加速这种转变。

露茗自身问题很多，但大多数是可为、可变的，只要方向对头，工作到位，就会有良好效果。说露茗是可为的，因为有两点很重要：一是产品特点、产品质量很好，只是原来没有把它很好地传播出去；二是露茗品牌虽然没有做好，但影响面不大，还没有出现负效应。

此时进入矿泉水业，可谓风险与利益同在，机遇与挑战并存。

二、企业诊断

露茗矿泉水公司成立于 2000 年 11 月，市场占有率、美誉度、销售总量还处在一个很低的水平上，到底是哪些因素影响了露茗，经调查研究发现其主要问题是：

1. 经营管理粗放随意。尤其在销售系统上，不适应现代市场竞争环境，没有建立起一套科学的、统一的、权威的销售指挥中心和专业高效的销售队伍。青岛分公司和商贸公司各自为战，互相扯皮。

2. 营销人才短缺。由于营销专业人才不足，造成只知道埋头生产，却不知怎样打市场；只知自己的产品是好东西，以为会人见人爱，不知人家凭什么非得爱你；只知在生产设备上勇敢地投入，却不敢在广告宣传大胆地花钱，等等。

3. 无明确定位。露茗无市场定位，无产品功能定位，缺乏独特的销售主张（USP），产品形象模糊。没有给消费者利益点，人家凭什么买。

4. 无市场调查，无广告宣传。无市场调查就像让瞎子打前战，无广告宣传，消费者怎么敢喝“从没听说过的水”。因此，消费者对它无兴趣，经销商也没信心。

5. 铺货工作极不到位。商场、超市、旅游景点、街头摊点很少见到露茗的影子。矿泉水这种即买即饮的商品铺货差到这个程度绝不可能卖得好。

6. 营销乏术。由于营销人才短缺，造成露茗的营销水平很低，没有市场研究，无战略策划，无长远规划，营销策划不连贯，不系统。广告定位模糊，广告力度不够，手法落后。盲目开拓市场，无重点、无主次等。

7. 包装设计差。瓶贴看上去显得陈旧、无档次、无品味。

8. 外部竞争环境恶劣。饮料水行业是市场竞争最激烈的行业之一，而矿泉水面对的最强劲的竞争对手——纯净水非常强大，他们以低成本，依仗大品牌和雄厚的资金支持，在对路的市场策略指导下，占据着饮料水的霸主地位。打开矿泉水市场对谁来说也不是一件容易的事。

三、战略规划

（一）战略思路：

1. 与纯净水划清界限，不打价格战，不与它一块走下坡路。

2. 大打功能牌，凸显露茗天然富硒价值，明晰消费者可获得的超值利益。

3. 向全社会倡导绿色健康的生活方式，传播科学正确的消费观念，从而树立露茗健康高品位的品牌形象，并塑造一个对社会真诚负责、为人类造福而工作的企业形象。

（二）战略步骤

树立品牌，做地方老大；强化品牌，做中国矿泉水名牌；延伸品牌，做世界以硒为核心的绿色健康产业龙头。

（三）战略部署

以青岛为大本营，以北京为北方重点市场，率先突破，稳住阵脚后，走向全国。

（四）品牌形象定位

健康、活力与高尚品味！

（五）产品功能定位

富硒，保护视力。

物以稀为贵。露茗矿泉水的稀缺资源是其中的矿物质硒，它是我国硒含量唯一达标的天然矿泉水，是国内仅有的硒、锶、低钠重碳酸钙三项矿物质同时达标的优质矿泉水。这是产品定位的重要依据，是实现价值垄断、竞争制胜的立足点。

怎样找到产品特性与消费者需求的吻合点呢？硒有很多功效，抗癌、改善心脑血管疾病、保护视力等，只有保护眼睛、提升视力最符合水的身份和最适应水的消费心理，消费者能够相信并且愿意接受，进一步科学探讨发现客观有效可行。

（六）核心产品三层次

第一解渴；第二改善视力；第三提供人体所需的各种微量元素。

（七）消费人群定位

以年青人为主，以大中小学生为突破口。

由于露茗矿泉水第一功效依然是解渴，因此广义上来说它适合所有人喝，但据我们调查，矿泉水的消费主体年龄集中在 9 岁到 32 岁（占被调查人数的 78%），根据露茗的功能定位——富硒，改善视力，因此消费群明晰：①中小学生；②知识分子、电脑操作者；③视力不佳的中老年人及游客。

针对各消费群的沟通，要分步骤、有主次，学生群体是重点，要率先突破。

学生消费群体的行为特征：兴趣广，转移快，易模仿，爱崇拜，幻想多，理想化，好追星，赶流行。沟通中要充分利用这些特点。

四、营销策略

（一）策略思想

1. 品牌理念：出售水，同时出售健康，给您好视力。

2. 品牌基础：不仅满足生理基本需求，同时提供其他品牌无法提供的价值。

3. 概念支持：以露茗硒矿泉水生成地的自然地理构造为科学依据，创造露茗硒矿泉水“连升三级”概念。

第一级：地下循环 16 年，水质干净，富硒含多种微量元素；

第二级：山下深层十公里处涌出半山腰；

第三级：超脱一般矿泉水，实现多种元素特别是硒、锶、低钠重碳酸钙含量全线达标。

4. 营销理念：以现代最新整合营销传播理论为基础，结合四夫策划理念与经验，传统与创新相结合，调动一切可以调动的手段，如广告、公关、事件行销、促销、新闻宣传、CI 等，协调一致地为产品打开市场树立名牌服务。

（二）营销组合

A. 产品

1. 旧瓶换新装：改换瓶贴。露茗是在青岛已上市三年的产品，名可不改，水不必换，但原来陈旧的形象必须改变，原瓶贴给人以落伍、低档的印象。水无色无味，富含矿物质又看不到，那么瓶贴就代表着水，它必须要能替水“说话”。此术极为重要。

设计思想：首先要设计一个品味很高的 Logo，作为 VI 系统的核心，其他元素与之和谐搭配，彰显品牌。

2. 规格组合：仅有 600ml 不够。产品规格的个性化、差别化和系列化，是方便顾客、取得竞争优势的重要手段，要增加 330ml 和大桶 5L（家用装）。

B. 价格政策

零售价：600ml，1.20～2.00 元。这个价格比乐百氏等矿泉水略高，比依云等高档品牌略低，以显示自己的价值。

C. 广告与促销策略

1. 广告创意策略原则：以理性诉求为主，以感性诉求为辅。

2. 广告诉求目标：大中小学生。

3. 广告发布原则：以硬广告为主，以软广告为辅；以地区性媒体为主，全国性媒体为辅；硬广告以电视、报纸为主，发布系列专题广告，其他媒体为辅；软广告以报纸为主，发布系列科普文章。以电视专题片、广播专题、DM、宣传册为辅。

4. 促销策略原则：正合为主，奇术争雄。用常规方法加大产品的市场采纳广度，用出奇制胜的手法，从众多竞争对手中凸现出来，加大市场采纳深度。

D. 渠道规划

1. 主推代理制：青岛地区要批发、直销相结合；优先给旅游景点、学校附近、运动场所、街头大小商店、平价超市和大型商场布货；对小摊小店小批发，以张贴露茗招贴画为条件，开始时送其3～5瓶露茗烘托气氛，吸引进货。

2. 渠道战术：

①销售露茗送摊点冰柜。交押金领取印有露茗Logo和广告语的冰柜，销售露茗达标后冰柜即归摊贩主所有。

②旅游景点垄断销售。借关系营销，在重点旅游场所使露茗成为指定饮品。露茗出资为各景点印制门票，同时在门票上印制露茗广告，形成一对一的营销效果。

③累积分奖励批发商。为批发商确立几个界限，每达到一个界限就能达到相应的奖励。

④建社区直销站，全线覆盖青岛市场。

E. 事件行销和公关策划

略。

五、效果评估

露茗矿泉水将用不到半年的时间，在市场竞争最激烈的饮料行业，一举打开青岛市场，使露茗成为家喻户晓的知名品牌，知名度达到90%，美誉度达到75%，取得销售比上年同期增长十多倍的骄人业绩。

露茗高举纯天然矿泉水大旗，带头倡导绿色健康新概念，在全国掀起一股喝水要喝矿泉水的消费时尚，树立起露茗鲜明的品牌形象，为平淡的矿泉水市场描绘出灿烂的前景。

（资料来源：wenku. baidu. com，有删减。）

想想看

想一想：能否设计出更好的包装从而改变产品在消费者中的印象，以获得更高市场占有率呢？如果产品品质不好，那么在包装、定位等方面建立其消费者好感，能持续多久呢？

4.6　产品策划的误区防范

产品策划已经成为营销策划中必不可少的环节。进行策划要按照正确的策略，运用正确的思维，同时还要注意避免陷入营销策划的误区。常见的营销策划误区有以下几类：

1. 用产品的知名度代替美誉度

实际上，知名度不等于美誉度，名牌产品不只是有知名度的产品。一个产品要想长期稳定地占领市场，不仅要有知名度，更要有美誉度，必须同时创造知名度和美誉度。但问题是，有些企业人与策划人在做策划时，往往过于重视轰动性，想尽一切办法制造和传播知名度，但不予或极少考虑如何培育和传播美誉度。

2. 追求新奇，缺乏论证

不少产品策划往往把注意力过多地放在创意的新颖奇特上，而忽略了对创意的丰富发展与完善，使得很有构想的策划创意因为缺乏论证，执行效果大打折扣甚至造成创意压倒产品、喧宾夺主的结果。实际上，策划创意的论证是策划过程中必不可少的一个重要环节，其操作效果层面上的意义甚至要超过策划的创意。新颖奇特的策划创意，固然能吸引公众的关注，但更关键的是要让公众积极响应和参与活动，而这要靠活动细节的策划和活动整体策划的论证。

3. 脱离实际，编造概念

产品本身缺乏科技含量与实际功能，缺乏能够满足消费者实际利益的效用，于是肆意编造概念，玩弄概念术语，形成媒体层面上的热闹炒作和市场层面的短期虚假繁荣，但最终还是会因为消费者的醒悟以及产品自身的缺陷而使产品不得不退出市场，这是现阶段产品策划的又一大误区。这种编造和炒作概念的策划运作方式在保健品行业尤为普遍和严重。从脑黄金到补钙大战再到基因食品，一波接一波的保健品热浪非但没有带来繁荣，反而使行业陷入“短命”怪圈。因为这种靠炒作概念拉动起来的保健品，难免隐藏着虚假、欺骗和误导消费者的不当竞争行为，结果自然难以长寿。

本章知识脉络

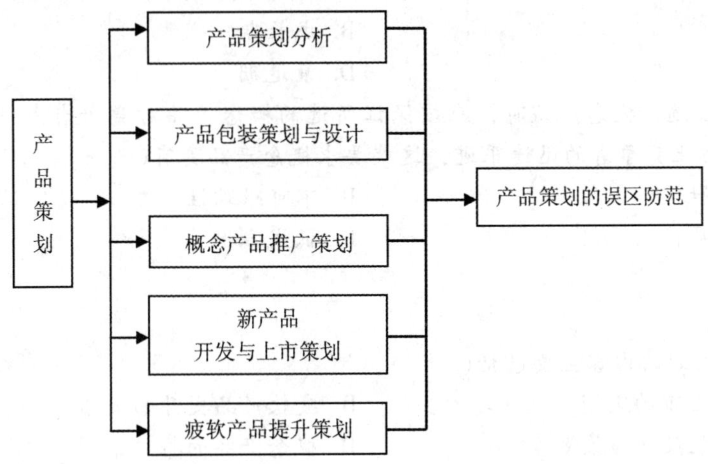

本章导入案例点评

本章开篇导入的星巴克咖啡的案例，主要从三个方面展示了产品策划的内容：产品的规划、新产品上市的策划和疲软产品提升的策划，案例本身所反映出来的关于产品的策划方法和思想值得企业学习和借鉴。通过对本章的学习，希望读者能够熟练掌握产品策划的具体内容和方法，培养独立进行产品策划的能力。

思考与练习

1. 单选题

(1) 根据产品整体论，下列不属于有形产品内容的是(　　)。

A. 品牌　　B. 包装

C. 质量　　D. 款式

(2) 下面关于新产品上市的步骤顺序，正确的是(　　)。

①新产品构思②市场试销③筛选新产品构思

④新产品研制⑤进行商业分析⑥产品概念的形成与测试

A. ①②③④⑤⑥　　B. ②①③⑥④⑤

C. ①③⑥④⑤②　　D. ④②①③⑤⑥

(3) 某企业不把投资用在抢先研究新产品上，而是绕过新产品开发这个环节，专门模仿市场上刚刚推出并畅销的新产品，进行追随性竞争，以此分享市场收益。该企业的新产品开发策略是(　　)。

A. 先发制人策略　　B. 模仿式策略

C. 延时策略　　D. 系列式产品开发策略

(4) 产品改良、市场改良和营销组合改良等决策适用于产品生命周期的(　　)阶段。

A. 介绍期　　B. 成长期

C. 成熟期　　D. 衰退期

(5) 企业在选择概念产品时，应该保证所选的概念产品对竞争者来讲必须具备一定的进入壁垒，防止竞争者的迅速跟进，这就要求概念产品具有(　　)。

A. 可延伸性　　B. 不可跟踪性

C. 市场适应性　　D. 低成本

2. 多选题

(1) 产品策划的内容主要包括(　　)。

A. 新产品上市的策划　　B. 疲软产品提升的策划

C. 产品包装设计与策划　　D. 概念产品的推广策划

(2) 产品的整体概念包括(　　)。

A. 无形产品　　B. 附加产品

C. 有形产品　　D. 核心产品

(3) 根据产品生命周期理论，企业在导入期的产品策略有(　　)。

A. 高度形象策略　　B. 选择渗透策略

C. 占先渗透策略　　D. 适时降价策略

(4) 企业在概念产品选择时，应该坚持(　　)原则。

A. 低成本　　B. 不可跟踪性

C. 市场适应性　　D. 可延伸性

(5) 下面的措施，属于疲软产品提升策略的有(　　)。

A. 发现新市场，寻求新客户
B. 进行重新定位，创造新消费观念
C. 利用改进新产品或换代新产品延长产品生命周期
D. 发现新用途，发掘新消费方式

3. 简答题

（1）简述产品策划的内容和步骤。

（2）根据产品生命周期理论，产品生命周期包括哪几个阶段？不同阶段的产品策略有什么不同？

（3）简述新产品开发的具体步骤。

4. 案例分析题

不断推陈出新的 iPhone 手机

iPhone 初登场

2007 年 1 月 9 日，在 Macworld 大会上，乔布斯向全世界宣布推出苹果第一款手机——iPhone。尽管此前早有传闻苹果将推出一款手机，但当 iPhone 真正出现时还是震惊了世界，这款手机并非人们预期的那样只是在 iPod 上增加电话功能，它被认为是一款革命性的产品——革命性的操作系统，革命性的触控体验，革命性的互联网功能。

在上市首个周末，iPhone 的销量达到了 27 万部，而当年的销量则超过了 400 万部，这也让它荣获当年《时代》杂志“2007 年度最佳发明”的称号。

iPhone 影响力的另一个体现的是，每一家制造商都以苹果为假想敌，试图推出一款能和 iPhone 竞争的产品，这些产品，人们通常称之为“iPhone 杀手”。这些手机往往具有一个共性，那就是采用了大尺寸触摸屏，但是，这些产品只是模仿 iPhone 的外表，在更深层面上，如操控、互联网方面，并不具备和 iPhone 竞争的能力。

全新的 iPhone3G

2008 年 6 月，在当年的全球开发者大会上，苹果推出了全新的 iPhone3G。如其命名所体现，新一代的 iPhone 最主要的提升就在于它支持 WCDMA 网络，这也弥补了第一代产品在移动网络连接方面的劣势，让这款手机的互联网功能更好地发挥。

更为重要的是，和 iPhone3G 同时出现的 iPhone2.0 固件带来了 AppStore 软件商店，这一点在之后被证明是 iPhone 最大的提升。2008 年 7 月 11 日，苹果 AppStore 随着 iPhone3G 的发售正式上线，三天之后，应用程序的下载量就达到 1 千万次，而现在这一数量早已达到数十亿次，应用程序数量则超过了 15 万个。AppStore 不仅成为苹果 iPhone 的一大优势所在，也开创了全新的商业模式，为其他厂商所效仿。

iPhone3G 带来了一些新的功能的提升，如加入了 GPS 芯片、改进了通用耳机接口、提升了续航能力等。当然，iPhone3G 也存在一些受争议的改进，比如，相比它的钢琴烤漆的后盖，很多用户更青睐上一代的金属后壳。

但毋庸置疑，iPhone3G 是一款更为出色的产品，销量证明了这一点：上市仅三天，iPhone3G 就售出了 100 万部（上一代 iPhone 达到用了 74 天卖出 100 万部），这一记录至今尚未被打破。

在苹果推出iPhone之后，另一家科技巨头谷歌也宣布涉足手机业。2007年11月，谷歌宣布推出基于Linux平台的开源手机操作系统Android。在2008年10月，iPhone3G上市不久，首款Android智能手机T-MobileG1（即HTCDream）上市，这是一款同时采用触摸屏和侧滑全键盘的智能手机。此后，Android操作系统得到了越来越多的支持，成为目前来看仅有的对iPhone形成冲击的智能手机平台。

第三代产品iPhone3GS

2009年的全球开发者大会上，苹果公司发布了iPhone第三代产品iPhone3GS。新一代产品最大的提升仍然在名称中体现，3GS中的S代表“SPEED”，它意味着新一代的iPhone具备更快的速度。

iPhone3GS的速度体现在各个方面，处理器和运行内存的提升让它打开应用程序的速度更快。另外，它也拥有更快的3G和3.5G网络载入速度，网络应用也更加快捷。除此之外iPhone3GS在硬件方面的另一项重要提升是，它采用了300万像素自动对焦摄像头，比起前两代的产品有了质的提升。

当然，3GS全新的iPhoneOS3.0操作系统也拥有一些重要的提升。新增的视频拍摄、复制粘贴、彩信等功能弥补了一直以来iPhone存在的缺陷，让这款产品趋于完美。

在iPhone3GS发布之后，让苹果感受到压力的产品，也都采用了Android操作系统。摩托罗拉Droid第一款搭载最新的Android2.0操作系统的手机，它具有出色的外观设计和硬件配置。媒体对摩托罗拉Droid的评价有两类：超越iPhone，或者仅次于iPhone，这堪称是iPhone出现之后媒体对一款产品最好的评价了。说起“iPhone杀手”，我们就不能不提NexusOne，因为这是谷歌自己推出并负责销售的第一款手机，它也是谷歌更深层次进入智能手机市场的一次尝试。这款手机采用了最新的Android2.1操作系统，1GHz处理器，WVGA分辨率的AMOLED屏幕，在硬件配置方面超过了iPhone。不过，由于谷歌独特的销售策略，NexusOne的销量并不出色，谷歌也已经宣布将取消在线销售这款手机。这款手机最大的意义，恐怕在于体现了谷歌对手机市场更大的野心——它似乎并不只想做一个系统提供商。未来，谷歌和苹果的竞争，恐怕会出现在手机硬件领域。

第四代iPhone——iPhone4

北京时间2010年6月8日凌晨1点，2010年苹果全球开发者大会（WWDC10）在美国旧金山MosconeWest会展中心举行。在本次大会上，苹果CEO史蒂夫·乔布斯发布了第四代iPhone——iPhone4。

iPhone4相比现有的iPhone3GS将拥有超过100项提升。在外形上，iPhone4采用了全新的设计，它仅有9.3毫米厚，比3GS薄24%。在按键设计上，iPhone4也颠覆了此前的设计理念。

另外，iPhone4的正面和背面都是玻璃材质，而金属边框则整个是手机的天线，左侧部分为蓝牙、Wi-Fi和GPS天线，右侧则是WCDMA和GSM信号天线。

iPhone4的摄像头得到了大幅提升，一方面其像素达到了500万，并且配备了LED补光灯，另一方面，它也支持720p的高清视频拍摄能力。同时，iPhone4拥有了前置摄像头，这意味着它将支持视频通话和视频会议。

iPhone4的另一项重大提升在于屏幕分辨率，它保持了3.5英寸的屏幕尺寸，但分辨率达到了惊人的960×640像素，是现有3GS的4倍，解析度达到326ppi，这已经超过了人眼所能辨识的极限。

iPhone4 也采用了和苹果 iPad 类似的苹果 A4 处理器，主频达到了 1GHz，这将使得其在屏幕分辨率提升的情况下还能拥有更快的速度，从而具备更好的用户体验。

在硬件配置提升的时候，iPhone4 的电池续航能力也有了 40% 的提升。它在 3G 网络下通话时长为 7 小时，网络浏览时长为 6 小时，使用 Wi－Fi 浏览网页可以达到 10 小时。另外，iPhoen4 可以视频播放 10 小时，音乐播放 40 小时，待机时间则达到了 300 小时。

结语：回顾此前的四代 iPhone，苹果都带给了我们惊喜，而这么多年，手机行业也一直未出现真正杀死苹果的"iPhone 杀手"，iPhone 仍然是目前最好的智能手机，这也让我们对于未来要发布的新一代 iPhone 有更多的期待……

（资料来源：1. www. apple. com. cn，苹果公司官网；2. 历代 iPhone 经典回顾，info. tele. hc360. com/2011/10/311441357195－10. shtml，慧聪网；3. 智能手机双核之争升级硬件比拼勿忘用户体验，www. sznews. com/rollnews/2011－11/03/content_3144268886. htm，深圳新闻网。）

思考题：

（1）苹果 iPhone 历代手机在功能上进行了哪些创新？这些创新都是消费者所关心的吗？苹果公司在推出新一代苹果手机的时候，它是如何吸引公众的关注的？

（2）从营销策划的专业角度看，苹果公司 CEO 乔布斯的离世对于以后苹果新产品的上市推广会产生什么样的影响？苹果公司继任者应该如何做？

（3）尝试发现，其他品牌手机销量落后于苹果手机的原因，除了功能差别外，在产品推广上还有哪些原因？

5. 业务模拟训练题

产品策划实务操作

训练目标：

明确产品策划的内容；熟练掌握新产品开发和上市策划的方法和流程。

训练内容：

新产品开发策划；新产品上市策划；产品包装与设计策划。

训练操作：

根据第三章中对所选企业定位的分析或重新定位，为该企业设计一款新产品，并为新产品上市制定切实可行的计划。

成果要求：

提交新产品开发报告（内容包括：产品创意的形成、产品功能、市场前景等）；提交新产品上市的具体计划。

第5章
塑造和管理品牌

知识要点 （1）品牌策划；（2）品牌认知；（3）品牌联想；（4）品牌延伸；（5）品牌命名的方法理论；（6）品牌延伸的模式理论；（7）品牌拯救的策略理论。

能力目标 （1）知道从哪些要素对品牌进行策划；（2）把握品牌命名的流程和方法；（3）能够选择正确的品牌延伸模式；（4）能够有效防范品牌策划的误区。

导入案例

如家和7天连锁酒店的成功

一、经济型酒店受到热捧

经济型酒店，又称为有限服务酒店，其最大的特点是房价便宜，其服务模式为"B&B"（住宿+早餐），以优惠房价和优质服务为最大卖点，力求清洁、舒适、实惠、方便、安全。

经济型酒店最早出现在19世纪80年代的美国，如今在欧美国家已是相当成熟的酒店形式。国内最早进入经济型酒店的锦江之星，其第一家店1997年开张。2006年10月，如家在美国纳斯达克上市，创造中国酒店行业海外上市先河，"一夜间造就4个亿万富翁"的传奇，给人无限的想象空间；2006年11月，美国华平投资集团入股广州7天连锁酒店集团；一个月后，锦江酒店集团以内地首只纯酒店股的身份登陆香港联交所，同样交出了漂亮的成绩单。

二、住宿和早餐是最核心需要

在一些商务和出行人士看来，酒店只是一个早出晚归的地方，除了晚上有张床，早上能吃到早餐外，豪华的宴会厅、商场和会议中心可有可无。他们对酒店提出的要求是相似的：舒适、干净且价钱不贵。

中国星级酒店有1.1万多家，其中三星级以上酒店5000家，但这些中高档酒店不能满足市场产生的这些新需求，而招待所由于条件简陋，也无法满足这部分人群的需求。豪华的不经济，经济的不实用，这恰好给经济型酒店创造了一个巨大的成长空间。

2002年6月，如家正式创建，其主要目标客户锁定为每天住宿预算在150元到300元的顾客。这些酒店只提供简单餐饮；大堂朴素，没有娱乐城、超市、桑拿等配套设施；客房装修温馨、卧具配置高档；热水、电话、电视、空调、宽带接口一样也不少。

“好钢要用在刀刃上”，这是经济型酒店业的一句行话。从客户的实际需求来考虑问题，经济型酒店的核心价值才能体现出来。

7 天连锁酒店集团创建于 2005 年 3 月，短短一年多时间迅速在华南地区形成强大的连锁网络优势。在创建伊始，7 天连锁酒店的团队花了大量的时间去搞清楚什么是消费者的核心需要、什么是非核心需要。这些消费者认为酒店就是用来睡觉的，所以对床和床上用品的质量相当重视，要按四五星级酒店的标准来准备，而窗户、桌子等都是非核心需求，桌子有无抽屉无关紧要。

三、三星级酒店受冲击最大

目前，经济型酒店已受到“背包族”和一些企业商务旅行者的青睐。用如家华南区总经理吴伟的话说，“如家的顾客是那些背着包、提着笔记本电脑、坐着出租车来的年轻人”。

国家发改委公布的《2006 中国经济型饭店调查报告》显示，2005 年，市场供应前十名的经济型酒店品牌平均增长速度高达 74%。与经济型酒店红红火火相对应的，则是三星级酒店的尴尬地位。三星级酒店难以对高档商务客产生吸引力，而在个人游市场方面，其定价又往往高于经济型酒店。况且，很多三星级酒店成立较早，设施相对陈旧，更令中低端客人觉得性价比不如经济型酒店。

对于经济型酒店的前景，7 天连锁酒店的 CEO 郑南雁信心满怀：“在过去，多数游客只住招待所，因为招待所便宜，但我们提供的是价格类似但更洁净的酒店。”郑南雁说道，“我坚信，中国的经济型酒店将取代所有的招待所”。郑南雁预测，随着竞争的加剧，未来几年内会有一批低星级酒店变脸为经济型酒店。

（资料来源：www. 7daysinn. cn；www. homeinns. com；http：//news. sina. com. cn/c/2007 - 01 - 04/142911952806. shtml。）

21 世纪，是品牌的竞争时代。当今社会，品牌比以往任何时候都受到更大的重视。企业家热爱品牌，消费者向往品牌，因此，品牌策划就成为企业营销策划的重点。

5.1 品牌策划分析

要认识和理解品牌策划，首先就得弄清楚品牌策划的基本内容。品牌决策的内容包含：是否用品牌、用谁的品牌、品牌命名和设计、品牌策略、品牌传播。在这里我们主要从品牌入手，了解品牌的由来及其在营销中的作用，分析品牌的构成要素，讨论品牌战略的几个层次。

5.1.1 品牌的由来

品牌（Brand）一词，是由商标发展而来的。商标原始的作用是向发明人的专利提供法律保护和区分识别的工具。在《牛津大辞典》里，品牌被解释为“用来证明所有权，作为质量的标志或其他用途”，即用以区别和证明品质。

关于品牌，世界著名的品牌策略大师大卫·奥格威已对其进行了深刻而具体的定义：品牌是一种错综复杂的象征，它是品牌属性、名称、包装、价格、历史声誉、广告方式的无形总和。品牌同时也因消费者对其使用的印象以及自身的经验而有所界定[①]。

美国市场营销协会（AMA）对品牌的定义为：用以识别经营者或经营者集团的产品或服务的名称、术语、象征、记号或设计及其组合，以便和其他竞争者的产品或服务区别开来。

著名市场营销权威菲利普·科特勒定义：品牌是一种名称、术语、标记符号或图案，或是它们的相互组合，用以识别某个销售者或某些销售者的产品或服务，并使之与竞争对手的产品和服务相区别[②]。然而，无论定义怎样，品牌发展到今天，品牌的意义和作用已经大大超过了原来的法律保护和区分识别的职能。

5.1.2 品牌在营销中的作用

通过以上对品牌的理解，我们知道了品牌与企业和消费者是息息相关的。品牌在整个营销活动中也发挥着巨大的作用，主要反映在以下两个方面：

1. 对企业的作用

①品牌化可使企业的产品特色得到法律的保护，防止被竞争者仿制、假冒。

②品牌化有利于为企业创造品牌忠诚顾客，增加重复购买。

③品牌化有助于企业细分市场和控制市场，有利于产品组合的扩展。

④强有力的品牌有利于树立企业形象，获得经销商和消费者的信任，从而更容易推出新产品。

⑤品牌可在市场动荡时，为企业起到保价功能。

⑥品牌是企业的无形资产，同时其巨大的价值也可能为企业带来巨大的财富。

2. 对消费者的作用

①识别功能。品牌可以帮助消费者辨认出品牌的制造商、产地等基本要素，从而区别于同类产品。

②导购功能。品牌可以帮助消费者迅速找到所需要的产品，从而减少消费者在搜寻过程中花费的时间和精力。

③降低购买风险功能。消费者都希望买到自己称心如意的产品，同时还希望得到周围人的认同，选择信誉好的品牌则可以帮助降低精神风险和金钱风险。

④契约功能。品牌是为消费者提供稳定优质产品和服务的保障，消费者则用长期忠诚的购买回报制造商，双方最终通过品牌形成一种相互信任的契约关系。

⑤个性展现功能。品牌经过多年的发展，能积累独特的个性和丰富的内涵，而消费者可以通过购买与自己个性气质相吻合的品牌来展现自我。

---

① 何佳讯. 品牌形象策划——透视品牌经营. 上海：复旦大学出版社，2000. 3－4.

② 余明阳，姜炜. 品牌管理学. 上海：复旦大学出版社，2006. 5－6.

想想看

有人说，好的品牌名称和标志可以为企业节省上千万元的广告费。你想一想，这么说的道理在哪里？

5.1.3　品牌的构成要素分析

中外专家学者从各自不同的角度，就品牌的构成要素提出了很多不同的见解和看法。在吸收和借鉴各家理论的基础上，我们按照品牌策划的一般流程归纳出六大品牌构成要素，即品牌定位、品牌VI、品牌核心价值、品牌认知、品牌联想、品牌文化。

1. 品牌定位

定位大师杰克·特劳特和艾·里斯是这样定义“定位”的：“定位并不是要对你的产品做什么事，而是对你未来的潜在顾客心智所下的工夫，也就是把产品定位在你未来潜在顾客的心中。”① 所谓重要的不是你的产品是什么，而是顾客认为你的产品是什么。通过大师的定义我们可以理解为：品牌定位是通过在消费者心里留下一个明确的、既有别于其他品牌又符合消费者需要的品牌印象，从而获得消费者心智资源和市场竞争优势。有一些著名的品牌定位，比如沃尔玛——天天低价的超市，迪斯尼——奇妙之旅、乐趣多的乐园，金利来——男人的世界等。

品牌定位是在大量市场调研和细致的SWOT、STP分析基础上确定的，可以说是品牌策划的起点，也是品牌策划的核心工作。在实际操作中，品牌定位是在产品定位的基础上来进行的。产品定位回答产品的目标消费者是谁，产品之于目标消费者的功能性价值是什么的问题。在产品定位的基础上，品牌定位要清晰地回答品牌带给目标消费者什么样的情感价值利益，我们品牌的情感价值利益与其他同类品牌有什么不同等问题。只有经过准确的品牌定位，品牌才能在目标消费者心智中占领一个独特位置，使自身在众多的竞争品牌中凸显出来。

2. 品牌VI

品牌的VI（视觉识别）一般是根据品牌的定位来设计的，它是区别其他产品或服务，方便目标消费者识别品牌的基本手段，主要包括品牌名称、品牌标志、品牌基本色、品牌代言人、包装、服务环境等。这些视觉元素组合在一起形成一个具有鲜明特色的系统，对消费者形成强有力的冲击，经过时间的积淀，从而深深印在消费者的脑海中。比如，可口可乐以红色为基本色，配以独特的LOGO，加上特别设计的瓶子就形成它独有的VI，人们一看到这些就很自然地想到了可口可乐。同时，品牌VI还是消费者形成品牌联想和品牌认知的基础。

3. 品牌核心价值

品牌核心价值是品牌要传递给消费者的、消费者认知或感受到的、品牌带给目标消费者的独特利益，是一个品牌的灵魂。它让消费者明确清晰地识别并记住品牌的情感价值利益与个性，是驱动消费者认同、喜欢乃至爱上一个品牌的主要力量。比如，宝马的核心价

---

① 郑方华. 营销策划技能案例训练手册. 北京：机械工业出版社，2006. 55－56.

值是崇尚驾驶乐趣；奔驰的核心价值是舒适、高贵；沃尔沃的核心价值是安全等。品牌的核心价值一经确定下来，那么整个品牌策划活动都将围绕核心价值展开，不断丰富和强化品牌核心价值。

4. 品牌认知

品牌认知是指以消费者为主的认知主体在消费和体验品牌之前及过程中对品牌的认识和了解。在导入案例中，如家和七天的命名就是向消费者传达一种经济的、舒适的产品形象，希望可以在消费者心中留下好的印象。

消费者对品牌的认知是品牌跟消费者建立关系的开始。消费者对品牌的认知在程度上有多少之分。衡量消费者品牌认知多少的度量叫品牌认知度。比如，当提及一个品牌名称的时候，消费者一无所知，则说明这个消费者对该品牌没有认知；或者经过提醒，消费者能想起品牌名称，说明消费者对该品牌有一定的品牌认知度。如果消费者不仅知道品牌名称，还熟知产品的功能、包装、创始人的传奇故事，则说明品牌认知度很高。

同时，随着消费者体验并消费品牌，这种认知也会随之改变。如果消费者在这个过程中感到很满足，就形成了正面、积极的认知，促使了消费者购买活动；如果觉得非常不满意，和预期相距甚远，就形成了负面、消极的认知，这对品牌的影响是非常恶劣的。比如，三鹿毒奶粉事件暴发之前，大多数人对三鹿这个品牌认知度较高，评价也不错，但毒奶粉事件后，大众的态度立刻变得愤怒，三鹿也成了众矢之的。因此，品牌策划完成后，企业一定要坚定地执行，并且做到言行一致，兑现各种承诺，以避免造成这种负面、消极的认知，影响品牌。

5. 品牌联想

品牌联想就是消费者在品牌 VI 和品牌认知基础上产生的对品牌的一种延伸。

品牌联想将品牌和联想物之间紧密联系起来。联想物中包含了品牌在消费者心目中的意义和价值。不同的联想物都可能在消费者的心中竖立起根深蒂固的品牌形象，进而影响消费者对该品牌产品的购买决策。在导入案例中，如家的命名就可以给人以很好的联想。

6. 品牌文化

品牌文化是指在品牌定位的基础上，通过各种内外部品牌沟通形成受众（以员工和消费者为主）对品牌精神上的高度认同，从而形成一种文化氛围，进而形成很强的员工和消费者的忠诚度。品牌文化代表了他们这群人的生活方式、价值观和个性。

品牌文化对内可以聚合员工，并指导员工按照品牌核心价值的方向做人做事。品牌文化对员工既是一种精神向导和凝聚，又是一种行为规范。品牌文化会通过品牌的内外部沟通传递给消费者，从而加强消费者对品牌核心价值的体验和认同。比如，星巴克的“咖啡文化”就是许多消费者称道的品牌文化。这其实是星巴克的品牌核心价值，即幽雅的环境、放松的气氛、交际的空间、心情的转换的一种体现。

在品牌文化的塑造过程中，很多企业选择了将民族传统文化、时尚文化、个性文化融入品牌文化中，这样不仅使企业的品牌文化得到升华与丰富，而且更容易让员工和消费者产生共鸣。比如，麦当劳将便捷、清洁、舒适、活力的美国文化融入其品牌文化中；雀巢咖啡在刚进入中国的时候，掀起喝咖啡的时尚，并将这种时尚文化融入其中；美特斯·邦威服饰一直坚持不走寻常路的个性文化等。

动动手

在国内外有大量知名的品牌，像我们熟悉的联想、海尔、索尼、三星等。请你选择一个自己熟悉的品牌，根据上面的内容，对该品牌的构成要素进行分析。

5.1.4　品牌战略的层次

品牌战略的层次包括产品品牌、产品系列品牌、产品大类品牌、企业品牌四个层次。企业选定不同的层次实施品牌策划，所用的方法和策略是截然不同的，最后得到的效果有时也会大相径庭。因此，了解品牌战略的各个层次，是很有必要的，以便于品牌策划时更有针对性。

1. 产品品牌

产品品牌战略就是给每个单一产品单独命名，而公司名称完全或基本上不出现。宝洁等公司就是以创建产品品牌战略而著称的。

这种战略赋予每个品牌独特的价值、个性、识别特征和定位，从而公司推向市场的每个新产品都成为一个新品牌，并且每一个品牌都能针对特定的目标客户群。这样做，企业更容易评价每个品牌的变现和价值，使其对资源配置和决策更为合理。但是产品品牌战略也有很多潜在的问题。比如，如果消费者不能清楚地区分各种产品品牌，即产品定位不明确或重叠，那么就会出现同企业产品之间的自相残杀的局面。同时，品牌多了以后给企业品牌管理也会造成很大的压力。各品牌的广告促销相对独立，费用花销巨大，无形中增加了企业的成本与风险。因此，选择产品品牌战略的企业一定要有雄厚的实力，否则会自伤元气。

2. 产品系列品牌

产品系列品牌就是产品在同一品牌名称下出现，具有相同的基本识别特征，但是功效略有差别。

例如，妮维雅洗面奶系列中，有针对祛痘的、针对美白的、针对控油的，还有针对去黑头的等。妮维雅对洗面奶市场进行了细分，使得系列中的各个产品可以针对不同的消费者。整个品牌系列属于洗面奶类别，但是只使用一个品牌，不同产品在市场中彼此互补，扩大品牌整体的市场占有率。由于都在一个品牌旗下，使得系列中各个产品的广告和促销具有规模经济效应，同时每个新产品的推出都会巩固品牌的市场定位和形象。

另外，这样的产品系列还可以防止产品类别遭受强烈的冲击。通过这种方式，企业不但使目标市场更加细化，而且节约了成本，形成了整体品牌效益。

3. 产品大类品牌

产品大类品牌是指在一个产品大类中，将一批产品或服务划归到一个品牌旗下，并以一种基本识别特征来进行推广。产品大类品牌中可能会有多个产品线，这些产品线都具有产品大类品牌或产品大类品牌与子品牌组合形成的品牌。产品大类品牌可以为大类中的产品提供品牌保障和信赖，为新品牌提供支撑。

与产品系列品牌不同，大类品牌中的产品虽有基本相同的功能，但是处于不同的性能水平。例如，诺基亚手机全都使用诺基亚这个品牌，但是各个手机性能处于不同的水平；宝马公司的 3 系、5 系、7 系各款车型都使用宝马这个品牌等。属于同一大类的产品使用统一的品牌有助于在广告和促销时取得规模经济效应，节约企业成本。

4. 企业品牌

企业品牌战略就是用企业名作为主要品牌名称，并进行宣传。企业的所有产品或服务不采用单个品牌而直接以企业名为品牌，主要通过对企业形象的塑造和宣传来传播其对产品或服务的质量、性能等各方面的保证，以博取消费者的信任，促进消费者的购买。例如，IBM、GE、SONY 等企业所有的产品和服务的品牌名就是它们的企业名，而企业平时花费大量的时间和金钱来进行企业形象的塑造和宣传，以实现由企业品牌带动产品的销售。

5.2 品牌命名策划

美国当代营销大师阿尔·里斯认为："一个好的品牌名称是品牌被消费者认知、接受、满意乃至忠诚的前提，品牌的名称在很大程度上对产品的销售产生直接影响，品牌名称作为品牌的核心要素甚至直接影响一个品牌的兴衰。"① 从大师的话里我们可以看出品牌名称的重要性，然而品牌命名是一个涉及众多知识的复杂过程。这里我们将利用营销学、文化学、翻译学、心理学和美学知识对品牌命名展开论述。

5.2.1 品牌命名的原则

1. 简明独特，发音响亮

在品牌的汪洋大海中，要使品牌被消费者记住，首要的一点是品牌名称应让消费者容易发音、理解和记忆。品牌名称只有易读、易懂、易记，才能高效地发挥它的识别功能和传播功能。因此，品牌在命名时要体现简明独特原则。

简明是指语言形式的简单。一方面，品牌的名称不要太长，否则不便于记忆和传播；另一方面，品牌名称不要使用生僻难认的字词，消费者若都不认识和理解，又谈何品牌。例如，导入案例中的"如家"、"七天"等名字，以及著名的"联想"、"海尔"、"格力"等，都比较简洁，四音节，读起来朗朗上口。

独特是指与众不同。品牌名称独特才能脱颖而出，才能满足消费者追求新奇、厌倦重复的心理。要做到独特，就得坚持取材的广泛性，不要拘泥于常规的思维。

发音响亮指品牌名称易于上口。这就要求多选择开口音，如声母为"k"、"b"，韵母为"ang"、"ong"等，这些音节的词读起来琅琅上口，也比较响亮。另外词组之间应有差别，音调也应有变化，从而产生抑扬顿挫的美感。

2. 暗示功能特点

如果品牌名称能够反映产品的功能和特点，就能够有效地引导消费和促进购买。但我国商标法不允许商标直接反映商品的质量、主要原料、功能、用途、重量、数量等特点，因此，企业只能通过巧妙的创意间接暗示产品的性能和特点。例如"感康"、"999 感冒灵"，它暗示该产品有治疗感冒的功效。

---

① 王延臣，苗晋峰. 品牌命名策略探析. 经济论坛，2008，(16)：83-85.

3. 启发品牌联想

品牌名称应包含与产品或企业相关的寓意，让消费者能从中得到有关企业或产品的愉快联想，进而产生对品牌的认知或偏好。例如，喜盈门、万家乐、红双喜、百事可乐、雪碧等这些品牌就给人一种美好的祝愿，让人产生买这个产品就会得到幸福的联想。相反，如果命名不当，容易引起人们的反感，甚至引起法律纠纷。

5.2.2 品牌命名的流程

1. 确立目标

在品牌命名之前，应该先对目前的市场情况、未来国内市场的发展趋势、品牌主体的战略思路、人们使用后的感觉、竞争者的命名等情况进行摸底，明确需要什么类型的品牌名、要在多少个国家使用该品牌名、竞争对手将会作出什么反应等一系列的问题，以便确立品牌命名的目标，做到有的放矢。

2. 取名作业

确立目标之后，我们就可以进行取名作业，网罗各路精英，发动头脑风暴，让所有可以参与的人畅所欲言、集思广益，甚至采用计算机软件辅助取名，任何怪异的名称都不要放过，一一记下。

3. 评价筛选

将取名作业得到的名称，用品牌命名原则的标准一一评价和筛选，并列出相关结果。组织一个合理的评价小组，该评价小组的成员最好包括语言学、心理学、美学、社会学、市场营销学等方面的专家，由他们选出有价值的品牌名称。

4. 受众测试

专家对品牌名称评价和筛选的结果还需通过目标受众的测试。品牌是主体与受众沟通的桥梁，因此要充分考虑受众的感受。通常可采用问卷调查、电话访谈、网络聊天等形式了解受众对品牌名称的反应。如果测试的结果表明目标受众并不认同被测试的名称，那么不管专家还是老板多么偏爱这个名称，一般都不应该采用而应考虑重新命名。

5. 法律审查

由法律顾问对备选的名称从法律的角度进行审查，去掉不合法的名称。

6. 名称确定

通过法律审查的名称由公司的高层根据偏好作出选择并最终确定，尽快进入法律程序进行相关注册，在确保注册通过之前最好能够保密，不要事先发布，以免被人抢注。

5.2.3 品牌命名的具体方法

1. 借势取名法

品牌名称直接借用已有传播影响力事物的名称，类似这种命名方法就是“借名扬名法”。常见的有用著名的人名、地名、山名、河名、植物名、动物名、景点名、历史典故等作为品牌的名称。例如“李宁”、“皮尔卡丹”、“青岛啤酒”、“贵州茅台”、“泰山”、“浏阳河”、“熊猫”、“孔府家酒”等都是借名扬名的知名品牌。

这种命名方法把消费者最熟悉的东西体现在品牌名称中，不仅能让消费者产生亲切感，拉近与消费者的距离，而且能让他们很容易记住品牌名称，收到较好的传播效果。

2. 寓意祈福法

祈盼吉祥如意、恭贺福禄寿康、表达爱慕之情历来是恒久不变的主题。以这些主题为中心，将各种美好的祝愿和希望寓意在品牌名称中，就是“寓意祈福法”。例如“金六福”、“福星”、“万宝路”、“恭喜发财”、“大富豪”、“富贵鸟”等品牌名称给予消费者荣华富贵的祝福；“骄子”、“康佳”、“喜盈门”、“百事可乐”、“万家乐”、“红双喜”、“恒源祥”等品牌名称则蕴含着对人们的良好祝愿；“红豆”、“爱你”、“相思”、“蝶恋花”等品牌名称则唤起人们的相思之情。这些名称托物寓意，承载着人们的美好愿望，让消费者一看便知其意，产生愉悦的心情，从而引发对产品或企业的认同和接受。

3. 自我挖掘法

客观审视自己的长处，充分挖掘自己拥有的资源，把企业或产品的品牌与自身所独有的这些资源结合起来，由此命名品牌，就是“自我挖掘法”。具体命名时，可以将企业或产品的价值观念、独特定位、特殊功效、行业形象、地理优势等用品牌名称体现出来。例如，上海“盛大”网络、福建“兴业”银行、北京“同仁堂”药房等就是以企业的志存高远价值追求命名；“太太口服液”、“太子奶”、“花花公子”、“才子”等品牌则是以独特的定位来命名；“脑灵通”、“飘柔”、“六必治”、“感康”等品牌以其独特的功效命名；“青岛啤酒”、“宁夏红”、“蒙牛”等则是以其地理优势命名的……诸如此类的品牌还有很多，消费者一听到这些品牌就立刻明白或联想到品牌指的是什么，让他们选择的目标明确。从这些品牌我们看到，其实只要善于发现，能挖掘出身边很多独特的资源，这些资源就是吸引消费者的利器。

4. 时尚新潮法

国外品牌不断进入国内，互联网不断发展，一些外来词或新词铺天盖地，冲击着我们传统的视听。人们的接受能力随着时代的变迁已发生很大的变化，开始与时俱进，崇尚时代精神。同样，品牌命名也需要与时代同步，适合消费者的文化心理与美感情趣。以新奇、怪异、中外结合、网络新新语言等来命名品牌的，即“时尚新潮法”。例如，以新奇知名的“美特斯·邦威”、“TCL”、“柒牌”、“华伦天奴”等；以怪异知名的“第五元素”、“丑得哭”、“U2”等；中外结合的“英华 OK”、“UT 斯达康”、“CECT”等；还有网络新新语言的“QQ”、“伊妹儿”、“酷啦啦”等。这些看似抽象模糊、毫无意义的词语，在品牌的森林中显得非常显眼、洋气、时尚，给人以耳目一新之感，满足了部分人标新立异的心理需求。

想想看

品牌命名对于企业来讲非常重要，关系到企业的生死存亡。想一想：有没有品牌命名失败的例子？现有的品牌中，有没有名称不是很合适的呢？

5.3 品牌延伸策划

品牌延伸是指一个品牌从原有的产品或服务延伸到新的产品或服务上，多项产品或服务共享同一品牌，即借用现有品牌在某一行业的市场上已经形成的知名度和美誉度，向相关行业或者跨行业的产品或服务上进行品牌移植，以期望能减少新产品进入市场风险①。

品牌延伸能增加新产品的可接受性，减少消费行为的风险性，提高促销性开支使用效率，满足消费者多样性需要，因而在品牌策划中得到广泛应用。但是，企业在品牌命名之初就应该为品牌的延伸做好准备，品牌名称一定要有延伸的空间。在具体的品牌延伸时，企业应该把握延伸的原则，掌握品牌延伸的方法。

5.3.1　品牌延伸的原则

1. 科学评估企业及其品牌实力

品牌延伸是指借助已有品牌的声誉和影响力向市场推出新产品，显然只有当品牌具有足够的实力时，才能保证品牌延伸的成功。而品牌实力与新产品开发能力又是建立在企业整体实力基础之上的，因此企业是否具备品牌延伸的条件，必须从企业与市场内外两方面对企业及其品牌实力进行客观的评估。

研究表明，消费者在购买商品时，在很大程度上受到对产品主品牌认知的影响，如果在没有多少知名度和美誉度的品牌下不断推出新产品，这些新产品就很难获得品牌伞效应，因为这样与上市新品牌几乎没有多大区别；如果企业实力薄弱，消费者也很难信服企业具有开发新产品和延伸经营成功的能力。所以，评估企业及其品牌实力应成为品牌延伸决策的起点。

例如，日本的本田公司，它在美国市场上确立其品牌后，虽然拥有了生产大型摩托车的能力，但由于考虑到其主力品牌还没有在美国消费者心目中形成高品质的品牌联想，就没有进行品牌延伸。经过十年后，公司认为主品牌在消费者心目中的形象已经确立，才正式延伸到大型摩托车市场上，与哈利·戴维斯公司进行较量。由于时机选择得当，因此收到了很好的效果。

2. 延伸产品与主品牌相关联

关联性是指延伸产品与主品牌之间的相似性或关联性，即消费者头脑中原品牌认知与新产品认知的相关联程度。延伸产品与消费者心中原有品牌概念相关，消费者就能够接受，否则将难以被消费者接受。这里的关联性包括很多方面，比如延伸产品与原品牌的市场定位、产品定位、品质定位、分销渠道等具有一致性或相似性。如果关联度大，延伸品牌的产品对原有品牌能起到连续感知的作用，使消费者产生良性联想，品牌认知就可以得到强化，进而扩大市场份额；如果是跨行业经营或关联度小的产品，延伸品牌的产品所代表的信息就不能使原有品牌得到消费者的连续感知，或者使消费者产生不良联想时，就会弱化主品牌认知，模糊主品牌定位。由此看来，恪守延伸产品与核心品牌的相关性是品牌延伸的基本要求。

例如，美国耐克公司从运动鞋到运动服，紧紧围绕运动用品做文章，产品之间的用途、市场、设计风格、广告传播等方面具有极强的匹配性和相似性，从而奠定了耐克作为运动文化品牌的基础。

---

① 成加兵. 企业品牌延伸策略研究. 市场论坛，2009，(03)：21－23.

3. 类别品牌要谨慎延伸

如果一个品牌在消费者心目中已经成为某种产品的代名词，即类别品牌，则最好不要再将这一品牌的名称冠到另一类产品上去，否则非常危险。例如，SONY 在日本代表收音机或彩色电视机，现在也是名牌的视听产品。假如将 SONY 的名称用到微波炉、冰箱、洗衣机等家电产品上去必将非常冒险；可口可乐在消费者心中就是黑色碳酸饮料的代名词，它如果想延伸到其他产品无疑也是非常困难的。

想想看

品牌延伸过程中，企业应该考虑哪些风险呢？一旦企业品牌延伸失败，会给原有品牌带来何种影响？企业应该如何应对？

5.3.2 品牌延伸的四种主要模式

1. 单一品牌延伸模式

单一品牌延伸模式是指企业所有产品（包括不同种类的产品）均使用同一品牌，在这个统一品牌之下，不断增加新的产品，而这些产品的目标和定位可能都不一样，从而使品牌得以延伸和扩展。实行该延伸模式较为典型的成功例子是菲利普公司（Philips），该公司生产的音响、电视、灯泡、计算机、电动剃须刀、小家电产品如电咖啡壶、电果汁机等产品，都冠以统一品牌——“Philips”。除此之外，还有其他许多成功的例子，如佳能公司（Canon）生产的照相机、传真机、打印机、复印机都使用统一品牌——“Canon”；雅玛哈公司（Yamaha）生产的摩托车、钢琴、电子琴都以“Yamaha”品牌销售；海尔集团生产经营的电冰箱、空调、洗衣机、电视机等所有产品都标有“海尔”[①]。

企业采用单一品牌延伸模式不仅可以充分发挥品牌连锁效益，有效节约品牌设计、品牌传播、促销等费用，减少企业品牌运营的总支出，而且可以通过塑立统一的品牌形象增强顾客的忠诚度。同时，单一品牌延伸模式在同一档次产品中横向延伸一般问题不大，但向不同档次的纵向延伸比较困难，而且如果某一种产品出现问题，就可能引发“株连效应”，使其他众多产品受到牵连，从而影响全部产品和整个品牌的声誉，使整个品牌的无形资产受损。

2. 多品牌延伸模式

多品牌延伸模式是指企业对各种不同的产品分别赋予不同的品牌的做法。随着卖方市场向买方市场的转变，消费者的个性化需求日益明显，形成了具有不同偏好的消费群体，企业为此必须不断推出不同型号、功能、特色的产品。

一个品牌只适用于一种产品、一种市场定位，有助于最大限度地形成品牌的差别化和个性化。实行这种模式的企业通常有一个类似于产品组合的品牌组合，企业以品牌为单位组织开展营销活动。宝洁公司无疑是多品牌延伸成功的典范。宝洁目前共经营着 300 多个品牌的产品，在 140 多个国家和地区销售，而这些产品里面有着 60 多个世界级驰名品牌。宝洁大都是一种产品使用多个品牌，例如洗发水产品就有潘婷、飘柔、海飞丝、沙宣和伊

---

① R Yakimova, M Beverland. The brand - supportive firm: An exploration of organizational drivers of brand updating. Journal of Brand Management, 2005, (6): 112 - 115.

卡璐五个品牌。

3. 主副品牌延伸模式

所谓主副品牌延伸模式是指企业在进行品牌延伸时，对延伸产品赋予主品牌的同时，增加使用一个副品牌的做法。主副品牌延伸模式是用涵盖企业若干产品或全部产品的品牌作为主品牌，借其品牌之势，同时，给各个产品设计不同的副品牌，以副品牌来突出不同产品的个性和特点，如“松下画王”、“海尔小王子”、“美的超静星”等。

运用主副品牌延伸模式可以实现优势共享，又能通过副品牌表明产品的个性、特点，同时还能减少宣传费用，增强促销效果。当然如果赋予同一产品的品牌数量过多，也会造成企业强调的重点不明显，若某一产品失败，同样会牵连到其他产品和品牌的形象和声誉。

4. 品牌特许经营模式

特许经营是一种以契约方式构筑的特许人与受许人共同借助同一品牌，在相同模式下实现品牌扩张、市场扩张，进而实现双赢或多赢的品牌延伸模式。在契约关系下，特许人为受许人提供统一的品牌、技术、管理和营销方法，受许人为此向特许人支付一定的费用。特许人与受许人之间不是雇佣关系，也不是从属关系，而是平等的伙伴关系。

对于特许方来说，特许经营可谓是一种低风险、低成本的品牌扩张或市场扩张模式。一方面，在特许经营方式下，特许人可借助受许人的财务资源实现品牌扩张和市场扩张；另一方面，特许经营可使特许人节省人力资源，降低运营成本。但同时必须考虑到特许经营对于品牌、市场声誉等无形资产可能带来的负面影响，因此预先对特许加盟体系进行理性而深入的调查分析以及严格的监督管理，是确保特许经营健康发展的必要工作。遍及世界各个角落的“麦当劳”和“肯德基”，就是成功地运用了品牌特许经营模式，才成为全球性的强势品牌。

5.3.3　如何选择合适的品牌延伸模式

市场上的企业种类繁多，经营的产品各式各样，如何选择适合自身发展的品牌延伸模式就显得十分重要。

企业在决定品牌延伸后如何选择延伸模式主要跟品牌的知名度、可延伸性、品牌核心价值与个性、新老产品的关联度、行业与产品特点、市场容量、市场竞争格局、企业所处的市场环境、企业发展新产品的目的、企业自身财力与品牌推广能力等因素有关。因此，在选择延伸策略时要综合考虑这些因素，权衡各种策略的利弊，然后才作出选择。

对于那些品牌知名度非常高，品牌较抽象且意义不明显，品牌运作能力强的企业，选择单一品牌延伸模式为宜。例如，佳能（Canon）不论是中文名，还是英文名，都没有具体的含义，消费者不容易将其和某一类型的产品相联系，这样它便可以扩展到任何领域，充分利用其品牌的知名度；类似的还有海尔（Haier）。同时，那些具有一定品牌知名度、延伸产品与原产品关联度很高的企业也适合单一品牌延伸模式。因为它们可以利用在行业中已经形成的声誉，移植到相关新产品。例如，天福茗茶，它最先生产茶叶，进行品牌延伸主要还是进入与茶相关的一系列行业，如茶具、茶具工艺品、茶点、茶糖等；同样，雀巢品牌的成功延伸就是因为其麾下产品都是关联度较高的食品饮料。从行业角度看，电器、电子数码行业选择单一品牌延伸模式的居多。

对于那些企业实力很强、品牌知名度也很高，但是品牌具有一定导向、在消费者心中已形成定式的企业，多品牌延伸模式就比较适合了。例如，可口可乐是与其神秘配方联系在一起的，在人们心中就是黑色碳酸饮料的代名词，因此其延伸能力非常有限。可口可乐公司推出的新产品即便是饮料，也采用了多品牌模式如雪碧和芬达。当企业打算向比它们现在所处的市场位置高一等级或低一等级或多个细分市场进军时，一般也采用多品牌延伸模式。例如，丰田公司准备争夺高档豪华车市场，但旗下佳美、皇冠等在消费者心中“中低档、省油”的形象已根深蒂固，于是设计了全新品牌“凌志”，并且在车身上隐去了丰田的标志。从行业上看，生活用品、食品饮料、服饰、汽车等行业采用多品牌模式的居多①。

有的企业规模大，知名度也高，同时产品种类特别多，且性能各异、款式不同，这样的企业选择主副品牌延伸模式较好。例如，美的空调有100多款，为了让消费者记住它们，便引入主副品牌延伸模式，用星座作为产品的副品牌，“冷静星”、“超静星”、“智慧星”、“健康星”等应运而生。在家电、电脑数码等行业主副品牌延伸模式应用广泛。

还有一类企业品牌知名度较高、模式容易复制、进入门槛不高、资金需求不大，但是市场容量十分可观，这类企业适合品牌特许经营延伸模式。可借助品牌优势，迅速扩张，占领市场，并且随着加盟店的增多，品牌得以广泛传播，反过来又提升品牌形象。国内的许多服装和运动鞋品牌如“安踏”、“以纯”、“美特斯·邦威”等都是采用品牌特许经营延伸模式将企业做大的。品牌延伸模式选择归纳起来如表5-1所示。

表5-1　品牌延伸模式比较

	品牌知名度	品牌可延伸性	关联度	品牌运作能力	市场竞争状况
单一品牌	很高	强	高	一般	一般
多品牌	较高	弱	低	强	激烈
主副品牌	很高	强	高	一般	激烈
特许经营	较高	弱	低	强	一般

5.4　品牌拯救策划

改革开放以来，随着市场经济的推动，中国消费者经历了从不看重品牌到在越来越多的消费领域都具有强烈的品牌意识的转变。30多年来，有很多中国品牌从本土成长并走出国门，开始走向国际化，比如联想、华为、海尔、TCL、中国石化等；但是，这30多年来，有更多的中国本土品牌曾经叱咤风云、妇孺皆知，但是因种种原因走向没落，像流星一样淡出了人们的视线②。找出这些品牌没落的原因，并采取合理、恰当的拯救策略使

① 牟淑云，于文凯．企业运用品牌延伸策略分析．商业经济，2004，(11)：13-15．

② 卢泰宏，高辉．品牌老化与品牌激活述评．外国经济与管理，2007，(2)：25-28．

其重新焕发光彩，对品牌策略是具有非常重要的意义的。

5.4.1　品牌没落的原因

1. 科学技术创新

现代社会，科学技术进步越来越快，技术上的创新往往带来产品的创新甚至行业的革命。许多行业出现了替代性的新产品或服务：一次性打火机的发明几乎颠覆了整个火柴行业；数码相机市场的成长威胁着传统相机和胶卷制造业的生存；互联网的迅猛发展对新闻、邮政、文化和娱乐等行业造成巨大的冲击等。

2. 市场竞争激烈

近几十年经济发展的结果使得商品种类和数量迅猛增长，市场竞争的结果为消费者提供了越来越大的选择余地，使品牌间的竞争非常激烈。中国入世后，众多的知名国外品牌开始迅速进入，使原本就激烈的竞争变得更加残酷，稍有不慎便被众多的竞争对手击倒，时间久了就淡出了人们的视线。

3. 企业自身问题

企业缺乏对品牌建设的战略规划，不具备全面成熟的品牌观念。它们只重视眼前利益，轻视长远利益；只重视品牌外表，轻视核心内容。把品牌的创建仅仅看做是打广告，忽视了品牌在其他方面的建设和管理。为了单纯追求知名度，很多企业都把大部分财力和人力耗费在广告投放上。除此之外，许多企业还缺乏创新，它们的品牌、产品、技术总是一成不变、没有新意，不能随着市场的变化而变化。另外，众多的企业总是一味地死守现有市场，不去开发新的目标市场，等到现有市场竞争变得白热化时显得束手无策，最终逐渐被市场吞食，品牌没落。

4. 消费者需求变化

市场是动态的，而不是静止的。经济在发展，社会在进步，消费者的价值取向和审美品味都在变化。面对人们消费观念、生活方式的变化，企业如果依旧一成不变，就会失去许多潜在的消费者，并动摇品牌的忠诚者；如果企业长时间不与消费者沟通，没有向消费者传播新的信息，不能给消费者带来一点新鲜感，那么，消费者很快就会将这个品牌淡忘。需求是变幻莫测的，市场是严酷无情的，企业以不变应万变等于坐以待毙。

5.4.2　品牌拯救策略

下面我们根据前面分析的原因提出一些品牌拯救策略。

1. 重新定位

重新定位就是打破品牌在消费者心目中所保持的原有位置与结构，使品牌按照新的观念在消费者心目中重新排位，以创造一个有利于自己的新的定位，从而实现品牌的跳跃发展。

王老吉在它的头 7 年里只是一个地方品牌，销售区域仅仅局限在广东和浙江南部地区。而 2003 年以红色灌装饮料红遍大江南北，这一切都得归功于它的重新定位。一开始王老吉并没有清晰明确的定位，只是凉茶的代称，是一种有药效的饮用品。后来以“凉茶下火功效显著”为突破口，定位于“预防上火的饮料”。定位调整后的红色王老吉立足于全国市场，并用消费者容易理解和记住的一句广告词来表达——“怕上火，喝王老吉”。简洁明了的定位，既彰显了红色王老吉的产品特性，又有效地解决了王老吉原有的品牌错位。

王老吉的做法是值得借鉴的，没落的品牌应该仔细分析自身的优势和市场的缺口，找准其中相匹配的切入点，进行重新定位，利用以前品牌在消费者心中较高的知名度打开市场，同时将新的定位传递给他们，以达到激活品牌的目的。

2. 更换目标市场

由于品牌的整体没落，因此很难在整体品牌上展开全面的重塑。有效的措施是，主动将市场进行细分，放弃以前那些没有优势的目标市场，选择有利的细分市场进入，并集中人力、物力、财力等营销资源投入该细分市场，变整体劣势为局部优势，将该细分市场作为企业的主攻市场，并力求建设成为自己的强势市场，使自己成为该细分市场的第一或强势品牌。

新目标细分市场的终极目标，并不是做新品第一，而只是希望通过首先切割这个分众市场，创建一个年轻品牌，形成一个分众产业，然后以这个分众产业为基础，向整体市场扩张，最终达到整体重塑品牌的目标。如此，企业就可根据这一策略，努力推出新品，攻占更多的细分市场，力争成为更多的细分市场强势品牌，再积少成多、化零为整，达到重塑企业整体品牌的目的。例如，酒鬼酒在 2008 年奥运前夕高调推出洞藏酒这样一个超高端的白酒产品，由于洞藏酒完全是一个全新的白酒细分市场，并且其概念十分新颖独特，从而在短时间内使没落多年的酒鬼酒重新回到高端白酒品牌行列。

3. 产品创新

企业的品牌仍然留在消费者心中，但是它的产品在市场上不再具备竞争力，有时甚至滞销。因此，重塑品牌要实施产品创新、产品改良。对于那些高科技企业来说，使用新技术，提高产品的科技含量，增加产品功能是产品创新的关键。而对于其他一般的企业则应该在产品的“新”上下工夫：可以是产品的包装、外形、款式等外在的东西很“新”；也可以是产品的质量、技术含量、概念等“新”。只有通过这些“新”来重新吸引消费者，再利用以前的知名度唤醒市场，才能实现对品牌的重塑。

这方面宁城老窖二次崛起的例子可以借鉴。宁城老窖，在 20 世纪 90 年代以一句“宁城老窖，塞外茅台”红遍大江南北，但由于种种原因在市场上逐渐没落。在企业实施品牌重塑战略中，决定仍然沿用宁城老窖这个品牌名，因为品牌的知名度还在，便于唤醒市场，并且把重点放在了产品创新上。当时白酒市场流行年份酒，从高端的五粮液到低端的 10 元白酒都打上了 5 年、8 年的标签，真假难遍。宁城老窖决定进行产品改良，一定要以“新”求胜，于是将年份酒具体化，将宁城老窖的原酒分装成 50ml 一小瓶与大瓶放在一个包装里，名曰“中华子母酒”，并到公证机构做公证把公证号打在瓶签上，通过这些手段让自己的年份酒货真价实，获取消费者的信任。随后又将广告语改成“宁城老窖，塞外一品”，至此宁城老窖的品牌重塑大获成功。

4. 更新品牌形象

品牌既然已经没落，那么其品牌形象自然就每况愈下，随着时间的推移越发显得过时。在品牌重塑的时候就需要对其进行新的设计使其年轻化，以新的姿态来面对消费者，可以更改品牌名称、变化品牌标志、更改广告等。

对于企业来说，名称是最基本的形象识别要素，一般是不能轻易改变的，但是如果以前的名称太长、拗口、不好记的话，那么适当修改一下也未尝不可。例如，摩托罗拉公司将原“MOTORALA”的名称简化为“MOTO”，这样做都是为了把企业与消费者之间的距离拉得更近，同时让品牌更年轻化。2003 年可口可乐在中国启用了新标志，香港著名设计师设计的全新流线型中文字体与英文字体和商标整体风格更加协调，取代了可口可乐自 1979 年起沿用了 24 年的中文字体。对于广告更新则应该从广告创意、代言人、媒体选择三个方面下手，突出年轻、时尚这一主题。这些在品牌重塑的时候都可以借鉴，越是年轻化、时尚化的品牌形象，越能迎合消费者的品味。

上面只是几种简单的策略，总之，在对没落品牌进行拯救的过程中，一定要合理利用原有的品牌资产，坚持以新求胜、以年轻对老化、以时尚对古板、以热点对遗忘。

同步策划范例

阿福品牌问题诊断与品牌战略规划原则

撰写时间：2010 年

一、中国阿胶产业市场环境分析

1. 国内养生消费指数增长，带动阿胶市场消费热潮

在诸多养生消费中，阿胶市场的消费呈现出逐年递增的趋势。在消费引导方面，中医专家倡导阿胶的灵魂是“养”，养生、养血、养气。阿胶应当以养生保健为主，以治病为辅。

2. 阿胶事件带来的几点思考

2010 年 6 月 6 日，央视《每周质量报告》曝光了阿胶市场黑幕，一种低价阿胶原料皮竟由下脚料冒充整张驴皮，涉及山东、河南、河北等多家企业。

以东阿、福牌为主的知名阿胶的品牌形象在事件中获得提升。同时，经过诸多新闻报道、新闻炒作，相当多的消费者产生了“不敢吃阿胶了”、“买阿胶要选大品牌”的消费认知。

3. 品牌将成为参与竞争的核心力量

阿胶市场虽然竞争激烈，但是业内认可的大品牌只有“东阿阿胶”和“福牌阿胶”，相对于其他行业来说，品牌之间的竞争梯队并未形成。也就是说，阿福与其他的企业一样，在品牌建设方面有着共同的市场机会。品牌将成为参与竞争的核心力量。

二、阿胶产业领袖品牌战略借鉴

东阿牌、福牌分析。

略。

三、阿福品牌问题诊断

1. 品牌市场表现诊断

（1）品牌知名度

当提到阿胶品类时，阿福的行业内知名度高、市场（消费者领域）知名度低。

（2）品牌知晓度

当向消费者提示阿福所属品类中的所有竞争品牌时，阿福的提及率低。

（3）品牌美誉度

阿福尚处于建立美誉度的初级阶段。

(4) 品牌市场占有率

品牌市场占有率是指消费者的占有率，而非销售额、销售量角度定义的市场占有率。阿福目前的市场占有率建立在全国范围的考量基础上，这对于品牌建设非常有利。

(5) 品牌成长率判断

与上一年度相比，品牌成长态势良好。

2. 品牌 VI 诊断（视觉形象识别系统的问题）

略。

3. 品牌联想诊断

产品联想多、品牌联想少。

4. 品牌竞争诊断

处于行业竞争次级梯队（第一梯队由东阿、福牌统领），有很大的发展空间。

5. 品牌管理诊断

品牌管理涉及生产、研发、品质控制、供应、广告、销售等各个方面，每个环节都会影响品牌的塑造与维护。目前阿福缺乏一位专业的品牌经理，致使品牌管理工作没有专业权威把守。

四、阿福品牌资产分析

目前企业除使用阿福品牌外，还有黑蹄、女儿红等，这些品牌已经注册为商标。

1. 阿福品牌要素分析

品牌要素主要包括品牌名称、品牌 LOGO、品牌广告语等。

阿福品牌要素的基本情况如表 5－2 所示。

表 5－2

品牌名称	品牌 LOGO	使用情况
阿福	略	正在使用
黑蹄	略	正在使用
女儿红	略	正在使用

品牌广告语：健康之选，美丽之选！

品牌优势体现为：在渠道开发过程中，阿福的企业品牌已经建立了基础的品牌形象。

存在的问题为：

(1) 阿福企业品牌旗下包含了多个品牌，LOGO 使用没有统一的使用规范，处于各自为政的状态。品牌广告语缺乏统一性。

(2) 未建立整体的品牌规划体系，企业品牌与产品品牌的关系传播不明确，不利于建立稳定的品牌资产，需要重新进行规范。

2. 阿福产品线分析

产品是品牌资产的核心，产品线分析包括产品线的宽度、广度，产品的定位、质量状况，产品的售后服务等。

阿福的产品线使用情况如表 5－3 所示。

表5-3

品牌	品牌下产品
阿福	即食阿胶糕
	玫瑰阿胶固元膏
	阿胶水晶枣
	速溶阿胶粉
黑蹄	玫瑰阿胶粉
	人参阿胶浆
	阿胶口嚼片
	驴胶颗粒
女儿红	阿胶颗粒
	阿胶块
	低糖型颗粒

3. 阿福品牌传播分析

目前，阿福品牌传播的实现方式主要体现在渠道建设过程中，阿福的客户群体对阿福企业品牌的认知度较高。

在外部传播方面，阿福及其旗下的几个产品品牌的传播接触点为终端视觉形象，如产品包装、展示形象等，与终端消费者的沟通为非正式沟通，对外传播缺乏整合传播的意识，缺乏统一规划；因为品牌核心价值不明确，传播尚没有从品牌沟通的角度进行，尚未实现策略性传播。

4. 阿福品牌商誉分析

品牌商誉即品牌的可靠度，指品牌的专业程度、可信赖度和吸引力。

阿福品牌的渠道建设成果显著，在此方面品牌商誉良好。但是在终端消费者认知阶段，阿福的品牌商誉还缺乏可靠性、吸引力等要素。

5. 阿福销售渠道分析

检验销售渠道是考察阿福品牌与销售渠道是否有整体配合的优势，即阿福的品牌力是否起到了销售驱动力的作用。

阿福产品的销售渠道模式以药线渠道为主要战线，其他渠道模式为辅。阿福的品牌驱动力来自以下方面：

（1）阿福作为企业品牌，其知名度、影响力是目前助力销售的主要驱动力。

（2）阿福旗下的产品品牌驱动力表现很弱，在产品销售方面的业绩来源于终端导购、产品视觉形象、价格、促销活动等。品牌驱动力要素缺乏。

6. 阿福品牌延伸

阿福目前的品牌架构以阿胶类产品为主，辅以阿胶枣类产品，没有进行品牌延伸。

五、阿福品牌战略规划原则

1. 阿福品牌体系规划

根据以上阿福的战略业务组合和战略途径表，我们得到阿福的品牌体系图谱如图5－1所示。

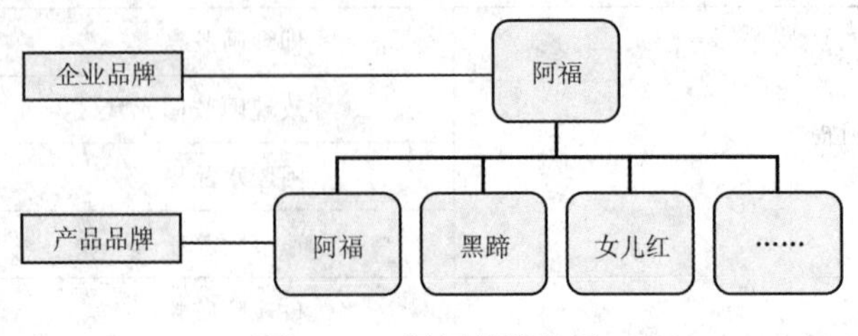

图5－1 阿福品牌体系

在阿福品牌体系中，处于核心地位的是企业品牌——阿福。

2. 品牌规划目标

品牌的战略规划目标即品牌愿景。缺乏品牌愿景的品牌战略规划和管理必定在激烈竞争中迷失方向，缺乏品牌愿景的品牌势必走不远，打造强大的品牌首先要从发展清晰的品牌愿景开始。品牌愿景是建立品牌资产管理战略的起点。

根据阿福品牌图谱，阿福品牌愿景我们描述为：阿福以食品为载体，致力于推动人类健康和美丽产业的发展，为消费者提供高品质产品。

3. 品牌核心价值主题沟通语

这是基于品牌定位和价值的沟通语，不同于空洞的品牌口号。

略。

4. 品牌个性定位

品牌个性是品牌在建设过程中流露的精神气质，是品牌核心人格化、差异化的体现，是品牌基因中最富吸引力和保持生命力的元素。

略。

动动手

如果你是策划人员，有没有更好的品牌名称建议呢？你会如何策划阿胶牌或者是福牌阿胶的品牌规划呢？

5.5 品牌策划的误区防范

品牌策划在中国的发展只有短短二十来年，关于品牌策划的相关理论体系都不是很完善，人们对品牌策划的认识也不是很透彻。因此，许多企业在品牌策划中进入误区也在所难免，但是相信通过不断实践和总结，能找出避免这些误区的对策。

1. 缺乏整体规划

我国许多企业在品牌策划的过程中做过很多努力，但往往是想到什么就做什么，没有全面系统的品牌规划，只是一些片面的、补漏式的努力，哪儿有问题就往哪儿去，疲于为问题而奔命。看上去没完没了，忙个不停，但最后仍然没有建立一个成功的品牌，因为它们片面地理解品牌，做的只是品牌的一个方面、一个局部，或广告，或包装，或定位。每个企业都强调自以为是重要的环节，但很少有企业把品牌的各个方面都做到位，从而形成整体的品牌规划。

2. 认为调研可有可无

我国许多企业在品牌策划中常常忽视市场调研，不做调研就盲目地开始一系列的品牌策划。为了寻找或验证一个想法，国际大公司习惯进行大规模的市场调研。中国企业则更多地倾向于拍脑袋做决定。

3. 盲目的品牌扩张

企业为了推出新产品以拓展市场和扩大利润增长空间，往往会采取充分开发和利用原有品牌资源的品牌延伸策略。然而我国许多企业自不量力地进行品牌盲目扩张，结果淡化了品牌原有的形象和意义，品牌定位的混乱降低了品牌的适应性。品牌扩张得过多、过宽，分散了企业的精力，从而丧失了原来的竞争优势，最后使企业陷入困境。例如，巨人集团以计算机产品创出品牌后，并没有在原来的领域扩张，反而转向了与其优势行业缺乏相关性的保健品领域，开发了巨人脑黄金、巨人巨不肥等 16 种系列保健品，因而失去了在迅速发展的计算机业中的竞争优势和机会。

4. 缺乏核心价值

品牌的核心价值是品牌的精髓，一个品牌最独一无二且最有价值的部分通常会表现在核心价值上。海尔的核心价值是“真诚”，品牌口号是“真诚到永远”，其星级服务、产品研发都是对这一理念的诠释和延展；诺基亚的核心价值是“科技以人为本”，同样，诺基亚通过不断推出新产品及以人为本的设计来打造其高科技形象。

全力维护和宣扬品牌核心价值已成为许多国际一流品牌的共识，是创造百年金字招牌的秘诀。反观我们国内的很多品牌，几乎不存在对品牌核心价值的定位，广告十分随意，诉求主题月月新、年年变。尽管大量的广告投入能促进产品销售，但几年下来发现品牌资产没有得到有效积累。比如，红塔山虽然有很高的知名度，但我们冷静地思考一下，它的核心价值到底是什么？从“天外有天，红塔集团”的形象广告看，我们很难知道它的核心价值是什么[①]。

5. 缺乏持续性

品牌策划是一个持久的、长远的品牌建设过程。但是国内许多企业只看重眼前的利益，一旦品牌策划稍有成效，便不再考虑后面的品牌维护、品牌创新，导致品牌就一直停留在某一层面，不随市场变化而变化，坐以待毙。曾经红极一时的旭日升品牌，是当时中国茶饮料的老大，但是它没有持续地进行品牌创新，一直停留在冰茶上。后来康师傅、娃哈哈的红茶、绿茶饮料发起冲击时，它由于没有防备，迅速丢失了市场，消失在人们的视线中[②]。

---

① 阎旭临．企业品牌策划与营销．经营管理，2008，(5)：14－17.

② 程春生．新经济时代的品牌策划．理论经纬，2002，(2)：31－33.

本章知识脉络

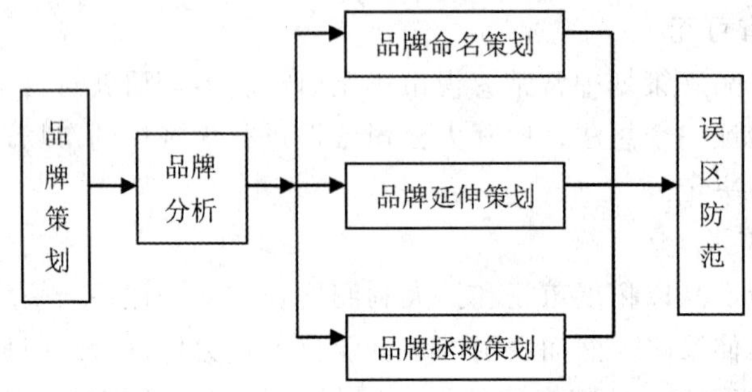

本章导入案例点评

以本章开篇导入的案例为起点，通过对不同服务企业的不同命名的比较，分析了品牌命名的策划方法，进而引出了关于品牌延伸的策划和品牌拯救的策划。通过对本章的学习，希望读者能够熟练掌握品牌策划的具体内容和方法，培养独立进行品牌策划的能力。

思考与练习

1. 单选题

(1)（　　）可以说是品牌策划的起点，也是品牌策划的核心工作。

A. 品牌定位　　　　B. 品牌 VI

C. 品牌核心价值　　　　D. 品牌文化

(2)（　　）是品牌要传递给消费者的、消费者认知或感受到的、品牌带给目标消费者的独特利益，是一个品牌的灵魂。

A. 品牌定位　　　　B. 品牌 VI

C. 品牌核心价值　　　　D. 品牌文化

(3) “金六福”、“福星”、“恭喜发财” 等品牌名称给予消费者荣华富贵的祝福；“康佳”、“喜盈门”、“百事可乐”、“万家乐” 等品牌名称则蕴含着对人们的良好祝愿。这些品牌命名的方法称为(　　)。

A. 借势取名法　　　　B. 寓意祈福法

C. 自我挖掘法　　　　D. 时尚新潮法

(4) 某企业将茶叶分成若干档次，不同档次是不同品牌，属于(　　)。

A. 个别品牌　　　　B. 统一品牌

C. 分类品牌　　　　D. 中间商品牌

(5) 宝洁目前共经营着 300 多个品牌的产品，在 140 多个国家和地区销售，宝洁大都是一种产品使用多个品牌，例如洗发水产品就有潘婷、飘柔、海飞丝、沙宣和伊卡璐五个品牌。这体现了保洁的(　　)。

A. 单一品牌延伸模式　　B. 多品牌延伸模式
C. 主副品牌延伸模式　　D. 品牌特许经营模式

2. 多选题

(1) 下述关于品牌的说法正确的是(　　)。
A. 品牌是生产者给其产品起的名字，以区别于竞争者
B. 品牌是指企业以名称、符号、图案、颜色等要素或它们的组合，区别竞争者的产品
C. 品牌也称商标，成功的品牌能获法律保护
D. 品牌有其品牌价值
(2) 品牌战略的层次包括(　　)。
A. 产品品牌　　B. 产品系列品牌
C. 产品大类品牌　　D. 企业品牌
(3) 品牌策划的内容主要包括(　　)。
A. 品牌命名策划　　B. 品牌延伸策划
C. 品牌拯救策划　　D. 品牌定位策划
(4) 品牌延伸的模式有(　　)。
A. 单一品牌延伸模式　　B. 多品牌延伸模式
C. 主副品牌延伸模式　　D. 品牌特许经营模式
(5) 下列关于品牌策划的论述正确的有(　　)。
A. 我国企业关于品牌的整合意识比较薄弱，对品牌的策划只停留在品牌某个方面而不是整体
B. 我国许多企业在品牌策划中常常忽视市场调研，不做调研就盲目地开始一系列的品牌策划
C. 国内许多企业只看重眼前的利益，一旦品牌策划稍有成效，便不再考虑后面的品牌维护、品牌创新
D. 我们国内的很多品牌，几乎不存在对品牌核心价值的定位，广告十分随意，诉求主题月月新、年年变

3. 简答题

(1) 品牌在营销中的作用是什么？
(2) 品牌命名的原则是什么？企业常用的品牌命名方法有哪些？
(3) 简述品牌延伸的四种模式，并说明企业应该如何进行模式的选择。

4. 案例分析题

多子多福亦风流
——宝洁公司多品牌策略评析

品牌延伸曾一度被认为是充满风险的事情，有的学者甚至不惜用“陷阱”二字去形容其风险之大。然而，纵观世界一流企业的经营业绩，我们就不难发现，这其中既有像索

尼公司那样一贯奉行“多品一牌”这种“独生子女”策略的辉煌，更有像宝洁公司这样大胆贯彻“一品多牌”策略，在国际市场竞争中纵横驰骋尽显“多子多福”的风流。

宝洁公司是一家美国企业。它的经营特点一是种类多，从香皂、牙膏、漱口水、洗发精、护发素、柔软剂、洗涤剂，到咖啡、橙汁、烘焙油、蛋糕粉、土豆片，到卫生纸、化妆纸、卫生棉、感冒药、胃药，横跨了清洁用品、食品、纸制品、药品等多种行业。二是许多产品大都是一种产品多个牌子。以洗衣粉为例，他们推出的牌子就有汰渍、洗好、欧喜朵、波特、世纪等近10种品牌。要问世界上哪个公司的牌子最多，恐怕非宝洁莫属。

宝洁公司是如何实施多品牌策略的呢?

一、寻找差异

宝洁公司经营的多种品牌策略不是把一种产品简单地贴上几种商标，而是追求同类产品不同品牌之间的差异，包括功能、包装、宣传等诸方面，从而形成每个品牌的鲜明个性，这样，每个品牌都有自己的发展空间，市场就不会重叠。以洗衣粉为例，宝洁公司设计了九种品牌的洗衣粉。他们认为，不同的顾客希望从产品中获得不同的利益组合。有些人认为洗涤和漂洗能力最重要；有些人认为使织物柔软最重要；还有人希望洗衣粉具有气味芬芳、碱性温和的特征。于是宝洁就利用洗衣粉的九个细分市场，设计了九种不同的品牌。

二、制造“卖点”

宝洁公司的多品牌策略如果从市场细分上讲是寻找差异的话，那么从营销组合的另一个角度看则是找准了“卖点”。卖点也称“独特的销售主张”，其核心内容是：广告要根据产品的特点向消费者提出独一无二的说辞，并让消费者相信这一特点是别人没有的，或是别人没有说过的，且这些特点能为消费者带来实实在在的利益。在这一点上宝洁公司更是发挥得淋漓尽致。以宝洁在中国推出的洗发水为例，“海飞丝”的个性在于去头屑，“潘婷”的个性在于对头发的营养保健，而“飘柔”的个性则是使头发光滑柔顺。

从这里可以看出，宝洁公司多品牌策略的成功之处，不仅在于善于在一般人认为没有缝隙的产品市场上寻找到差异，生产出个性鲜明的商品，更值得称道的是能成功地运用营销组合的理论，成功地将这种差异推销给消费者，并取得他们的认同，进而心甘情愿地为之掏腰包。

三、能攻易守

传统的营销理论认为，单一品牌延伸策略便于企业形象的统一，减少营销成本，易于被顾客接受。但从另一个角度来看，单一品牌并非万全之策。因为一种品牌树立之后，容易在消费者当中形成固定的印象，从而产生顾客的心理定式，不利于产品的延伸，尤其是像宝洁这样的横跨多种行业、拥有多种产品的企业更是这样。宝洁公司最早是以生产象牙牌香皂起家的，假如它一直沿用“象牙牌”这一单一品牌，恐怕很难成长为在日用品领域称霸的跨国公司。

可见，宝洁公司用一品多牌的策略顺利克服了顾客的“心理定式”这一障碍，从而在人们心目中树立起宝洁公司不仅是一个生产象牙牌香皂的公司，还是生产妇女用品、儿童用品，以至药品、食品的厂家。

许多人认为，多品牌竞争会引起经营各个品牌企业内部各兄弟单位之间自相残杀的局面，宝洁则认为，最好的策略就是自己不断攻击自己。这是因为市场经济是竞争经济，与其让对手开发出新产品去瓜分自己的市场，不如自己向自己挑战，让本企业各种品牌的产品分别占领市场，以巩固自己在市场中的领导地位。

从防御的角度看，宝洁公司这种多品牌策略是打击对手、保护自己的最锐利的武器。一是从顾客方面讲，宝洁公司利用多品牌策略频频出击，使公司在顾客心目中树立起实力雄厚的形象；利用一品多牌从功能、价格、包装等各方面划分出多个市场，能满足不同层次、不同需要的各类顾客的需求，从而培养消费者对本企业的品牌偏好，提高其忠诚度。

二是对竞争对手来讲，宝洁公司的多品牌策略，尤其是像洗衣粉、洗发水这种“一品多牌”的市场，宝洁公司的产品摆满了货架，就等于从销售渠道减少了对手进攻的可能。从功能、价格诸方面对市场的细分，更是令竞争者难以插足。这种高进入障碍无疑大大提高了对方的进攻成本，对自己来说就是一块抵御对手攻击的盾牌。

（资料来源：曹刚等. 国内外市场营销案例集. 武汉：武汉大学出版社，2003.）

思考题：

（1）宝洁公司多品牌策略有何特点？

（2）哪类企业和产品适于实施多品牌策略？实施多品牌策略有哪些利弊？

（3）在什么情况下应采用统一品牌战略？在什么情况下应采用多品牌战略？

5. 业务模拟训练题

品牌策划实务操作

训练目标：

明确品牌策划的内容；熟练掌握品牌命名的方法；熟悉品牌延伸和品牌拯救策划的方法。

训练内容：

品牌命名策划；品牌延伸策划；品牌拯救策划。

训练操作：

对你所选择的企业现有品牌进行分析，尝试做出品牌延伸或品牌拯救的方案；针对第五章你所创造的新产品进行品牌推广，主要是品牌命名的策划。

成果要求：

提交新产品品牌名的方案：根据命名的原则，至少提出三种不同的命名，然后通过比较选择最好的命名。

第6章 策划价格体系

知识要点 （1）定价策划；（2）心理定价；（3）尾数定价法；（4）招徕定价法；（5）产品大类定价法；（6）终端心理定价策略理论；（7）零定价策略理论；（8）价格调整策略理论。

能力目标 （1）掌握定价策划的流程；（2）能够运用终端定价的方法定价；（3）能够进行价格体系的设计与策划。

导入案例

“挑战者”机油的价格策略

2002年7月，长沙大中润滑油实业有限公司对新研制生产的“大中”牌机油进行市场调查和营销策划。

通过市场调查分析发现，长沙机油市场目前的竞争态势不太激烈，各种品牌在市场上“都有饭吃”，但潜在的竞争将会十分激烈。策划人员首先将品牌名称“大中”改为“挑战者”，并立即进行了商标注册。考虑到“挑战者”资源有限，不宜打持久战，决定采取快速渗透策略。企业集中全部优势资源在长沙市场上打一场速战速决的“闪电战”。以较低的价格，立体式广告促销攻势迅速启动市场，取得尽可能高的市场占有率。与此相适应，实行“推与拉”相结合的方针，即一方面激励中间商乐意经销并积极推销，另一方面吸引消费者指名购买“挑战者”机油，双管齐下，形成一股强大的合力。

为了让市场迅速升温，刺激经销商多进货，公司采取了数量折扣策略。以赠送产品为主的数量折扣既可以维持统一的价格秩序，又可以扩大产品的市场覆盖面（经销商必须把赠送的产品推销出去以后才能获得折扣的好处）。同时，厂家只付出成本价却让经销商获得超值享受，这种办法对厂家来说确实是有利的。

但第一个月的市场启动效果不甚理想，仅实现销售6万多元。为了尽快打开市场局面，第二个月开始，公司采取了两项举措：一是公开向社会征集放空表演车辆，并请读者参与读报有奖活动；二是修改经销商的折让标准，改数量折让为直接的价格折扣，利益向经销商方面倾斜。

新的折扣标准推出，精明的生意人开始嗅出有利可图的气味，广告促销也在潜在消费者心中产生作用，到汽配店、汽修厂指名要“挑战者”机油的司机朋友日渐增多。结果，春节刚过，订货的电话接连不断，营销部天天门庭若市。

如今，短短两个月的时间，即以迅雷不及掩耳之势席卷长沙机油市场，月销售额突破60万元大关。取得这样好的业绩，终究是令人鼓舞的。大家沉浸在胜利的喜悦之中，以至于对市场上已出现的价格和渠道紊乱的迹象没有及早察觉。

问题陆续反映上来，广告促销已明显见效，消费者市场已全面启动，必须来个紧急“刹车”，重新调整利益分配格局，减少对经销商的价差。于是，公司连夜召开“紧急军事会议”。会议主要议题是：重新确定价格折扣标准和理顺渠道秩序。同时，为了不受制于某些特约经销商，采取“双轨制”，即一方面利用特约经销商固有的网络发展一些零售商，另一方面公司直接掌握一些中型零售商和集团消费，以对特约经销商形成制衡机制。

“一石激起千层浪”。这对刚尝到8折优惠进货甜头的经销商来说，无异于“割了一块肉”。大家气势汹汹纷纷找上门来。公司全体营销员倾巢出动，逐个做解释说服工作。紧接着公司以“挑战者的阵营在扩大”为题召开了“挑战者”首批特约经销商授牌签字仪式。在这一打一捧中，一场风暴总算平息了。

（资料来源：周文辉．价格和渠道：营销千千结．销售与市场．2002，（11）．）

在营销战术组合中，价格是影响企业利润的最直接的因素，因此对价格的策划无疑应当十分重视。另外，对企业来说，价格策略也因比较容易操作而常被个别企业滥用，导致市场混乱和恶性竞争，因此对价格策略应当慎之又慎。实际上，运用价格策略最重要的就是要满足企业的战略需要，其目的可能是为占领市场份额，完成利润目标，也可能是为取得竞争优势，或者打造品牌形象等。

6.1　价格策划分析

6.1.1　价格策划含义

所谓价格策划，就是企业为了实现一定的营销目标，协调处理各种与价格相关事件的活动。价格策划不仅仅是确定产品的价格，而且要协调营销组合其他因素，不断调整价格策略以实现企业的最终目标。在复杂的市场环境下，企业以什么样的价格把产品和服务推向市场呢？什么样的价格才能满足消费者需求和企业发展的需要呢？这是企业的经营者一直都在考虑的问题。

“定价是极其重要的——整个市场营销的聚焦点就在于定价决策。”当雷曼德·考利（Raymond Corey）在20世纪60年代早期于哈佛商学院写下这句话的时候，市场营销才开始被大家认识①。价格是营销组合中一个重要的因素，价格策划的成功与否，对企业经营

① 罗伯特·J. 多兰，赫尔曼·西蒙．定价圣经．北京：中信出版社，2004.3.

的成败起着关键作用。

这是因为：首先，在营销组合中，价格是若干变量中作用最为直接、见效最快的一个变量，也是消费者最为敏感的。价格的高低对市场的需求有巨大的影响，所以价格策划给消费者和企业的经营者都带来了压力。其次，价格决定着市场营销活动的效果。即使产品的质量很好，包装很独特，渠道策略和促销策略都很合理，但是如果价格与产品不是很协调，这样也不会收到很好的市场效果。

6.1.2 定价原则

企业在定价的过程中，有一些基本的原则是必须遵守的，主要有效益原则、可行性原则、科学性原则、社会性原则、竞争导向性原则①。

企业最根本的目标就是追求利润最大化，效益原则是企业定价的最基本原则。效益原则主要体现在以下方面：企业提高市场竞争地位、扩大市场份额、企业增加销售量、提高市场占有率、符合企业的整体营销策略和长期发展战略。

企业的定价方法、定价策略对实现企业的目标要具有可操作性。首先，企业要树立正确的定价观念，应该站在顾客的角度定价，以顾客能够接受的价格为前提。其次，价格的制定要能够适应市场。最后，无论是高价策略还是低价策略都要以维护企业利益为前提。采取低价策略应该考虑企业能获取多少利润，不能以企业长期的亏损为代价；高价策略要充分考虑市场的需求和消费者的购买力。

科学性原则是指用科学的态度、科学的手段、科学的程序制定价格，避免盲目性和主观性，进而制定合理的价格。

社会性原则是企业在制定价格时要遵守国家的法律法规和政策，始终坚持公平、自愿、平等、诚实信用的原则，杜绝价格欺诈行为，维护市场秩序和公平的市场环境。企业在享有市场定价自主权的同时，还应当承担社会义务。企业应当遵纪守法，树立好良好的企业形象，当自身利益受到侵犯时，可以利用法律武器维护自己的利益。

定价决策要受到外部环境的影响，在市场竞争激烈的今天，只有把握市场特征，充分了解竞争对手，以竞争为导向性才有利于企业在市场中取得更好的地位和收益，才能做到“知己知彼，百战不殆”。

6.1.3 定价流程

产品定价是企业重要决策之一，其过程由多个环节组成，以定价原则为指导，还要不断调整来适应市场的需求。定价过程主要包括：选择定价目标、信息收集及预测、估计定价成本、选择定价策略和方法、价格执行和调整，如图 6－1 所示。

第一步，选择定价目标。

企业发展目标决定定价目标。由于企业自身实力和外部环境的差异，不同的企业定价目标是不同的，同一个企业在发展的不同阶段定价目标也是不一样的。企业的定价目标主要表现在以下几方面：维持企业生存、适应竞争、提高市场占有率、追求利润最大化、树立良好的企业形象等。

---

① 孙海燕．如何进行产品定价．北京：北京大学出版社，2004.58－59.

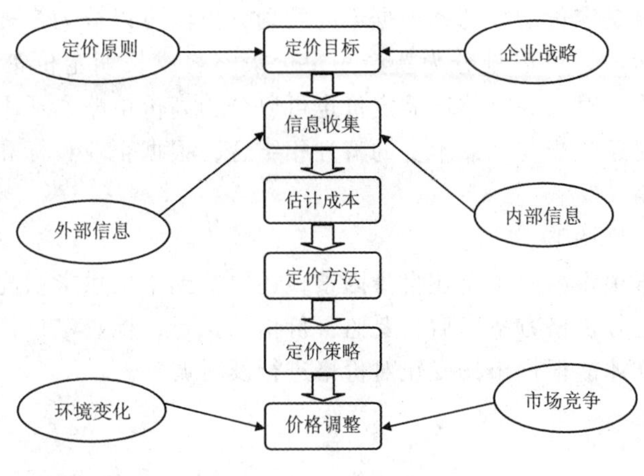

图 6-1 定价流程

第二步，信息收集及预测。

价格信息的收集和预测是定价程序的基础，准确、完备、及时的信息和预测是一切科学决策的保证，主要包括内部信息和外部信息两个方面。外部信息有政府的经济政策、市场竞争状况、市场供求状况、消费者的购买力水平、消费者偏好、市场占有率、市场价格水平等；内部信息有产品的质量、企业的预算、生产能力、研发情况等。收集完信息以后，企业要对收集的信息进行提炼与分析，确定影响企业定价的主客观因素，预测未来一段时间内市场格局和消费需求的变化，从而制定合理的价格。

第三步，估计定价成本。

价格和成本是相互依赖、密不可分的，成本决定了企业定价的底线，反过来定价也会影响成本。企业在定价时要充分计算自己的生产成本（包括一切费用）。成本估价太低，企业可能亏本；成本估价太高，相应的价格也会提高，就可能影响销量和利润。如果企业能够确切地了解自己生产每件产品的平均成本，那么在定价的时候就会显得游刃有余。

第四步，选择定价方法。

企业的生产成本决定了价格的下限，消费者对产品价值的判断决定了价格的上限。另外，企业也需要关注竞争对手同类产品的价格，因为消费者会拿两者作对比。应当综合考虑影响价格的内部因素和外部因素，以便制定最合理的价格。一般企业选择的定价方法主要有三种：

一是以生产成本为依据制定价格的成本导向定价法，这种方法简单、易于操作，但是忽略了市场竞争和消费者的需求。

二是竞争导向定价法，企业在很大程度上根据竞争对手的价格来对自己的产品定价，而很少考虑市场需求和生产成本。

三是需求定价法，也叫价值定价法，是依据消费者的认知价值，而不是销售者的成本来定价的，这就要求企业制定的价格与购买者所认知的价值相一致，充分考虑消费者的利益①。

第五步，选择定价策略。

---

① 李先国．营销师基础知识．北京：中央广播电视大学出版社，2006. 33－34.

定价策略其实就是定价的技巧，根据不同的划分方法可以分为多种类型。例如，按产品生命周期的不同阶段，可以划分为新产品定价策略、成长期定价策略、成熟期定价策略、衰退期定价策略。对某一具体产品定价也可以分为高价策略、适中定价策略、低价策略。选择定价策略时还应当与产品本身的特性相结合，根据企业目标和市场环境的不同选择最合适的定价策略。

第六步，进行价格调整。

影响价格的因素很多，除了企业自身因素，还要受到市场供求状况的制约。在动态的环境下，企业在制定好价格方案以后，要监督价格的执行，检查定价策略的实施效果，收集和反馈信息，这样才能根据市场变化对价格进行及时调整。

同步案例 6－1

明码标价的技巧

背景资料：

某地一黄金首饰店，亮出一个很醒目的招牌：金价 350 元/克。一位姓张的先生到店里闲逛，看到老板标的价码，感到有便宜可赚，比本地市场价格 375 元/克金价便宜 25 元，决定为爱人买一条项链。店老板热情接待，出具质量等证明材料，然后收取定金，给张先生看样。张先生对首饰的制作工艺很满意。店老板这时口中念念有词地算起了账：原金 350 元，税金 5 元，加工费 10 元，劳务费等 10 元，一共 375 元/克。张先生这才觉察到其中的奥妙，原来所谓的“金价”是指非成品金价，首饰价并不便宜。但考虑到已交定金，加之质量上乘，张先生还是二话没说就买下了项链。

问题：这个案例对你有什么启示？

分析提示：

本案例揭示了商品价格制定的一般策略，即成本导向定价法。

同步实训 6－1

确定某商品的价格策略

［实训目标］

培养学生制定商品价格的一般思路，掌握制定商品价格的基本策略。

［实训内容］

教师事先准备三种商品，一款普通牙膏、一件普通品牌服装、一件名牌服装。让学生为三种商品定价，比较商品真实价格与学生估价的不同，并分析各自的定价方法。

［实训操作］

（1）首先让学生复习定价的策略，了解定价的程序。

（2）将全班学生分为三组，并选出小组负责人。教师说明训练内容及成果要求。

（3）每个小组选择一件商品进行估价。

（4）每组同学派代表向全班解释定价的策略。

（5）老师告知商品的真实价格，如果与估价差别过大，由全班同学分析其原因。

（6）老师对各组的定价方法给予点评。

[成果要求]

(1) 每个小组成员讨论确定各自商品的定价策略与定价结果。

(2) 每小组选派代表在班里汇报定价结果与定价策略。

(3) 每小组对三种商品的定价方法进行总结。

(4) 老师为每个小组打分，小组成员获得相应的得分。另外，老师还要为个别表现突出的同学加分。

6.2 终端价格策划

6.2.1 心理定价

1. 消费者对价格的心理分析

心理定价是根据不同消费者购买商品的心理规律来制定的价格。同样的产品，由于不同的消费者对它的感受不同，消费者能够接受的价格也不一样。消费者对价格的心理不一样，就会直接影响其购买行为。常见的价格心理和具体表现如表 6-1 所示。

表 6-1　定价心理及具体表现

价格心理	具体表现
价格预期心理	预计未来涨价就会抢购；预计降价时就会观望，暂停购买
价格求廉心理	不管有没有需要，只要看到明显降价就有强烈的购买愿望，就会购买
价格攀比心理	认为价格高的产品可以显示自己的身份地位，价格低的是没有档次的廉价品

因此，企业应该抓住消费者的心理特点，灵活地制定价格，迎合消费者的不同心理需求。利用心理定价策略不仅可以增加销售量，还能培养消费者对企业品牌的偏爱和品牌忠诚度。

2. 终端心理定价的策略

终端心理定价策略主要有以下几种：

(1) 尾数定价策略

“尾数定价”又称“奇数定价”、“非正整数定价”，通常以奇数结尾，给消费者便宜的感觉，刺激消费者的购买欲望。如某品牌的 54 寸彩电标价 1998 元，给人以便宜的感觉，认为花不到 2000 元就能买一台彩电，其实它比 2000 元只少了 2 元。尾数定价策略还给人一种定价精确、值得信赖的感觉。

尾数定价策略主要用于使用频率高、价值低的产品，对于高档、奢侈品不适用。

(2) 整数定价策略

整数定价就是以整数的形式定价，通常以“0”作为尾数，给消费者一种“优质优价”的感觉。比如，以 200 元、800 元、1000 元等来表示商品的价格。整数定价要求产品的质量和高的价格是正相关的。以整数形式表现出来的价格，让消费者产生一种品质高、可靠性强的心理感受，在消费者心目中树立高价优质的产品形象。因此，整数定价策略比较适合价格弹性小、优质、高档、名牌、奢侈品和消费者不大了解的产品。

（3）招徕定价策略

招徕定价策略有低价招徕和高价招徕两种。

低价招徕，就是利用消费者喜欢买“便宜货”的心理，企业有意定低一种或几种产品的价格，吸引消费者在买“便宜货”的同时，购买其他正常价格商品。企业以牺牲局部产品的利益来带动整体产品的销售。例如，北京地铁有家每日商场，每逢节假日都要举办“一元拍卖活动”，所有拍卖商品均以 1 元起价，报价每次增加 5 元，直至最后定夺。这种拍卖活动由于基价定得过低，最后的成交价就比市场价低得多，因此会让人们产生一种卖得越多、赔得越多的感觉。殊不知，该商场用的是招徕定价术，它以低廉的拍卖品活跃商场气氛，增大客流量，带动了整个商场的销售额上升，这里需要说明的是，应用此术所选的降价商品，必须是顾客都需要而且市场价为人们所熟知的才行。

高价招徕与低价招徕相反，利用消费者的好奇心理用很高的产品价格来吸引消费者。国外有家餐馆曾经推出 1000 美元一盘的鸡蛋，被媒体大肆宣传。虽然很少有人愿意购买，但是很多好奇的消费者都愿意去看看。尽管这道菜推出一年，都没有一位消费者尝试，但是餐馆的生意特别的好，人们都喜欢在那里用餐。

（4）小剂量定价策略

有些商品的价格较高，如果计量单位大，商品标价就会很高，会让消费者产生产品昂贵、买不起的感觉。如果采用小计量单位化整为零，这样的价格就很容易被消费者接受。例如，一些名贵药材如果用大的计量单位的话，一单位的价格可能是几十万，让消费者无法接受。例如，名贵药材以“克”为计量单位标价，上等茶叶以“两”为计量单位标价。

6.2.2 折扣与折让定价

价格折扣就是为了促进消费者更多地购买商品或者鼓励消费者及早付清货款，根据交易数量、付款方式、交易对象等不同情况给予消费者不同比例的折扣，采取的折扣策略也不一样。

1. 折扣定价策略

通常情况下，企业终端定价常用的折扣定价策略主要有以下几种：

（1）数量折扣

数量折扣是企业为了刺激消费者一次性购买大量商品或者累计消费达到一定数量时采取的一种价格策略。消费者购买的数量越多，单位商品的价格越低。

企业最常用的方法是累计折扣，即消费者在一定时期内累计消费达到一定数量就能获得企业相应的价格折扣。现在很多超市实行的“记分卡制”就是累计折扣，消费者每次消费会积累一定的积分，达到一定的积分就获得相应的折扣。一次性折扣就是一次购买达到一定数量获得相应的折扣。比如，一些商店承诺顾客购物满 200 元获得 10% 的优惠，满 400 元获得 20% 的优惠。有些超市采取“买四赠一”、“买大赠小”等形式。

（2）现金折扣

主要用于大批量订购过程中的价格策略。如果购买者在规定之日之前付款，可以得到一定比例的现金折扣。其目的就是鼓励顾客尽早付款，加速资金周转，减少风险。现金折扣主要是对中间商有很大的诱惑力，同时也能提高上游厂商产品的市场占有率。例如，在合同条款中经常会看到，要求全部货款在 30 天内付清，如果在 10 天内能付清，卖方将给予买方 3% 的现金折扣。

（3）季节折扣

主要针对季节需求差异的商品，企业为了刺激消费者在淡季购买而采取的低价格的促销策略。在日常生活中季节性折扣比较多，很多季节性较强的商品，如服装、啤酒、空调等，旺季购买价格很高，到了淡季以后就会大幅下降。其实服务业的消费也具有季节性，如旅游行业的季节消费性就很明显。

企业采取季节折扣不仅有利于企业减轻库存，加速商品的流通，迅速收回资金，而且还能促进企业的均衡发展，充分利用资源和设备，避免季节影响需求变化带来的风险。

同步案例 6－2

银座美佳西服店的折扣销售

背景资料：

日本东京银座美佳西服店为了销售商品采用了一种折扣销售方法，颇获成功。具体方法是这样：先发一公告，介绍某商品品质性能等一般情况，再宣布打折的销售天数及具体日期，最后说明打折方法：第一天打九折，第二天打八折，第三、四天打七折，第五、六天打六折，以此类推，到第十五、十六天打一折。这个销售方法的实践结果是，第一、二天顾客不多，来者多半是来探听虚实和看热闹的。第三、四天人渐渐多起来，第五、六天打六折时，顾客像洪水般拥向柜台争购。以后连日爆满，没到一折售货日期，商品早已售缺。

问题：这个案例对你有什么启示？

分析提示：

终端定价一定要把握消费者的心理。本案例的折扣定价策略之所以成功，在于准确地抓住了顾客的购买心理，有效地运用折扣售货方法销售。

2. 折让定价策略

折让定价是一种特殊形式的折扣策略，是企业对消费者的一种额外的补偿。常见的终端折扣让价有回收让价和免费服务让价。回收让价也称以旧换新让价，比如家电、汽车、电脑等耐用品采用以旧换新来刺激消费。这些耐用品的使用周期很长，采用以旧换新的策略能够诱发消费者的购买欲望。免费服务让价是在提供有形产品的同时，向消费者提供免费的服务。例如，免费送货上门服务、免费安装服务、免费维修和技术指导等。从单纯的价格竞争转向服务竞争，这种策略是海尔、戴尔等企业取得成功的重要因素。

想想看

回想一下，你在购买商品的过程中，有没有发现其他特别的终端定价方法？你都享受过何种折扣或折让的优惠呢？

6.2.3　零定价策略

零定价是现在较为流行的定价策略，是指企业向消费者提供免费的产品或者服务。在市场竞争日益激烈的今天，通过零定价企业可以迅速占领市场，可以达到很好的广告效应。零定价仅仅只是销售商进入市场吸引顾客的一种手段，企业最终还是会通过销售相关产品来获取利润。

1. 零定价策略的主要形式

（1）优惠券

优惠券是零售商或者制造商发给消费者的一种购物凭证。这是一种经常使用的方式。消费者凭优惠券购买促销品牌的商品或者到指定销售地点购物，可以获相应的优惠折扣。现在优惠券的方式多种多样，有代金券、赠物券、抽奖券等。通过优惠券产品不需要降价，既避免了降价对产品和企业形象造成的损害，又利用消费者爱占便宜的心理刺激了消费。

（2）提供增值服务

这种形式在提供网络产品和服务的销售商中占主要地位。许多网络服务商在提供产品的同时提供许多免费服务供消费者选择。例如，腾讯公司提供 QQ 聊天软件的同时，还提供了免费邮箱、免费音乐、QQ 表情、QQ 游戏等很多免费功能。但是还有许多功能是需要花钱的，如 QQ 秀、会员功能等，企业主要是靠这些产品赚取利润。

（3）限制性免费使用

这种形式是在一定时间段内或者一定次数之内免费，等达到限制时间或限制次数之后产品就无法使用，如果消费者继续使用就要付费。例如，卡巴斯基杀毒软件有时候会免费赠送消费者使用一个月，一个月之后病毒库将无法继续更新，消费者要继续使用就得付费。这种方式最主要的优势就是可以吸引消费者，收到很好的广告效应，但是免费使用的时间很难具体把握。

2. 实行零定价策略的注意事项

零定价需要企业投入大量资金，具有很大的风险，企业在使用零定价时有很多问题要注意。

首先，零定价要选择合适的消费对象，只有把实行零定价的产品和服务推向目标消费群体，才能降低免费产品和服务的流失，达到很好的促销效果。比如美容卡的赠送对象一般为年轻女士，她们再次消费的可能性比较大。

其次，采用何种推广方式把免费产品和服务送到消费者手中，包括推广的地点、时间和媒体的选择都会起到关键的作用。

最后，企业在前期推广阶段投入了大量的资金，快速实现后续的收益才是企业采取零定价的根本目的。企业在推广阶段结束后应当健全自己的销售渠道，铺货到位，加大人员推销力度，也可以把获利的产品捆绑销售给消费者[①]。

---

① 骆品亮．定价策略．上海：上海财经大学出版社，2006. 57－60.

6.3　价格结构策划

许多企业并不是只生产经营一种产品，而是生产经营多种产品，这些产品之间往往具有这样或那样的关联关系。不同产品之间的价格策略是有区别的，如果企业只从某一种产品的生产特点、市场情况出发定价，就会影响到其他相关产品的销售，进而影响总的营销目标。

因此，生产多种产品的企业，应当考虑产品组合定价策略，它包括产品大类定价、替代品定价、任选产品定价、附属产品定价、副产品定价。

1. 产品大类定价

所谓产品大类定价法，是指企业根据产品的品种、规格、型号，将产品划分为几大类，每一类制定一个价格，这样就避免了一物一价。实行产品大类定价，虽然产品的型号、种类、规格很多，但是只由几个价格组成。这样，便于顾客按质选择商品，易于做出购买决策，且能简化交易手续、节省时间。

运用产品大类定价时分类不可太多，价差要合理得当，如果差价过小的话，顾客就无法分辨产品品质的好坏。现在水果、蔬菜、服装等商品通常采用产品大类定价策略。

2. 替代品定价

替代品定价，是企业根据产品之间的替代关系，有意识地确定替代品之间的价格比例，以达到扩大销售、增加利润的目的。由于替代品在功能上的替代关系，消费者在选择替代品时，更偏向于价格的选择。因此，企业可以根据替代品之间的价格比例诱导消费者的购买行为，即提高本企业一种产品的价格，以此诱导消费者购买本企业其他价格较低的替代品，以扩大低价产品的销售量，增加企业的总利润。

应用替代品定价策略必须具备一定的条件，一是本企业生产的产品具有替代性；二是低价产品销售量增加带来的利润应大于因提价产品销售额的减少而损失的利润。超市中的许多日用消费品采用的都是这种定价法。

3. 任选产品定价

许多企业采用任选产品定价法，即在提供主要产品的同时还提供任选产品或者附加产品与之搭配。比如服装行业，冬天在购买厚外套的同时，还有帽子、围巾供大家选择。

任选产品定价方式主要有两种：一是任选产品采取高价策略，通过任选产品获取利润。例如，一些酒店就是利用这种策略，主食饭菜很便宜，但是烟酒、茶水很贵。二是任选产品的价格很低，以此来招徕顾客，通过主要产品获取利润。

4. 附属产品定价

附属产品定价又称互补产品定价。有些产品必须和主体产品一起使用，这些产品经常会使用附属产品定价法。附属产品的例子有剃须刀片、照相机胶卷、电脑产品的一些软件等。一般主体产品购买频率低、需求价格弹性高，附属产品的购买频率高、需求价格弹性低。

在服务行业这一策略被称为两部分定价法，服务的费用分为固定费用和可变费用。例如，电信公司的收费，每月月租即固定费用，还要根据使用的具体量收取额外费用。

5. 副产品定价

在许多行业中，在生产主产品的过程时，常常会生产出副产品。如果这些副产品对某些客户群具有使用价值的话，可以根据副产品的价值定价。一般情况下，副产品实行低价策略。这是因为副产品的销售既不以获取盈利为目标，也不以扩大市场占有率为目标，主要是为主产品的生产和销售提供条件。副产品的收入多，将使公司更易于为其主要产品制定较低价格，以便在市场上增加竞争力。因此制造商需寻找一个需要这些副产品的市场，并接受任何足以抵补储存和运输副产品成本的价格，可以说对企业而言，不亏本是副产品定价的底线。但是一些企业根本没有意识到副产品的价值。例如，养鸡场的主要产品是鸡蛋和鸡肉，但是鸡粪的价值就被忽略了。其实，鸡粪可以卖给农民种地，当作很好的肥料，还可以卖给养鱼场，用来喂鱼。

6.4 价格体系策划

价格体系是指一个国家或地区内各种商品、服务和生产要素的价格相互关系的有机整体，体现了各种价格之间相互联系、相互制约的内在关系。从狭义上讲，商品价格体系是企业结合自身的整体营销计划，针对不同市场区域、不同渠道成员、不同等级经销商所制定的一套与价格相关的销售策略。具体包括：企业的出厂价、提供给一级经销商的价格、对其他各级经销商的指导价格以及终端建议价格，还有一些其他价格政策，例如返利、促销费用等。

6.4.1 价格体系中存在的问题

价格体系直接反映企业的营销能力和管理水平，体现了企业对渠道成员的控制和调节能力。

价格体系遭到破坏的主要因素有：

1. 经销商布局管理混乱

经销商布局不合理，在同一个市场上同时存在多家经销商，他们之间为了争夺客户，经常会打价格战。厂家在同一市场上有多家销售部门和分公司，他们由于销售的是同一产品，所以就会发生串货。乱价和串货必然损害价格体系。

2. 标准不统一

企业在制定销售价格体系时，给了经销商很大的利润空间，但没有制定指导价格作为标准。经销商就会根据不同的市场需求，在利润空间范围内制定各种价格，造成价格体系的混乱。

3. 与经销商关系破裂

企业对经销商的激励不够，给予经销商的支持不够，或者不兑现承诺，引起一级、二级经销商、终端零售商的抱怨和不满，以致他们故意扰乱市场价格。对于一些库存太多或者滞销的商品，如果厂家不予以退换，他们就会大幅降价销售，清仓处理。价格体系遭到破坏，损害的是企业自己的利益。

4. 销售目标太高

企业在给经销商制定年度销售任务时，任务太重，不切合实际，经销商在压力之下被迫降价。或者，业务人员担心任务完不成，纵容经销商降价，这样就有意破坏了价格体系。

5. 返利透明化

企业对经销商的返利政策过于透明化，当经销商到达一定返利点以后，自然有价格优势。有一些经销商通常会把返利计算在进货价里面，为了达到返利点就会降价销售，所以经常会出现二级经销商比一级经销商价格还低的情况①。

6.4.2 如何建立合理的价格体系

设计合理的差价体系也是企业核心竞争力的重要体现。价格体系的设计主要针对渠道层面，如何针对渠道设立合理的价格体系是非常重要的。那么，企业如何才能建立合理的价格体系呢？

1. 选择合理的经销商

要建立合理的价格体系，靠什么来维持差价呢？当然就是经销商，他们是差价体系形成的物质基础。企业通过一定的渠道管理和服务来帮助经销商进行销售，实现企业和经销商的共同利润。这就要求企业在选取经销商时，要选取能给产品带来增值的经销商。现实中有很多经销商为了利用企业品牌获取利润，一心只想串货，不对下级客户提供服务，经常乱降价，根本不能使企业产品升值，他们是价格体系的破坏者。

他们的存在已经严重影响了渠道的发展，破坏了价格体系。有很多企业对于这种经销商并没有采取措施，他们只看重经销商的分销能力。很多经销商分销能力很强，但是并不能在商品流通中体现更多的价值，反而使产品价格越来越低，导致很多平级经销商的抱怨，消费者的售后服务也不到位，严重扰乱了市场秩序。如果不清除这种经销商，就不可能建立起合理的差价体系。

因此，很多企业不再寻找这种恶霸式的经销商，而是开始与一些规模不大但认同企业文化和理念、服务到位、易于控制的经销商合作。这些经销商通过自己的努力促使企业产品不断增值，使下线客户和消费者满意。认同企业价值、能够与企业共同发展的经销商是建立合理价格体系必不可少的条件。

2. 价差体系划分要平衡

在现实中这种方法实施起来很难，有些经销商会因为没有优势而放弃经销这种产品的机会。这就需要企业在选择经销商时要考虑经销商之间的实力不能太悬殊，如果经销商之间实力太悬殊就应该分等级，或者实行总经销制，由一些大经销商和企业共同管理小的经销商。企业要保证经销商之间的返利公平，平时给他们的优惠措施一样，使他们不会利用成本优势进行价格竞争，这样，合理的价格体系就很容易建立起来了。

3. 不同渠道间的平衡点

一个企业要有很多渠道的话，在设立价格体系时就要找到不同渠道之间的平衡点。例

---

① 高冀江．建立合理的价格体系．铁道运输与经济，2001，(09)．

如，同一产品，在A渠道是一个价格，在B渠道应该稍微贵一点，在C渠道再稍微便宜一点，这样的话就不至于不同渠道之间相互串货。如果能找到几个平衡点，渠道之间的差价体系就容易设计了。

在导入案例中，长沙大中润滑油实业有限公司依靠高折扣叩开了市场，但也为经销商和公司销售人员扰乱市场打开了方便之门。无奈之下，公司只好调整经销方式，改变价格策略，理顺价差体系。当然，无论如何改革，都要把经销商的利益协调好。

同步案例6-3

价格体系的设计技巧

背景资料：

虽然各杀毒软件厂家力图回避价格大战，但事实证明价格战往往成为竞争取胜的利器。与家电、PC市场的价格战相比，杀毒软件厂家的价格大战似乎更加理智和更有策略。

杀毒软件市场的两次价格大战都是因为新兵的加入而引发的。

当年瑞星开始介入杀毒市场的时候，江民已稳占80%的市场份额。瑞星要想撼动这块巨石，其难度可想而知。

瑞星瞅准机会：当时江民的杀毒软件零售价为260元，出厂价定在90元。瑞星突出奇兵，将产品的出厂价定在20元，零售价为230元。与江民相比，瑞星的经销商可获得更多的差价。

当时Windows上的宏病毒的泛滥给了瑞星一个喘息的机会，瑞星借机大肆宣扬瑞星8.0杀毒软件对杀宏病毒的奇效。

在高额差价的引诱下，经销商开始大量购进瑞星的产品。在3个月的时间内，瑞星就销掉5万套产品。特别是为了争夺北京市场，瑞星使出了浑身解数，不惜一切代价，以极低的价格出售，让利给代理商。高额利润的诱惑，使一些江民的代理商也倒戈奔向瑞星。

问题：瑞星的价格体系有何高明之处？

分析提示：

价格不仅影响企业的利润率，更能影响市场份额。如果一个产品既能赢得顾客，又能赢得经销商，该产品无疑具有极大的杀伤力。

4. 认识价值链的重要性并进行多级控制

认同价值链原理，就是承认渠道各级之间不是相互独立的，而是密不可分的。销售渠道就是企业通过各级渠道成员建立起了一条通达消费者的价值链，渠道成员是价值链中最重要的因素。产品流通的过程是否通畅，产品在销售过程中会不会断货，同级经销商之间是否恶性竞争，渠道成员数量和区域分配是否合理，产品在流通过程中是否会增值，是渠道建立好坏的重要标志。

很多企业只关注一级经销商，而不管下级经销商或者终端零售商，对企业来讲，就没有建立完整的价值链。企业若只做一个层级的经销商，制定价格体系时会遇到很多困难。如果经销商开发自己的下级客户的理念和能力不足的话，他们往往就会找企业要更多的渠道开拓费用、促销政策，若政策给予不平衡就会使价格体系失去平衡。有的经销商只是一味地向企业要条件，根本没有建立自己的下级经销商。所以，如果企业只控制了一级经销商，无法控制低一级经销商，这样不健全的价值链自然会影响价格体系的建立。

5. 合理的区域市场定价

在区域市场我们可以采取统一定价和差别定价。企业为了防止因地区价格差异造成价格混乱和串货，可以实行全国统一定价策略，距离较远的经销商运输费用由厂家补贴。统一定价有以下几个好处：第一，有利于厂商树立鲜明的品牌形象，体现厂商的实力；第二，可以保证各方收益的稳定，避免区别定价和讨价还价影响经销商和零售商的收益；第三，便于厂家制定渠道价格；第四，可以增强用户的购买信心，不会对价格产生不信任和降价预期，增加用户的忠诚度。

统一定价对厂家提出了很高的要求，厂家必须有非常好的渠道管理能力，否则，统一定价政策就难以得到贯彻，各地零售店会采取各种方法降价销售来扩大销量。厂家在渠道内必须有很强的发言权，所以，一般只有名牌企业或连锁企业才有可能采取统一定价。例如，松下公司为了保证笔记本的统一价格策略收到实效，制定了完备的制度和透明的奖励计划。为了防止核心代理违反价格规则以及串货，松下公司制定了相关的惩罚制度，价格的管理落实到责任人。在快速消费品行业，很多大型企业已经采取这种方式来控制价格体系。例如，饮料行业的终端陈列费、啤酒行业的运输费用等，企业有针对性地给予经销商一些补贴。由于所有经销商的进货价相同，这样经销商价格变化的空间都一样，价格混乱的现象就很容易控制，价格体系也就不容易遭到破坏。

统一定价的弊端也是明显的，第一，由于区域市场的差异性，同样的定价在各个区域市场所对应的目标客户群会有所差别，例如，如果在高收入地区针对的是中等收入阶层，则在低收入地区针对的客户群就变成了高收入阶层，品牌定位出现差异。有些企业为了避免统一定价的这个弊端，把自己的销售区域局限在同类型的市场，例如三星就在中国选择了 10 个最大城市作为自己的目标市场，放弃了其他城市。第二，低收入地区的市场潜力会受到遏制，因为在高收入地区适当的价格，在低收入地区就显得偏高，所以许多企业实行差别定价。差别定价最有利的一面就是有利于开发当地市场，因为各地的价格都是根据当地市场的购买力来制定的，最不利的一面则是可能会出现串货。此时返利不应仅是一种奖励手段，而应成为一种管理工具。返利既要起到激励经销商的作用，又要起到管理和控制经销商的作用。因为返利奖励不是当场兑现而是滞后兑现的，也就是说，经销商的部分利润是扣在厂家手上的，因而厂家就掌握了主动权。如果厂家返利政策用得好，就可以使返利成为一种管控经销商的工具。

比如，某厂家的返利政策是这样的："经销商完全按公司的价格制度执行销售，返利 3%；经销商超额完成规定销售量，返利 1%；经销商没有跨区域销售，返利 0.5%；经销商较好执行市场推广与促销计划，返利 1%。"

依照这种返利政策，如果经销商没有乱价串货的行为，就可获得至少 3% 以上的返利；如果经销商通过各种不规范手段把销量提上去，也只能获得 1% 的返利，即使销量再大经销商也是得不偿失。经销商既超额完成销量，又没有乱价串货行为时获利是最大的。有些厂家管理更严格，只要经销商有乱价串货行为，其年终返利将被全部取消，这对经销商来说损失也是很大的。这样，厂家不仅没有使返利成为乱价串货的诱发剂，还利用返利来抑制经销商串货等短期行为。所以，对企业来讲，有效的管理方法对于市场区域稳定具有十分重要的影响。

6.5　价格调整策略

在产品销售的过程中，随着市场环境和竞争对手以及企业自身的变化，产品的价格并不是一成不变的。为了适应市场需要，企业必须不断地进行价格调整。

6.5.1　提价策划

产品提价是消费者、供应商和企业都不愿意看到的。企业提价是要冒一定风险的，但是在一些情况下企业为了适应市场和避免亏损不得不提价。企业在进行提价时应当选择准确的提价时机，制定恰当的提价策略。

1. 提价时机

（1）产品供不应求

需求在一定程度上决定了价格。对于市场上稀缺的产品，企业可以适当提高产品价格，一方面可以通过提高价格缓解需求的压力，也可以通过提高价格获得利润。在市场上产品供不应求的情况下，适当提高产品的价格不会带来销量的下降。

（2）竞争对手涨价

如果同行业产品价格提高了，企业也可以采取相同比例的提价策略。这样做有利于维持产品在市场中的地位，树立优质产品的形象。

（3）产品优势很明显

当企业产品在市场上占主导地位，有一定优势时可以提价。消费者对该品牌有一定忠诚度，而且市场的优势地位树立了产品在消费者心中的形象。采取适当的提价策略，定价稍微高于竞争对手的同类产品，这样更能凸显产品的优势。适当的提价不仅不会减少市场份额，而且还会带来利润的增加。

（4）通货膨胀

在通货膨胀的大背景下，市场上的整体物价水平上涨。如果产品提价幅度合理，就不会影响产品的销售，消费者是可以接受的。

2. 提价策略

消费者对产品提价是很反感的，在这种情况下采取暗调策略，不仅使消费者感觉不到产品价格的上升，还能达到提价的目的。市场研究表明，一般产品提价以5%为界限，这也符合消费者的承受能力。常用的暗调策略有以下几种：

（1）改变产品型号、种类

这种变相提价的方式，在工业品、电子科技产品销售中很常见。因为这些产品在制造工艺上有很大的区别，往往是一个系列产品有很多型号，这对于提价来说很容易。对于一些电脑厂家来说，当某一型号的产品在市场上已经不能继续增值，或者面临竞争降价威胁的时候，他们就会停止生产这种型号的产品，取而代之的是新的换代产品。他们在换代产品中融入新技术含量，更换外包装然后以很高的价格出售。这种方式的提价是消费者感觉不到的，在消费者看来新的更新换代产品自然价格要提高，因此很容易接受。这种变相的提价方法可以说是科学的、艺术的。

（2）改变产品数量和质量

对于消费者来说，他们对一些产品尤其是日常消费品的价格已经习惯，如果突然提价消费者就不再愿意购买，这样做就会导致市场份额减少。企业可以通过减少产品的数量和改变产品的质量来维持价格不变。当竞争对手提价的时候，企业强调自己的价格不变，会收到很好的效果。

产品的数量减少了，应在包装上明确标出，不能欺骗消费者。企业可以选取一些廉价的原材料，降低产品的成本也就降低了价格。但是，这种做法不是长久之计，如果消费者发现了，他们会有一种被欺骗的感觉，这样就会损害企业的形象，不利于企业的长远发展。

（3）产品组合报价

将一些相关产品组合在一起，做成精美的包装进行套装销售，这样的话价格就要比单件产品的价格高出很多。由于是多件组合销售，平均在单件产品上的提升价格就会变得很小，多件产品价格加起来就会影响消费者的心理判断。这种策略经常用在化妆品、礼品的销售上。

（4）减少折扣

企业在进行产品价格折扣的时候，本身就需要大量的资金成本。如果企业在保持价格不变的条件下，停止折扣或者减少折扣就会节省成本，增加营业收入。企业也可以暂停一些免费的服务或者改成收费的服务。消费者从价格本身是感觉不到这种变相的提价方法的，不会有反感的心理。

（5）多次小幅度提价

相比一次大幅度提价的话，企业可以采取有规律的多次小幅度提价。例如，某产品想把价格由 5 元提到 10 元，可以先提高到 7.5 元，等过一段时间消费者接受以后再提高到 10 元。这种把提价目标分几次实现的方式，不会让消费者感觉太突然，心理上能够承受。

6.5.2　降价策划

在激烈的市场竞争下，采取合理的降价策略可以迅速占领市场、打击竞争对手，合理的降价能给企业带来丰厚的回报。但是降价依然存在风险，如果降价不合理就会造成与竞争对手之间的恶性竞争，损害了企业的形象，这样降价就得不偿失了。因此，何时降价、采取什么样的降价策略是降价前需要考虑的问题。

1. 降价时机

（1）产品处于衰退期

产品处于生命周期的衰退阶段，市场上产品供过于求，消费者购买不积极，这时候企业可以降价。通过降价，可以加速产品的销售，减少库存，使企业能够快速收回成本，降低风险。

（2）竞争对手降价

竞争对手的产品降价，如果企业的产品不进行降价，可能就会流失一部分顾客，造成市场份额的减少。这时候企业的降价就是一种被动降价，可以相应的降低价格来保护自己的市场份额。

（3）企业实力雄厚

如果企业实力雄厚，可以先降低价格来获取市场，占领市场以后再获利。企业实力强就可以进行大规模生产，大规模生产必然带来成本和费用的减少，实现规模效益，通过薄利多销获取大量利润。

（4）阻止竞争对手进入

当产品进入成熟期以后，降价可以防止竞争对手进入市场。通常在产品成熟期以后，企业投入的成本已经收回，这时候只要获得很少的利润就能满足企业的需要。它们通常会有意地降低产品价格，竞争对手就无法实现预期的利润，进而有机会将新进入市场的竞争对手排挤在市场之外。

2. 降价策略

采用什么样的降价方式，既能吸引消费者购买，又能使企业获取足够的利润，这是很多企业一直考虑的问题。市场上有直接降价和间接降价两种形式。直接降价的效果是明显的，能够很大程度地刺激消费者，也很容易吸引媒体的关注。但是竞争对手也很敏感，容易造成价格战，这样企业的利润就会减少。间接降价的方式很多，例如加大包装、派赠品、折扣等。但是间接降价的效果对于消费者来说不如直接降价明显。常用的降价策略有：

（1）实物赠送

现在很多企业采用这种形式，买一件产品，再赠送你一件该品牌的相关产品。例如，某品牌的洗发水采用的促销降价方式就是消费者每购买一瓶洗发水就赠送一瓶沐浴露。企业通过赠送实物的形式既达到降价的目的，又不影响产品的形象①。

（2）美化包装

有些企业的产品本身并没有改变，只是换了精美的包装，看起来就显得产品很高档，但是价格没有改变。在消费者看来新的产品比原来的产品价值提高了，而且价格没有改变，这样就会吸引消费者购买。

（3）数量改变

产品的数量增多了，而价格没有变化，这也是一种变相的降价。消费者更愿意接受相同价格而且数量多的产品。现在很多企业销售的“大包装”、“家庭装”就是这种策略。像一些饮料厂家经常会在产品上打上“多了20%”这样的标语，让消费者感觉到了实实在在的便宜。

（4）直接降价

当市场处在通货紧缩的经济条件下，市场经济不景气，购买力下降，产品很难销售，这时候的产品应当直接降价，可以在一定程度上刺激消费者购买该产品。对于一些陈旧产品或者过时的产品应当果断降价，加快资金的回收。降价会影响企业的收入和利润，企业在降价时应当权衡利弊，慎重做出决策。

---

① 程伟，罗尚秀．金牌营销经理．深圳：海天出版社，2004. 95－98.

动动手

上面我们讲到了提价和降价策划，你认为两种策略各有什么优势？通过搜集相关案例，说明企业在运用两种策略时潜在的风险。

同步案例 6－4

嘉利公司的价格调整

背景资料：

原材料价格上涨，必然带来产品成本的上升，部分微利产品此时已经变成了亏损产品，怎么办呢？这是当时横亘在嘉利公司营销高管人员面前的一道难题。价格到底涨不涨？如何涨？这成了当时最难解决的问题，比串货“救火”还着急。经受深思熟虑，嘉利公司决定采取措施如下：

1. 亏损产品，而难以砍掉的，实施改良的方式，变相提升价格。比如，降低克重，压缩箱子成本，调整料包等，不动声色地进行涨价。

2. 对于不能改良且亏损而又销量较大的产品，实施过渡涨价的方式。具体措施是，在规定的时间内，比如，一个月内保持原价，一个月后开始涨价，给经销商一个过渡期，以让他们更好地调整产品和市场。

3. 主推价格高的中高档新产品，尤其是重点开发新市场，降低价格影响系数，同时，通过给经销商预留足够的利润空间，加大对市场的统一策划力度，通过广告、促销活动等，拉动消费者尝试消费，转移价格敏感度。

4. 以 400 公里为限，实施按公里数不同给予不同定价的方式。比如，价格调整为 400 公里内价格；400—800 公里内价格；800 公里以外价格，从而区别对待，避免“一刀切”式的涨价或者提价。

问题：企业提价的策略有哪些？本案例中采用了什么提价策略？

分析提示：

价格是渠道商及顾客最敏感的因素，在价格策略调整方面，嘉利公司采取了一条比较稳妥的方式。有的企业在一片“涨声”中，失去大片的领地与市场，让自己很受伤。而嘉利公司通过稳健的价格调整策略，慢慢恢复元气，并逐步获得了市场的主动权。

6.6　价格策划的误区防范

1. 定价偏高

有些企业在市场上采取高定价策略，就是要在短期内收回成本并获得利润，坚持多久算多久。如书籍、药品、保健品、房地产产品等，在这方面表现尤为突出。这是一种以企业成本为基础的定价方法，在制定价格时没有综合考虑其他因素对价格的影响。

在确定产品价格之前，我们应当考虑影响定价的因素有哪些。影响定价的主要因素有三个方面：成本、竞争和需求。成本决定了价格的底线，需求决定了价格的上线，那么竞争就影响了产品在市场上的地位。一些企业在定价时忽略了消费者的需求和竞争对手产品的定价情况，为了获得利益就采取高价策略。对于高价产品，消费者会通过自己的直观感受，或者与竞争对手的同种产品进行比较来判断产品的价值。消费者如果感受到的价值与价格不一致，也不会购买。

因此，企业在定价策划时，应当进行市场调研、收集信息，预测消费者的需求情况和竞争对手可能采取的价格策略。企业还应当考虑自己企业的实力、产品品牌知名度是否适合采取高价策略。

2. 价格调整不及时

不少企业，可能到现在还没有策划一个灵活的价格反应机制，短期行为严重。有些企业一见市场上产品畅销，便立即涨价；市场看跌，又立即降价。这种被动的滥涨滥降行为，令消费者对价格产生不信任，也损害了企业的形象。

企业应当主动地调整价格，适应市场竞争。企业可以根据产品处在生命周期的不同阶段，灵活地调整价格策略。市场开发的初期，顾客对产品缺乏了解，企业的主要目标是培养潜在顾客，促使他们关心新产品的价值。因此，产品价格应当接近顾客心中的产品价值。在成长期，企业必须迅速在生产、研究领域以及顾客心目中确立自己的地位。企业需要在高的市场占有率和高的利润之间做出权衡，可以采取低价策略，然后在下一阶段获得利润补偿。成熟期的产品销售量开始下降，市场趋于饱和，这时候产品的定价应当以竞争为核心①。产品定价可以根据竞争对手进行调整，维持价格一致；也可以采取低价策略，把竞争对手挤出市场，扩大自己的市场占有率。衰退期的产品销量急剧下降，利润降到最低点，企业可以采取低价策略，一方面维持市场竞争的需要，另一方面就是及时清除淘汰的产品，减少库存，把损失降到最低。

3. 为了定价而定价

价格策划是营销组合中的一个重要方面，是为营销的总目标服务的。一些企业经常孤立地去定价，为了定价而定价，不能把握市场营销的整体目标和企业的发展战略。营销组合包括产品、价格、促销和分销。产品策划并不是孤立存在的，而是需要与促销策划、渠道策划协调制定的，在营销活动的整个过程中，必然会产生营销成本和费用，这些都应该计算在产品的成本内。

定价策略不能与企业的其他营销策略分离。产品的价格可能会影响到消费者对产品的认识，也可能会影响到市场上与它一起出售的其他产品，还会影响到广告的效果及分销过程中人们对产品的注意程度。一方面，企业的广告、产品和渠道策略会影响到价格的制定；另一方面，定价策略也是整体营销战略的一部分，价格只是企业达到营销目标的营销组合之一。如果想要从各种各样的营销活动中获得最大的利益，必须将营销组合的各个方面构成一个统一的整体。

4. 价格战

市场竞争日趋激烈的今天，各商家都在考虑如何从越来越多的竞争对手中脱颖而出，守住自己原有的客户群。为了在市场竞争中获胜，企业采取了各种竞争形式，其中最多的还是价格战，利用价格战把对方击溃。

---

① 朱华锋．营销策划理论与实践．合肥：中国科学技术大学出版社，2008. 186 - 189.

价格战是一把双刃剑，不适当的价格战不仅破坏了企业的价格体系，也对零售商的毛利造成影响。企业经营的最终目标是为了获取利润，不到万不得已是不应该打价格战的。

(1) 何时可以打价格战

企业在什么时候适合打价格战呢？在一些特殊日子，很多卖场、零售商都会进行大规模降价以吸引顾客。

节假日是消费的高峰，像元旦、五一、端午、中秋、国庆、春节，热闹的节日通常也是价格战打得如火如荼的时候。利用新店开业的时机，企业会选择一批知名品牌、生活必需品等敏感商品大幅降价，造成疯狂抢购的轰动效应，树立便宜的企业形象。竞争对手为了打击开新店的效果，就会策划针对性的价格战。各类庆典活动，如“店庆”、“周年庆”、“全国庆”、“嘉年华”等，既是创造收费的理由又是刺激消费的新卖点，价格战的硝烟必然浓烈。

(2) 降低价格战损失的方法

价格战是因零售商之间恶性竞争而产生的，而且会形成一个连锁反应，若控制不力会使产品或品牌全线崩溃。价格的最终受害方是厂家，任何抱怨都是无济于事的，只有采取合理的对策才能化解价格战带来的危机，避免整体价格体系的崩溃。企业可采取如下行动去尽可能地降低或减少价格战的损害：

①建立良好的客户关系。企业高层对零售商定期访问，排除零售商的不满情绪，建立良好的合作关系。

②促销商品要有区隔性。零售商一方面都在争夺厂商的促销资源，另一方面也在和竞争对手打价格战。如果在同一个地区进行产品促销的话，应该让商品有区隔性。如奶制品行业，在 A 卖场促销的商品是酸奶，在 B 卖场可以促销纯奶，在 C 卖场就可以促销奶粉，这样的话打价格战的概率就会减小。

③赠品代替价格折扣。促销活动的目的就是让消费者感到满意，价格上的折扣只是其中一种，可以用赠品代替价格折扣，这样就避免了价格战。加量不加价的策略也有不错的效果。

④完善促销协议书。促销协议书中关于价格的部分要完善，明确规定零售商促销价格不能低于协议的价格，否则依照违约条款处理。

⑤通过法律解决。如果价格战破坏力太大，企业可以以不正当竞争、倾销等理由起诉零售商，但这样做的结果是合作关系受损，不到万不得已一般不使用。

同步策划范例

A 啤酒的价格设定

一、A 啤酒武汉上市背景

A 啤酒收购原武汉 B 啤酒股份，实施控股后，在武汉市场推出 A 啤酒已是大势所趋。公司高层经过多次研讨，认为 A 啤酒作为集团公司在全国范围内推广的品牌，应确立长远发展的战略目标，同时结合武汉市场的实际，占据武汉高端餐饮啤酒市场主导份额。这对于产品品牌形象的快速建立以及今后品牌的延续发展具有至关重要的意义。

面对武汉高端餐饮啤酒市场中百威、青岛、燕京、金龙泉以及公司品牌东啤精品激烈竞争的现状，怎样制定A啤酒的渠道价格，面临多种选择。

以下为A啤酒上市前，武汉高端餐饮啤酒市场中，各主导产品的渠道价格现状。

二、武汉市高档啤酒市场渠道价格状况（单位：1*12纸箱）（见表6-2）

表6-2

项　目	百威	青岛1903	燕京精品	金龙泉纯生	东啤精品
出厂价（元）	58.7	48	32.5	35	48.64
到位价（元）	58.7	48	32.5	35	48.99
折扣及奖励（元）	7.2	10		11	12
直销价（元）	65	48	78.8	38	48
经销商毛利（元）	13.5	10	46.3	7	10
酒店售价（元）	120	96	120	72	96
酒店毛利（元）	55	48	41.2	34	48

三、各品牌促销支持费用（单位：1*12纸箱）（见表6-3）

表6-3

项　目	百威	青岛1903	燕京精品	金龙泉纯生	东啤精品
单箱促销支持费用（元）	24	10	经销商自行确定	5	10

四、定价分析

1. 以上两组数据表明：

• 扣除折扣奖励及公司投入的促销支持费用外，百威、青岛1903、东啤精品的公司底价接近，在26~28元/箱之间；燕京受运距影响，价格略高，为32.5元/箱；金龙泉纯生坚持低价策略，底价为19元/箱。

• 除燕京外，百威、青岛1903、金龙泉纯生、东啤精品的经销商经营毛利基本接近，在7~13.5元/箱之间。

• 酒店零售价在6~10元/瓶之间。

• 酒店经营毛利在34~55元/箱之间。

2. 除上述因素以外，通过对高端餐饮的消费者消费表现进行调查发现：消费者初次消费对价格不是特别敏感，但后续消费时，基本知道高档啤酒的零售价在8元/瓶左右。

3. 同时，通过对不同产品销量对比，发现东啤精品、金龙泉纯生销量比重较高，百威、青岛、燕京较低。

4. 在对高端餐饮店的投资及进货价格进行分析时，发现在进店谈判中，高端餐饮店对品牌较敏感，其次是进货价格；但在实际经营活动中，不同品牌啤酒进货价格的高低、投资力度的大小、零售价格的高低直接决定店家首推哪个厂家的哪个啤酒品种。

五、A产品渠道价格设定方案（单位：元）（见表6-4）

表 6－4

项　　目	方案一
出厂价	48.6
折扣及奖励	12
回瓶	79
直销价	48
经销商毛利	12
酒店售价	96
酒店毛利	54

1. 优势：

零售价：8 元/瓶，消费者感觉适中，如果产品质量稳定、产品的品牌推广能够很快影响到消费者，消费者重复消费的可能性高。

餐饮店进价及毛利：进价与公司现有品牌东啤精品一致，在该价位上，其他品牌竞争力弱，新产品容易被接受；销售毛利率 112%，基本满意。

经销商：新产品毛利水平与东啤精品一致，公司将会重视价格管理，毛利获得将会比东啤精品稳定。

公司投资：扣除折扣及回瓶外，公司仍然有投资空间。

2. 劣势：

公司回收旧瓶；

价格定位与东啤精品一致，导致两个不利影响：①将会与东啤精品抢市场份额；②如何处理投资店的关系。

3. 措施：

通过对以上三个方案对比分析后，我们最终确定选择方案一。对于不利影响，我们的处理方案为：①公司回收旧瓶，可以补充到低档次产品的生产中；②以 A 产品为主，与餐饮店签订投资协议；已签订东啤精品投资协议的，A 可以参与销量考核测算；③扩大 A 产品覆盖率。

（资料来源：周文根 徐之江，《市场营销与策划》．杭州：浙江大学出版社，2009.）

本章知识脉络

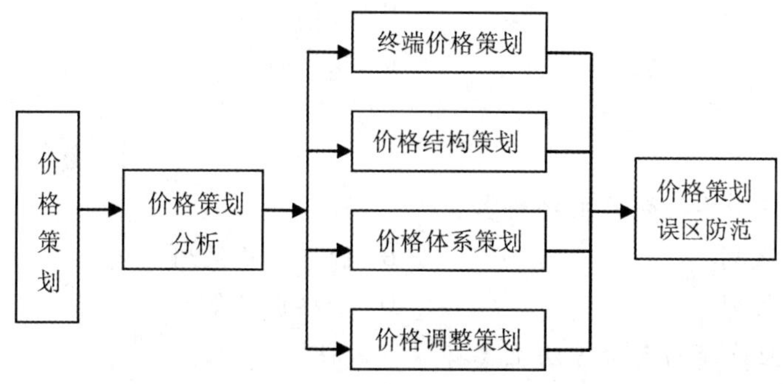

本章导入案例点评

本章开篇导入案例中，公司为了迅速占领市场，采用了快速渗透策略，以较低的价格，配合立体式广告促销攻势，取得尽可能高的市场占有率。为了促进销售，公司还采用了数量折扣策略，但市场启动效果不佳。这其中既有传播效果差的原因，也有折扣方案不直观的原因。随后，公司采用了更加清晰的直接价格折扣策略，结果使市场迅速启动。但价格政策的高折扣和不严密，却导致了日后市场的混乱。针对这种情况，公司只好调整渠道体系，制定新的价格政策，调整利益分配格局。

思考与练习

1. 单选题

(1) 企业把创新产品的价格定得较低，以吸引大量顾客，提高市场占有率，这种定价策略叫做(　　)。

A. 撇脂定价　　B. 渗透定价

C. 目标定价　　D. 加成定价

(2) 企业对于不同季节、不同时期甚至不同钟点的产品或服务分别制定不同的价格，这种定价策略是(　　)。

A. 顾客差别定价　　B. 产品形式差别定价

C. 产品部位差别定价　　D. 销售时间差别定价

(3) 不管有没有需要，只要看到明显降价就有强烈购买愿望，就会购买，这体现了消费者的(　　)。

A. 价格预期心理　　B. 价格求廉心理

C. 价格攀比心理　　D. 价格歧视心理

(4) 企业根据产品的品种、规格、型号，将产品划分为几大类，每一类制定一个价格，这样就避免了一物一价。我们把这样的定价方法称为(　　)。

A. 产品大类定价　　B. 替代品定价

C. 任选产品定价　　D. 附属品定价

(5) 下列不属于企业常用的降价策略是(　　)。

A. 实物赠送　　B. 美化包装

C. 数量改变　　D. 减少折扣

2. 多选题

(1) 企业进行价格策划的主要内容有(　　)。

A. 终端定价策划　　B. 价格结构策划

C. 价格体系策划　　D. 价格调整策划

(2) 一般企业选择的定价方法主要有以下三种(　　)。

A. 成本导向定价法　　B. 竞争导向定价法
C. 需求定价法　　D. 顾客导向定价法

(3) 终端心理定价策略主要有以下几种(　　)。
A. 尾数定价策略　　B. 整数定价策略
C. 招徕定价策略　　D. 小剂量定价策略

(4) 企业零定价策略的主要形式有(　　)。
A. 优惠券是经常使用的方式
B. 现金折扣
C. 提供增值服务
D. 限制性免费使用

(5) 企业选择提价时机有(　　)。
A. 阻止竞争对手进入　　B. 竞争对手涨价
C. 产品优势很明显　　D. 通货膨胀

3. 简答题

(1) 绘制价格策划流程图，并简要分析价格策划的流程。
(2) 终端定价的策略有哪些？
(3) 什么是价格体系？企业如何建立合理的价格体系？

4. 案例分析题

案例资料：

iPad2 何以做到如此低价

2011 年 3 月 2 日，当苹果 CEO 乔布斯（Steve Jobs）站上舞台，屏幕上秀出第二代平板电脑 iPad2 时，台湾一位品牌电脑厂负责移动通信部门的主管松了一口气：虽然比起前一代重量轻了 15%，厚度薄了 33%，处理器的速度提升了 1 倍，但在其他规格上并没有令人惊讶的突破，只多了两个看似可有可无的摄影镜头。

“我当时想，应该还是可以做一些差异化，再用价格取胜”该主管说。

没想到接下来屏幕上秀出的数字让他的心彻底垂到谷底——499 美元的价格，与前一代 iPad 完全相同，不只比两大竞争对手：摩托罗拉的 10 英寸的 Xoom 与三星 10 英寸的 Galaxy Tab 便宜 300 美元以上，与台湾各家即将推出的平板电脑价格也相差无几。

“这把大家都杀死了！”一位英系外资下游硬件分析师话说得直接。如此犀利的价格，不只让所有打算跟进做 iPad - like（类似 iPad 产品）的厂商们头还没浮出水面就被压回水底，就连邻近的产业链如上网本、电子书等也遭遇莫大冲击。

中国第一大电子书制造商、汉王科技副总裁王邦江，在接受中国媒体专访时就忍不住大声抱怨：“苹果这是在断同行的路！”

只是，过去擅长以创新商业模式与独特美学设计打造苹果帝国的乔布斯，旗下产品从麦金塔电脑、iPod 到 iPhone 系列，价格上向来都是走高傲的贵族路线，从不打折杀价，如今却在平板电脑这个新领域改变了过往的做法，不只两代产品推出时间相隔极短，价格上也超级贴近平民，他所思考的战略布局是什么？

“他的意思就是在告诉所有还在犹豫的消费者：‘不用考虑了，买我就对了！’”台大EMBA的CEO黄崇兴说。

黄崇兴指出，一般在定价策略上，有所谓分离定价法与渗透定价法。前者是抓住消费者尝鲜的心态，飙高第一波产品售价，吸饱利润，有其他后进者跟进推出相同产品后，再逐步降价。iPod与iPhone就是最好的例子。

至于渗透定价法，通常是打入成熟红海市场的杀价策略，先把自己砍低，让产品可以在最短的时间内渗透到消费者心中，夺下市占率之后，再反过来求利润。

颠覆以往定价策略 宁愿少赚也要保8成市场占有率

黄崇兴分析，iPod与iPhone都是以美学设计取胜，带入iTunes与App Store的创新商业模式，可以说是拥有独特利基的产品，用飙高价格把利润极大化的策略非常合理。

但iPad是站在前两款产品的基础上延伸出来的新领域。“看似创新，实际上很多东西都可以取代它，”黄崇兴解释，例如笔笔记本电脑、电子书、智能手机，这也代表了这些厂商每个都能跨界进来竞争。“说穿了，它（平板电脑）是非必需品，可有可无”黄崇兴说。

因此，在iPad于2010年取得巨大亮眼的成功背后，面临的却是一个异常凶险的环境，价位上如果定得太高，不只会给消费者犹豫的空间，同时也会让其他竞争对手有机可乘。

然而，比起一般渗透定价法，为求市占率不惜成本流血砍价，iPad2又有所不同。

根据科技产业调查机构iSuppli的拆解报告，iPad2的成本大约是在326美元左右，比起499美元的定价，还有173美元的利润空间。

“赚的虽然不多，但用来换取8成市占率的维持，绝对是非常划算！”黄崇兴说。

吃定上下游产业链 足以左右对手供货及成本

换句话说，乔布斯这次所采用的499美元低价策略，其实是非常高明的逆向思考。不只成功地筑起了一道价格堡垒，同时维持住利润与市占率，更重要的是，彻底瓦解了对手的反击能力。

“这种价格会让其他厂商就算有产品也出不了货”一位日系外资分析师表示，苹果在平板电脑一家独大的局势，让它得以控制上下游产业链，只要掌握触控面板、NAND Flash（闪存）、CPU（中央处理器）等关键零组件，就足以左右其他厂商的供货与成本。“等他们找到替代品，想要追赶上来的时候，iPad3就要出来了”该分析师说。

（资料来源：中文业界资讯站：http//www.cnbeta.com）

思考题：

苹果公司对iPad2采取了什么定价策略？说明这种定价策略的成功之处。

5. 业务模拟训练

价格策划实务操作

训练目标：

明确价格策划的内容；熟练掌握终端定价、价格结构和体系策划的方法和技巧。

训练内容：

终端定价策划；价格结构策划；价格体系策划。

训练操作：

根据第四章涉及的新产品，为新产品制定终端价格；根据企业原有的价格结构和价格体系，进行新产品价格结构和体系的设计。

成果要求：

制定合理的终端价格；提交新产品价格结构和价格体系设计方案。

第7章 制定渠道策略

知识要点 （1）分销渠道；（2）分销渠道长度；（3）分销渠道宽度；（4）分销渠道广度；（5）商圈分析法；（6）分销渠道布局理论；（7）分销渠道模式理论。

能力目标 （1）把握分销渠道策划的4C原则；（2）能够进行整体渠道布局的策划；（3）能够制定销售政策，灵活招商。

导入案例

济南啤酒集团
销售网络建设与经销商政策

根据济南啤酒集团目前的市场状况、厂内综合实力以及业务员整体素质情况，我们认为在销售渠道及销售区域方面应适当做一些调整，对经销商政策应进一步明确，对网络及经销商的管理上应加大力度。具体的整改措施如下：

一、关于经销网络建设

在整体渠道策略上，根据我们产品的特点宜采用宽渠道策略和长短渠道结合策略。具体销售区域上，应"缩减战区、突出重点、深化挖潜、层层推进"。

具体的经销网络设计可分以下几种情况：

1. 中高档产品采用主销与协销相结合网络。渠道设置为：营销公司——地区经理——业务员——经销商。

2. 对于低档捆扎啤酒可采用授权一级经销商经销，帮助二级经销商进行市场操作的网络体系。

3. 被放弃市场并不是全部撤销一切经销商，而是有选择的继续保持与经销商的关系，因而也存在网络建设问题，可建立如下模式：营销公司——特殊业务小组——经销商。

4. 特殊地区的网络建设，如济南地区五县，为了争夺市场，抗击竞争对手，可采用与当地经销商联合经营的网络体系。

5. 在新市场上，如果当地经销商提出总经销或独家代理要求，可以根据市场上具体情况予以批准，但前提是代理商只能代理本公司的产品。

二、关于经销商政策

对经销商政策是公司目前至为重要的一个市场策略，在制定政策的过程中，我们必须考虑公司与经销商双方的利益问题、政策的相对稳定问题以及市场可操作性问题，我们必须懂得目前是产品过剩时代，而产品过剩时代的一个突出特征是市场竞争的焦点主要突出集中在为竞争服务、营销管理和企业的快速反应能力上。所以制定政策时必须考虑这些因素，并使之具有较强的市场适应性。

（一）调动经销商积极性的政策

为保证经销商对本公司产品的信心和忠诚度，可选择如下经销商政策：

（1）对经销商承诺保证供应。

（2）对经销商提供销售补贴。

（3）提供送货服务，对经销商要承诺退货保证。

（4）对经销商授权可以给消费者提供残次品退货换货服务。

（5）提供打击假冒伪劣的技术和服务支持，提供特许销售区域保护。

（6）提供促销及广告支持，提供人员支持。

（7）给经销商提供营销情报，加强联谊活动，定期召开经销商会议，及时总结和反馈市场情况。

（二）具体市场操作政策

1. 经销商开发与管理

略。

2. 货物流通秩序管理

略。

3. 价格政策

略。

经过此次策划以后，整个济南啤酒集团的分销渠道系统得到改善，各环节衔接更加顺畅，提高了分销效率，节约了渠道成本，有力地促进了整个公司的啤酒销售。

分销渠道是产品进入市场并最终到达消费者手中的通道，是连接企业和消费者的桥梁，关系到整个营销活动的进程。分销渠道策划的好坏，关系到企业能否顺利进入市场，扩大销售，得到消费者认可，并最终实现企业的营销目标。

渠道策划主要包括四个方面：分销布局的策划、渠道模式的策划、通路招商的策划和销售政策的策划。只要企业能准确把握这四个方面的策划方法和技巧，一定会拥有高效低廉的分销渠道系统，企业的整体营销工作也将变得更加有效。

7.1　分销渠道策划分析

7.1.1　分销渠道策划的目的

分销渠道是指当产品从生产者向最后消费者或产业用户移动时，直接或间接转移所有权所经过的途径。因此，一条分销渠道主要包括商人中间商和代理中间商。此外，它还包括作为分销渠道的起点和终点的生产者和消费者，但是，它不包括供应商、辅助商等①。

分销渠道是现代企业营销活动得以实现和取得营销收入的重要途径，是企业进入市场的前提，是企业开拓市场不可缺少的重要条件。企业要想在瞬息万变的市场和愈演愈烈的渠道竞争中取胜，必须重视并做好分销渠道的策划。渠道策划的目的主要包括以下四个方面：

1. 找准方向：知道去哪里销售

选择销售区域，是渠道策划的方向问题。企业在产品生产出来的那一刻，或者是生产之前，就应该对市场进行细分，对产品做好定位。企业明确细分市场之后，要对各细分市场进行评估，然后最终确定要进入的细分市场。只有明确了目标市场，企业确定产品销往何处，才可以明确渠道的建设方向。

一般来说，企业应该利用“五力模型”进行分析，即从供应商和购买者的讨价还价能力、潜在进入者的威胁、替代品的威胁以及同一行业的公司间的竞争五个方面考察，认真评价细分市场的营销价值，分析研究是否值得去开拓，能否实现以最少的人财物的消耗，取得最大的销售效果。

我们可以看一下开篇导入案例，根据以往销售情况和调查分析，济南啤酒集团最终决定：主做山东省内市场，河北、天津市场以及苏州、无锡市场，其余市场可专设一个小组管理，以寻找地区总经销为主，小组人员不超过 5 人。其余优势兵力可集中于山东、河北、天津、苏州和无锡，在这些市场上划定适当的商圈，突出重点，由业务员分区包干、划片经营。这就确定了市场发展的方向，明确销售区域，从而也就明确了销售渠道的建设方向和重点。

2. 明确框架：搞清分销渠道模式

分销渠道模式，就是企业以何种形式进行分销活动。按照渠道成员之间的关系来划分，企业的分销渠道类型主要有传统分销渠道模式、垂直分销渠道模式、水平分销渠道模式和多渠道分销模式②。

（1）传统分销渠道模式

传统分销渠道模式，又称为松散型的渠道模式，各渠道成员之间的关系是临时的、偶然的、不稳定的。所以，渠道成员往往为追求自己的利润最大化，而不顾整体利益。由于缺乏合作的基础，容易导致整体分销渠道效率低下。

比较适合选择传统分销渠道模式的企业主要是小型企业。小型企业资金实力有限，产品种类多而杂，处于未定型状态，因而不适合采取固定的渠道模式，应该选择这种灵活性的传统分销渠道模式。

（2）垂直分销渠道模式

垂直分销渠道模式，是由生产企业、批发商和零售商组成的统一的渠道系统。渠道成员具有集体意识，多采用一体化经营或联合经营模式，都为共同的利益目标而努力。

与传统渠道模式相比，垂直渠道模式更具广泛的适应性，无论企业规模大小，无论是生产消费品还是生产工业品的企业，都可以采用垂直分销渠道模式。

---

① 江占民，吴春霞．现代企业营销渠道．北京：中国时代经济出版社，2004. 2－3.

② 李先国．渠道管理．北京：中国人民大学出版社，2004. 45－47.

（3）水平分销渠道模式

水平分销渠道模式是指由两家或两家以上的成员联合起来的渠道系统。通过联合，渠道成员可以发挥各自的优势，共担风险，实现分销渠道有效快速的运行。合作的同时必将产生竞争，甚至会因渠道成员之间的争权夺利而引发一系列的冲突和困难。

因此，水平分销渠道模式比较适合实力相当而营销优势互补的企业。

（4）多渠道分销模式

多渠道分销模式指对同一或不同的分市场采用多条渠道营销系统。多渠道并存，使每一条渠道都可以实现一定的销售额，从而提高整体的销售水平。

当然，渠道之间的竞争虽然可以促进销售额的共同增加，但也有可能导致冲突，这就需要企业有相当强的实力和丰富的渠道管理经验。

企业进行渠道模式的策划，就是要充分了解各种分销渠道模式的特点并选择适合自己的渠道模式，从而确定企业渠道的整体框架，为以后的渠道工作打下基础。

3. 确定主体：寻找合适的经销商

在产品销售过程中，大部分生产企业并不直接把商品卖给消费者，而是通过经销商来完成销售过程。经销商通过自己拥有的分销渠道将产品卖给零售商或批发商。经销商是企业分销渠道的重要行为主体，是企业开拓市场的重要环节。

通过渠道策划，企业要明确自己所需要的经销商类型，通过恰当的方式进行招商，最后，制定相关政策以做好经销商的管理工作。

4. 提供动力：激励渠道成员

渠道激励，是整个渠道得以顺畅运行和提高运行效果的动力。渠道成员与企业不从属于同一主体，他们之间也不是领导与被领导的关系，而是松散的买卖型关系，维系这一关系的唯一纽带是利益。生产者要想使整个分销渠道高效运转，就必须不断增强维系双方关系的利益纽带，针对不同的渠道成员，提供不同的激励。

营销渠道管理中，有效激励渠道成员的前提是了解渠道中间商的各种需求。明确渠道成员的需求之后，企业就应该针对不同需求，制定差异化的激励政策。企业实现渠道激励的手段有多种，可以通过给予物质或金钱奖励来肯定其成绩，也可以通过帮助渠道成员提高服务水平、销售效率来扩大其利益，从而激发他们的积极性。具体采用什么手段，还要看企业的渠道政策。

7.1.2　渠道策划的 4C 原则

企业在进行渠道策划前，要明确指导思想，确定策划原则。从整体来说，渠道策划最大的原则就是：设计最适合的渠道，以最低的成本、最快的速度，将产品送到目标消费者手中。具体来说，应坚持以下原则：

原则一：依照自身实力（Capability）

企业进行渠道策划，必须量力而行，设计选择适合自己的渠道。如果企业本身实力雄厚，在渠道策划时可自由选择分销渠道，建立自己的销售网点或者选择间接分销渠道；相反，企业实力不强则必须依赖中间商进行销售，最好选择间接分销渠道。

原则二：符合消费者行为特点（Customer）

企业设立分销渠道就是为了将产品送达消费者手中，消费者在哪里，分销渠道就必须延伸到哪里。同时，选择什么样的分销渠道取决于消费者的购买行为特点。远离消费者的分销渠道是不切实际的，与消费者购买行为不符的渠道是不正确的。

原则三：覆盖目标市场（Coverage）

覆盖市场就是让消费者随处可见，随处可买所需的产品。企业在进行渠道策划时，应首先考虑如何使消费者方便地买到企业的产品，而不是首先选择什么样的渠道策略和模式。让分销网点密如蛛网，是大多数日常消费品、快速消费品企业的布点原则。

原则四：持续不断的改进（Change）

在不同的企业发展阶段，在不同的品牌发展阶段，分销渠道的设计应该有所不同。分销渠道的设计应该注重求新、求变的原则，持续不断地进行改进。根据竞争和市场的发展，根据消费者的变化和个性化需求，不断改进分销渠道，让分销渠道和企业、产品、品牌共同进步。

同步实训7-1

确定某商品的渠道策略

［实训目标］

1. 了解销售渠道的一般模式
2. 理解中间商的地位及作用

［实训内容］

调查研究国内不同空调企业的渠道模式及其特点。这些企业包括美的空调、海尔空调、格力空调、志高空调、苏宁空调。

［实训操作］

（1）首先让学生复习渠道模式，了解各自的特点。

（2）将全班学生分为五组，并选出小组负责人。

（3）每个小组选择一家企业进行研究，了解其渠道类型、分销经营特点。

（4）每组同学派代表向全班解释各自研究内容。

（5）老师对各种经营模式进行总结。

［成果要求］

（1）每个小组成员通过调研总结各自企业的渠道模式，画出渠道模式图形，分析其优缺点。

（2）每小组选派代表在班里汇报研究结果。

（3）老师对各种经营模式进行总结。每组同学对整个实训过程做出总结，课后上交。

（4）老师为每个小组打分。

7.2　分销布局策划

7.2.1　分销布局的类型

分销渠道建设中最主要的就是销售网络建设。网络建设首先要进行整体的渠道布局，构造好渠道的框架。如果渠道整体布局不合适，那么在此布局下的所有渠道因素都难以实现其功效。

在当前的市场上，企业的分销渠道布局通常有：四处撒网型、重点突破型、游击蚕食型和全面防备型四种类型①。具体比较如表 7-1 所示。

通过比较分析，我们可以知道：对于实力强大的企业来说，四处撒网是一个不错的选择；相反，对于实力不是特别强大的企业来说，应该对四处撒网保持清醒、谨慎的态度；而重点突破是中小企业常用的分销渠道建设策略，这样企业可以集中有限资源避免出现市场冲突，另外，对于新品牌、新产品，选择比较小的区域做样板，也是一种明智的选择；游击蚕食型是属于机会主义者的策略，比较适合新产品、新品牌，也适合无品牌的销售模式；全面防备型则比较适合成熟的消费品。

在开篇导入的案例中，济南啤酒集团在具体销售区域布局上，确定了“缩减战区、突出重点、深化挖潜、层层推进”的方针，这一方针反映出了公司的布局类型：重点突破型和游击蚕食型。根据销售现状，济南啤酒集团在山东、河北和天津地区的销量占全部销量的 97%，其他地区的销量占 3%，所以公司选择集中优势兵力于山东、河北、天津、苏州和无锡，在这些市场上划定适当的商圈，进行重点突破，在这些市场上的布局应当属于重点突破型；在其余市场则只专设一个小组管理，以寻找地区总经销为主，小组人员不超过 5 人，进行“游击战”，所以说在这些市场上就属于游击蚕食型。

表 7-1　　分销布局类型比较

类型	优　点	缺　点
四处撒网型	市场覆盖面比较大；线路比较多，可以在很短的时间内完成知名度的传播和市场占有率的上升；有利于品牌的传播。	由于战线过长、过宽，分销渠道的力量不集中，分销渠道的推广力度相对比较弱，也容易暴露分销渠道的薄弱环节，容易招致竞争对手的攻击。
重点突破型	市场开拓性比较强，目标比较明确，可以集中优势资源，在短期内攻占目标市场。	目标市场比较狭窄，市场容量有限，容易陷进区域市场的恶性竞争。同时，如果区域市场的中心倾斜过多，将影响企业的整体市场布局。
游击蚕食型	比较稳健，一步一个脚印，踏踏实实地建设市场，建立分销渠道，可以合理安排销售力量，可以从容进行市场布局。	市场的推进速度比较慢，市场的覆盖速度比较慢，影响了销售进度，容易被速度快的竞争对手抢得先机。

① 江占民，吴春霞．现代企业营销渠道．北京：中国时代经济出版社，2004. 88－95.

续表

类型	优　点	缺　点
全面防备型	可以有效遏制竞争对手，提高分销渠道的门槛，在相对安全的分销渠道内运作。	网络成本高，管理成本高。抬高了分销渠道门槛，意味着自己的投入将成倍增长，退出门槛也提高。

7.2.2 分销布局的要点

分销渠道的建立总是要和企业的人财物资源相配套的，一般都要遵循简单、互动、高效的原则，必须把握好网点、网面、网体的基本要素，以求最大限度地满足消费需求，最为有效地分销企业产品，最为经济地控制营销成本。

分销渠道布局的要点就是要实现点、面、体的整体协调。当分销渠道的点、面、体具备强大的竞争力时，企业就拥有了一个无人能敌的竞争利器。

1. 布置网点

网点是销售、消费的终端，是分销渠道的基本单元，企业在这里实现产品的销售并展开竞争。网点布局的要点是，设计好分销渠道的基本单元，合理布局，充分考虑其在市场的数量、密度、广度和具体位置，最大限度地接近消费者。

布局网点所要考虑的重要因素就是这一地点的商圈效应。所谓商圈，是指商店吸引顾客的地理区域，是商店的辐射范围。商圈由核心商圈（顾客占55%～70%）、次级商圈（顾客占15%～20%）和边缘商圈构成①。

商圈分析，是指对网点商圈的构成情况、特点、范围以及引起商圈规模变化的因素，进行实地调查研究、分析划定，从而为网点选址提供科学依据。我们主要应该从交通、消费者和竞争状况方面进行分析。

（1）交通状况

一个地方的交通状况对企业的选点会产生重要影响，特别是对于生产大宗物品的企业，会产生更重要的影响。地域类型与数目、交通网络状况、区位规划限制、区域内交通的顺畅程度，公交车的路线安排、站点设置、道路过往限制等，均会影响客流量。

（2）消费者状况

在选择网点时，消费者状况是最先应该考虑的因素。主要从人口总量和密度、年龄、居住条件、总的可支配收入、职业分布、人口变化趋势、消费习惯等方面进行分析。

（3）竞争状况

竞争状况主要包括：现有竞争者的数目与规模、不同竞争者的优势与弱势、竞争的短期和长期变动趋势、市场饱和程度等。除要注意竞争者外，还要掌握区域内商店群的构成，衡量商业相对集中区里的各个网点的相容性。

以上分析因素将决定企业是否适合在某地域内设置分销网点。当然，在具体地点还可能存在一些特别的影响因素，如地方保护主义、民风的问题等，这也是企业在选点时应慎重考虑的。

---

① 王吉方．连锁经营管理．北京：中国经济出版社，2005.281－282.

同步案例 7－1

麦当劳在网点布局方面可谓是一个成功的典范。麦当劳把在制订经营策略时确定商圈的方法称作绘制商圈地图。商圈地图的画法首先是确定商圈范围。

一般说来，商圈范围是以这个餐厅中心，以 1～2 公里为半径，画一个圆，作为它的商圈。如果这个餐厅设有汽车走廊，则可以把半径延伸到 4 公里，然后把整个商圈分割为主商圈和副商圈。商圈的范围一般不要越过公路、铁路、立交桥、地下道、大水沟，因为顾客不会越过这些阻隔到不方便的地方购物。

商圈确定以后，麦当劳的市场分析专家便开始分析商圈的特征，以制订公司的地区分布战略，即规划在哪些地方开设多少餐厅为最适宜，从而达到通过消费导向去创造和满足消费者需求的目标，这就需要进行商圈调查。商圈特征调查的内容包括详细统计和分析商圈内的人口特征、住宅特点、集会场所、交通和人流状况、消费倾向、同类商店的分布，对商圈的优缺点进行评估，并预计设店后的收入和支出，对可能的净利进行分析。

正是这一细致的工作，才成就了麦当劳今天的巨大成功，这正是我们企业应该学习的。

动动手

在你的周围，一定有麦当劳的存在。请你就近选择一家麦当劳实体店面，通过实地的观察和搜集资料，对上面所讲的商圈分析的因素进行分析。

2. 形成网面

网点与网点并不是孤立存在的，而是存在广泛的信息交流，通过这种交流形成一个整体，构成渠道的网络。渠道网络是企业分销渠道中的一个关键因素，关系到整个渠道的运行成本与灵活性。

当点线形成以后，整个渠道的基本面也就已经形成。渠道网面主要是指网点、网线所覆盖的广度，也就是渠道覆盖面。渠道网线的扩张主要是运用多种营销、宣传、公关手段，使消费者对产品有深入的了解。地域覆盖的主要目的在于建立消费者消费的偏好、形成对本企业产品的消费习惯以及定势，建立牢固的销售根据点，并且对竞争对手进行认真分析，建立区域市场的进入壁垒，阻止竞争对手的进入。

衡量网面的一个重要指标是市场渗透率。网面覆盖的大小和渗透率的深浅对于提高市场占有率、扩大商品销售量有极其重要的作用。当前很多企业所实行的大区域制的销售模式就是渠道面的典型代表，这一制度使原本松散的经销商和终端网点形成统一战线，加快了市场反应速度。

3. 建立网体

通过布置网点、分区形成网面以后，企业应进一步整合企业资源，形成渠道的立体管理模式。

一方面，立体渠道网络成员建立。渠道网络成员主要包括厂家、厂家设立的销售机构、批发商和代理商、零售商、消费者、运输商、广告商和服务商等。从组织角度来看，生产厂家与自设的销售机构与批发商、代理商和零售商之间形成自上而下的立体管理模式。

另一方面，立体服务模式。主要是运用多种营销、宣传、公关手段，为相关销售机构提供立体的宣传和辅助服务。既要有整体的统筹宣传，又要有具体分别的分层宣传服务措施，形成完善的立体服务网络。

通过对点、面、体的合理布局，促使分销渠道形成良好的秩序，从而使分销渠道能够最大限度地满足消费需求，最为有效地分销企业产品，最为经济地控制营销成本，最终实现企业与消费者的双赢。

同步案例 7-2

渠道策略，剑走偏锋全渗透

背景资料：

嘉利公司的销售渠道，主要依靠经销商对下游客户进行分销，且主要是流通渠道，靠各级批发业务实现产品的销售，原材料价格上涨后，受渠道利润空间挤压，厂家已经没有更多的操作空间来支撑多渠道运作了，为此，嘉利公司营销部门采取了如下措施：

1. 渠道扁平化。原来在临近的省份，嘉利公司渠道模式采取厂家——地级代理——县级经销商——乡镇分销商——终端——顾客的模式，现在则调整为厂家——县级经销商（乡镇经销商）——终端商——顾客，通过缩减渠道层次，将渠道运营重心调整为县乡经销商以及终端商，加快市场反应速度，提升分销与终端操作积极性。

2. 控制小终端。帮助县或者乡镇经销商开展深度分销，加大对各类小终端的控制力度，把乡镇里的各类商店、路边店、村级代销点及集市作为销量提升的突破口，并建立终端数据库，排定铺货路线，加大拜访和铺货频率，协助经销商做好终端客情服务工作。

3. 渠道全覆盖。一般县乡市场具有人口多、居住分散、购买不集中等特点，因此，要想减少由于产品及价格等方面的因素带来的不利影响，实现销量“不滑坡”，就必须在渠道方面下些工夫。嘉利公司除了开辟团购、餐饮等“第二战场”外，还要求在根据地市场必须实现各类渠道100%全覆盖，把能够销售方便面的所有渠道全部覆盖，最大程度地增加售卖的机会。

问题：嘉利公司设计了怎样的渠道体系？这种体系有什么好处？

分析提示：

嘉利公司实施渠道扁平化以及转变渠道操作重点，牢固掌控各类终端，并消灭空白网点，实现渠道渗透策略。

这些策略使嘉利公司在原材料价格上涨、经营形势恶化的情况下既赢得了利润又赢得了市场。

7.3　分销模式策划

7.3.1　渠道模式层次结构策划

企业在进行渠道模式层次结构策划时，主要是对渠道模式的长度、宽度和广度进行策划与设计。在导入的济南啤酒集团的案例中，在整体渠道策略上，公司根据产品的特点选择了宽渠道和长短渠道结合的策略。那么，公司应该如何进行渠道层次的策划呢？我们根据案例具体讲解一下。

1. 设计分销渠道长度

分销渠道的长度是企业分销渠道中间环节的数目，而中间商是指同一产品的买卖者和帮助转移商品所有权的机构。商品在分销中经过的环节越多，分销渠道就越长；反之越短。根据长度不同，具体可分为 4 种基本类型：零层渠道、一层渠道、二层渠道和三层渠道①（见图 7－1）。零层渠道称为短渠道，其他 3 种称为长渠道。利用短渠道从事的分销行为被称为直接销售，有人将其简称为直销。

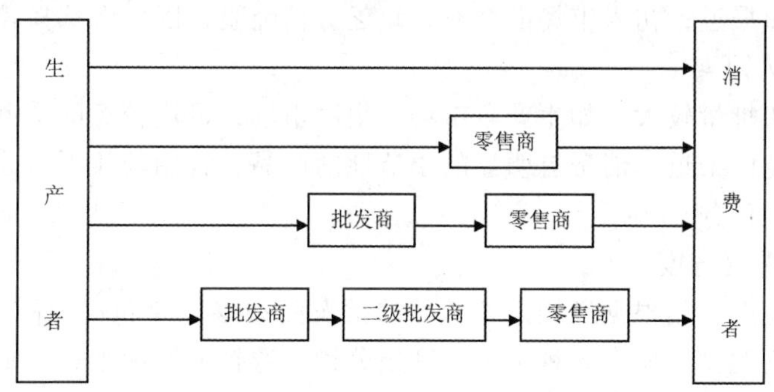

图 7－1　分销渠道长度结构图

根据以上分析，我们结合开篇导入的济南啤酒集团的案例来看一下：

第一种渠道层次：营销公司—地区经理—业务员—经销商。通过与渠道长度结构图比较，这一渠道模式应该是一层渠道模式：生产者—经销商—消费者，属于长渠道类型。

第二种渠道层次：对于低档捆扎啤酒可采用授权一级经销商经销，帮助二级经销商进行市场操作的网络体系。通过描述，可以将它归为二层渠道模式：生产者——级经销商—二级经销商—消费者，也属于长渠道类型。

第三种渠道层次：特殊地区的网络建设是利用经销商的网络，在当地建立仓储式专卖店，边批发边直销。做直销的话，应该属于零渠道模式：生产者—消费者，属于短渠道类型。

那么，企业应该怎样确定渠道的长度呢？

---

①　江占民，吴春霞．现代企业营销渠道．北京：中国时代经济出版社，2004. 9－16.

在分析与选择分销渠道长度时，企业需要考虑许多影响因素。这些因素主要有市场、购买行为、产品、中间商及企业等。企业要根据影响因素的不同，进行不同的选择。

（1）产品因素

主要从产品的重量、体积，产品的物理和化学性质、产品单价高低、产品的标准化程度、产品技术的复杂程度、是否耐用等方面进行分析。

较轻、较小的产品，可用较长渠道；易损、易腐产品多用较短渠道；价格昂贵的产品，多用较短渠道分销；标准化程度高、通用性强的产品，可选择较长、较宽的渠道；产品技术复杂、对售后服务的要求高的产品，一般用较短渠道；非耐用品多用较长渠道。

（2）市场因素

市场区域宽广，宜用较长渠道；地理范围较小的市场，可用较短的渠道；顾客较为集中的，可用较短的渠道。

（3）竞争状况

通常，相同或相近的产品，企业都使用与竞争者品牌相同或类似的渠道。竞争特别激烈时，则应寻求独特的销售渠道。例如，竞争者普遍使用较短渠道分销产品时，企业一反常规使用较长渠道，可能会收到意想不到的效果。

（4）企业本身的因素

实力比较薄弱的企业和管理能力较低的企业，多用较长渠道；有能力控制销售渠道的企业，可选择较短渠道；初入市场的企业，缺乏分销经验，因而多选择较长渠道。

（5）购买行为因素

顾客一次购买批量较大，如生产者市场、集团市场，可用较短的渠道；顾客经常要买的产品，应用较宽的渠道；消费有明显的季节性的产品，宜用较长渠道分销，由较多层次的中间商分担储存任务。

2. 设计分销渠道宽度

分销渠道的宽度，是根据经销某种产品的批发商、零售商和代理商的数量来确定的。一般来说，渠道的宽度主要有 3 种类型：密集分销、选择分销和独家分销[①]。

（1）密集分销

密集分销是指制造商尽可能多地通过许多负责任、适当的批发商和零售商推销其产品。消费者越是要求购买的大量性、高频性和方便性，就越有必要和可能选择密集分销方式。

导入案例中，济南啤酒集团确定了宽渠道的策略，所以密集分销应该是公司的主要分销方式：中高档产品采用的主销与协销相结合的渠道网络和低档捆扎啤酒采用的两级经销商的渠道方式，都应该算是密集分销。

（2）选择分销

选择分销是指制造商在某一地区仅仅通过少数几个精心挑选的、最合适的中间商推销其产品。这样，既可以使产品取得足够的市场覆盖面，又可以比密集分销更易控制和节省成本。一般的说，选择分销主要适应于 3 类商品：选购性商品、价格较高的商品和限量生产的日常生活用品。

---

① 戴亦一．营销渠道．北京：朝华出版社，2005．10 – 14．

导入案例中，在被放弃的市场上，公司没有全部撤销一切经销商，而是有选择地继续保持与经销商的关系，继续进行分销，这一策略可以归为选择性分销。

（3）独家分销

独家分销是指制造商在某一地区仅选择一家中间商推销其产品。通常企业与经销商签订独家经销合同，规定经销商不得经营竞争者的产品。此分销方式适应于贵重、高价和需提供特殊服务的商品以及一些名牌商品。

导入案例中，在新市场上，公司规定：如果当地经销商提出总经销或独家代理要求，可以根据市场上具体情况给予支持，但前提是代理商只能代理本公司一家的产品。这就是所谓的独家分销的方式。

采取独家分销，对企业来说，可以提高对渠道的控制能力，保证经销商只为本企业服务，但这种分销方式对生产商风险较大，如果经销商选择不当，则有可能失去某一地区的市场。

3. 设计分销渠道广度

设计分销渠道广度是指厂商选择几条渠道进行某产品的分销活动，而非几个批发商或几个零售商的问题。渠道广度主要有两种类型：单一渠道和混合渠道。在导入的案例中，济南啤酒集团就是采用了混合渠道的模式，多种渠道并存，既有渠道分销，又有直销，还有独家代理。

在设计渠道广度时，一条渠道比较容易，且在管理上也比较轻松，但在设计多渠道分销时有点难度，应该值得我们认真考虑。一般来说，要找出不同的目标消费者需要的渠道服务水平，明确消费者想要的产品组合大小、购买方便程度、等待时间和产品种类等，并列出这些因素的重要性和他们如何在这些因素之间做出选择。同时，要做好不同渠道之间的协调工作。

例如，可口可乐公司是一个大型的跨国快速消费品公司，其营销渠道结构是一个非常复杂的结合体。它是以间接渠道和宽渠道为主要形式，多级渠道并存的多渠道组合。与多数企业不同的是，可口可乐公司始终从消费者的角度定义、归纳及划分渠道。当然为了合理划分所有的渠道，在消费者行为原则基础上，可口可乐公司还制订了其他五项原则，即消费者动机、地理位置、是否连锁、进货渠道和业务考虑。也就是说，当依据消费者行为原则进行渠道划分时，有售点同时适合多个渠道类别，则会先后以这五条参考原则作为判断的依据。依据以上渠道划分的原则，可口可乐公司归纳并分类组建了专门的渠道集合，包括现代渠道、批发渠道、零售渠道和特殊渠道（通常又可细分为学校渠道和餐饮渠道两种）。同时，可口可乐针对不同渠道集合的各自特点构建专业的服务团队以及制订相应政策。可见，可口可乐的渠道覆盖广度非常大。

7.3.2　选择分销渠道模式的要点

分销模式的选择是渠道策划中的一个重要决策，企业只有正确选择一个合理、高效的营销渠道模式，才能使产品顺利完成从生产领域到消费领域的转移。

1. 行业生命周期

对于任何企业，在考虑渠道模式时，首先要考虑整体的行业环境，特别是行业生命周期对于渠道模式的巨大影响。

培育期：行业刚刚开始形成，产品市场需求狭小，客户的需求有待激发。处于此行业中的企业，各方面都应力求简单有效，因而在选择渠道模式的时候，应当优先考虑大代理。

成长期：客户的需求被有效开发，行业容量迅速增大，大量企业进入行业，市场竞争越来越激烈。处于此阶段的企业，应从扩张的角度出发，重点考虑实行广泛的分销，加强企业与客户的沟通，同时加强对渠道的帮扶力度，有效地控制渠道。

成熟期：行业容量接近饱和，大量的企业涌入的同时也有许多企业退出，优势企业集团出现。企业发展稳定但比较缓慢，在渠道模式方面已经很难有新的突破。此时的企业，应重点考虑完善企业渠道管理制度，加强对渠道的掌控并逐渐减小渠道成本。

衰退期：行业容量完全饱和，企业的自然发展基本停滞。此时的企业，应该缩减渠道模式，回归代理模式，直至最终退出该行业。

当然，以上的渠道模式仅为企业最初考虑的方向，在选择渠道模式时，不仅要考虑行业的发展周期，还应当考虑产品的特性。

2. 产品特性

不同行业的产品应选择不同的渠道模式。例如快速消费品和工业品，在选择渠道模式的时候，由于产品特性的不同，所选择的渠道模式往往完全不同。对于快速消费品，消费者数目大，购买频率高，消费地点复杂，应该选择密集型分销，使消费者很容易购买；而对于工业品，消费群体数量较小且固定，消费频率也相对固定，则应最大化地利用渠道力量，而适当减小企业自身的投入。

同一个行业中的产品，因产品特性的不同也会有不同的渠道模式。同属保健酒产品的中国劲酒与椰岛鹿龟酒由于产品特性的不同，就采用了不同的渠道模式。中国劲酒选择了广泛分销的渠道模式，而椰岛鹿龟酒则主要走商超路线，实行大代理模式。两者在不同的渠道模式中都获得了成功。

同一个产品，在不同的阶段也应采取不同的渠道模式。例如明达企业的混合饮料，属于快速消费品，目前行业处在成长期，企业采取广泛分销的渠道模式。而在上市初期，重点实行的是大代理模式。

3. 企业实力

以上两要点分别从行业、产品的角度出发，来确定企业的渠道模式，这两点明确以后并不意味着任务已经完成。渠道模式选择的时候还必须考虑企业资源的匹配性，这也是最关键的指标之一。

在对企业资源进行评估的过程中，重点需要判断企业的几个因素：企业现金流、企业组织结构、目前的销售队伍等。

当然，企业在选择渠道模式时不可能顾及所有的影响因素，所以要有侧重地选择重要的因素去考虑。任何工作都是原则与灵活的统一，企业要根据自己的情况灵活选择渠道模式。

同步案例 7-3

甲饮料开发烟台市场的渠道决策

背景资料：

甲饮料是一种刚刚投放市场的花生露饮料，获得国家绿色食品标志，其目标顾客是烟台市场广大的消费者，中间商的数量选择适用长渠道、广泛分销策略。在中间商类型选择上，该饮料企业的做法是：先派负责山东大区的业务经理与烟台各大酒水批发商交流，希望他们能与自己合作，各批发商表示合作没有问题，只是希望公司先发一批货（不付货款）来卖卖看。

甲饮料公司规定：所有合作伙伴第一次提货必须现款交易。经过甲饮料山东经理的几轮谈判，终于有5家（A、B、C、D、E）批发商决定先少进一批（2万~5万元），并提出可以无条件退货。甲饮料公司表示同意。这样，5家批发商以这种方式做了半年后，有3家（A、B、C）做得不错，经山东大区经理考察后向公司申请，允许这3家批发商在10万元货款之内可以先提货再付款（签订了相关合同）。又过了1年，甲饮料通过对这3家中间商的考察与谈判，最终选择了B作为地区总代理（双方签订了合同），并承诺公司不再直接在当地开展业务（全权委托B）。

问题：试分析甲饮料的渠道类型及其变化。

分析提示：

甲饮料刚进烟台市场时选择多家分销没有成功，后来有5家中间商同意按先付款后进货模式经销，属于选择分销，使市场得以启动。经过考察后，选择一家作为地区总代理，属于独家分销，顺利完成了渠道的转型。

7.4 渠道销售政策策划

渠道政策作为原动力，通过本身所蕴涵的控制力和报酬力去实现渠道物流、现金流、信息流的加速运转，受到许多企业的青睐。随着市场的不断变化和渠道竞争的加剧，越来越多的企业关注销售政策的策划，以期在渠道竞争中掌握主动。

7.4.1 渠道销售政策的原则

1. 可执行性、简单操作原则

从政策内容的制定来说，必须立足于市场实际状况，要根据本企业的资源状况和市场竞争的资源状况进行综合分析而制定，这是最基本的原则。

从政策执行程序的制定来说，以最简化、最简单为原则，必须首先要考虑是否可以简单操作，是否可以去除繁琐的流程。对内，要保证销售人员的精力完全用在市场操作上，而不是考虑如何应对销售政策的程序和流程；对外，客户从销售政策中获利的途径更加简单，没有程序繁多的签字、证据提供等。

2. 稳定长久、预留空间原则

任何一项销售政策的出台，必须考虑长远。对于客户而言，若政策不稳定，利益空间的实现根本没有保证，任何客户都不会有长期合作的打算和信心。同时，销售政策的制定必须充分考虑区域性的特点，在制定政策时要预留一定的可操作空间，以便于区分不同的市场区域特点，使销售政策能够相对适应所有的市场。

3. 有效激励、灵活适应原则

利益驱动和激励对于销售团队而言是最根本的保证。因此，在销售政策的制定上，必须有效保证经销商团队和销售团队中成员的利益。市场是变化的，我们的竞争对手是处于变化之中的，我们客户的利益需求和团队成员的相对利益也处于变化之中，所以销售政策必须能够适时调控，以适应市场的变化。

7.4.2 渠道销售政策内容

1. 分销权及专营权政策

制定这个政策的目的是限定经销商的销售区域和规定分销规模，防止出现串货或扰乱市场秩序等现象，同时也要确保经销商在一定范围内的专营权，这主要从区域限定、授权期限、分销规模、违约处置等方面加以规定。

在导入案例中，济南啤酒集团关于货物流通秩序管理中，第一条规定：公司与所有一级经销商签署协议，由他们经销的所有产品必须在指定的区域内经销，为此公司将把他们返利提成的50%放到年底发放，只要没有串区销货现象，年底全部发放。这就保证了经销商在自己范围内的专营权，一定程度上避免了串货现象。

2. 奖励政策

奖励政策一般分为返利政策和年终奖励政策等。返利政策包括返利的时间、标准、条件和返利的形式等。奖励政策的制定要恰到好处：返利标准制定得太宽松，就会失去了返利刺激销售的目的，甚至造成价格下跌或者串货等。年终奖励政策实际上也是返利政策的一种，但由于很多经销商和企业比较看重这种形式，所以才从返利政策中分离出来，实际上两者的主要内容基本一致。在导入案例中，济南啤酒集团对经销商提供销售补贴，以此作为奖励手段。

这里需要指出的是，企业应积极引导经销商通过提高日常的销售量来获利，而不是靠年终奖来度日。很多企业都制定了优惠的年终政策，结果往往会导致经销商为了拿年终奖而将市场价格冲垮，所以企业应该高度重视这一点。

3. 促销支持政策

经销商在销售企业的产品时，都希望或要求企业给予足够力度的促销支持。很多企业在招商时，也往往承诺给经销商以必要的促销支持。企业促销支持一般分为三种形式：一是企业进行促销，二是企业和经销商联合促销，三是让经销商独立进行促销。在导入案例中，公司采取了联合促销的方式：提供促销及广告支持，提供人员支持，要有专人帮助经销商寻找消费者，指导销售。当然，不管企业采用哪种促销形式，都应在促销政策中明确促销的目标、时间、内容、考评及费用报审等。

4. 客户服务政策

这项政策的目的在于尽最大努力达成客户满意，同时也减轻经销商的压力，解除其后顾之忧。客户服务政策的主要内容包括客户投诉处理程序、售后服务政策、配送制度、订发货程序等，应将这些内容作为一个详细的制度，并通报客户，从而确保客户满意。

在导入案例中，也有关于客户服务的规定："对市场上的客户投诉，业务员必须在24小时内给予应答，自己不能处理的应在24小时之内立即上报地区经理，如果地区经理也不能处理，须在24小时之内上报公司总部处理。"

7.4.3 渠道销售政策制定的忠告："五不要"

1. 不要忽略了经销商的本性

经销商，作为商人在本质上是一致的，那就是利益，纯粹的以利润为核心，抛开利益也就无所谓忠诚，只有保证价格稳定和合理的价差，经销商才真正有利可图，厂商合作才会持久。一旦企业失去对经销商的控制，只要有一家的货物开始低价销售，其他经销商也会马上跟风直追，最后演变为到处串货，串货行为致使他们利润下降，丧失继续进货销售的信心，使整个市场处于瘫痪。

想想看

我们一直强调经销商是利益至上，企业只有给经销商足够的利益才能做好经销商工作。这是一种偏见吗？难道真的没有其他方式吗？

2. 不要忽略了经销商的销售能力

每个经销商的销售情况、经营能力、目标压力彼此各异，因此对于经销商的销售增长目标以及返利额度，必须制定不同的台阶和档次。根据经销商自身能力状况和市场特点，制定具体可行的销售目标和考核标准，同时进行差别管理和激励，充分挖掘经销商的潜力，从而不断提高其销售能力，扩大市场份额。

3. 不要忽略了区域市场之间的差异性

市场发展存在不均衡，不能用一个指标来约束、管理经销商。因而，要因地制宜，根据区域市场差异化进行分类，针对不同特点制定相应的政策。政策要合理，不能只管大客户、重点客户，不管小客户，也不能大小客户雷同管理等。

4. 不要忽略了销售政策实施的根本性

销售政策是企业通过给出一定的条件进行引导、激励、约束经销商与销售人员的销售行为，为完成销售目标提供便利服务。合理的销售政策能够充分发挥吸引力，促使客户与销售人员产生内驱力，自动地去完成销售目标，从而给销售带来一些便利与轻松。如果政策丧失了其服务的根本性，仅仅成为一种政策条款，那也就失去了政策制定的意义了。

5. 不要忽略了销售政策执行的尺度

销售政策在执行时必须带有一定的约束条件，如果客户违反了某些规定，不仅眼前的利益遭受损失，而且影响到更长远的利益。销售政策执行的目的就是为了能给销售带来保障。

因此，一个销售政策的制定与实施，切忌单纯从销售业务额考虑，不能单纯地为了完成销售指标而忽略了客户的差异化、市场的差异化，更不能单纯地为了刺激经销客户，而置市场统筹运作于一旁，否则，这些所谓的销售政策就可能成为区域经理身边的定时炸弹。

同步案例 7-4

春兰公司如何维系经销商

背景资料：

江苏春兰集团实行的“受控代理制”是一种全新的厂商合作方法。代理商要进货，必须提前将货款以入股方式先交春兰公司，然后按全国规定，提走物品。这一高明的营销战术，有效地稳定了销售网络，加快了资金周转，大大提高了工作效率。当一些同行被“互相拖欠”拖得精疲力竭的时候，春兰却没有一分钱拖欠，几十亿流动资金动转自如。目前，春兰公司已在全国建立了13个销售公司，同时还有2000多家经销商与春兰建立了直接代理关系，二级批发、三级批发，加上零售商，销售大军已达10万之众。

春兰的经验虽然简单易行，但并不是所有的企业都能一下子学到手。因为春兰用于维系经销商的手段并非单纯是“金钱”（即预付货款），更重要的是质量、价格与服务。春兰空调的质量，不仅在全国同行首屈一指，而且可以同国际上最先进的同类产品媲美。其次，无论是代理商还是零售商，都要从销售中获得理想的效益，赔本交易谁也不会干的。而质量第一流的春兰没有忘记给经销商更多的实惠。公司给代理商大幅度让利，有时甚至高达售价的30%，年末还给予奖励。这一点，许多企业都难以做到。有的产品稍有点“名气”就轮番提价，想把几年的利润在一个早晨就通通挣回来，根本不考虑代理商和经销商的实际利益。再次是服务。空调买回来如何装？出了毛病找谁？这些问题不解决，要想维系经销商也是很难的。春兰为了免除10万经销商的后顾之忧，专门建立了一支庞大的售后服务中心，近万人的安装、调试、维修队伍，实行24小时全天候服务。春兰正是靠这些良好的信誉维系经销商的。10万经销商也给了春兰优厚的回报；他们使春兰空调在同行各企业中遥遥领先。

（资料来源：中华管理学习网，http://guanli.100xuexi.com/HP/20101022/Detail D1521391.shtml）

问题：春兰公司维系经销商的成功经验带给我们哪些启示？

分析提示：

春兰公司经销商管理的成功之处在于极大地调动了经销商的积极性。春兰用于维系经销商的手段是质量、价格与服务。

7.5 渠道策划的误区防范

越来越多的企业已经认识到渠道建设在整体营销及企业生产活动中的重要性，但在如何建设和发展渠道网络的过程中还存在很多令人担忧的误区，这些误区使处于变革中的渠道发展面临严峻问题。

1. 选择好的渠道成员，就等于成功

很多企业认为，只要选择好分销成员，企业就可以高枕无忧了，就没必要去考虑分销渠道中存在的种种问题了。抱着这种观念的企业，一方面是由于自身对市场认识不足，应对无招；另一方面也切实地证明了分销渠道的重要性。

2. 分销渠道只是权宜之计

很多企业的决策者认为，建立分销渠道、寻找经销商只是企业的权宜之计，只是为实现利用经销商的区域市场网络来完成产品迅速进入市场的目的。所谓的“客户是上帝”、“和客户结成伙伴关系”不过是宣传的口号——这是大部分中小型企业很容易陷入的误区。

3. 渠道越长、渠道覆盖面越宽越好

渠道的长短、覆盖面的宽窄受很多因素的影响，因行业、产品、市场特点而定。日用消费品由于消费对象高度分散、购买频率高、销售环节相对较多，因而长渠道比较合适。但这并不意味着渠道越长越好，原因是：战线拉得过长，对业务人员和经销商的管理难度加大；交货时间会被延长；产品损耗会随渠道的加长而增加；信息传递不畅，企业难以有效掌握终端市场信息。

4. 中间商越多越好、越大越好

“分销商越多，销量越大”，一直是一些企业遵循的一条定律。而在实际的市场运作中，过多的渠道网络，很可能会面临以下问题：市场狭小、串货、恶性降价的现象；渠道政策难以统一，厂家的销售政策难以贯彻；服务标准难以规范，服务要求的执行往往会流于形式①。而实际上，只是诸如快速流转类消费品才需要广泛的分销商进行网络延伸，而保健品的渠道商数量和结构则需要合理规划，否则，销量将受到来自渠道的巨大压力。

中间商实力不断增强，也是渠道发展的一个趋势。殊不知，中间商的日益强大给企业构成了严重的威胁。实力越强，其议价能力越强，实力强大的中间商往往会提出苛刻的经销条件，使企业进入两难的境地。

5. 渠道政策越优惠越好

优惠的经销政策可以找到好的经销商，同时也会激励渠道成员完成销售任务。政策越优惠，其积极性就会高一些，但有些情况适得其反。企业如果以此为准则来制定渠道政策，可能不会有好结果：付出很多，收获很少。

经销商关心的除了利益，还是利益，但给的利多了，经销商也未必会很卖力地去销售，原因可能在于：如果产品不好，利给得再多恐怕也不会有用；利给得太多，经销商会形成过分依赖企业的政策而不思进取的心理，有时还会以政策来要挟企业，迫使企业不断提供各种优惠条件，造成恶性循环。

从经销商角度来讲，选择什么样的产品来经销除了要考虑收益外，也要评估风险，最终决定是否要做，渠道政策只是考虑的一个方面，他们更看重企业的实力。

同步策划范例

贝士特家庭背景音乐系统产品渠道设计与管理

一、产品简介

背景音乐，作为国外舶来品，英文名称是 back ground music，简称 BGM。其主要作用是掩盖环境噪声，创造一种轻松、愉快、安详的环境氛围，从而使人们的心情得以安静与

① 袁绍岐．论营销策划的成功要素．商业经济文荟，2001，(4)：17－18.

放松。它最早被应用于酒店、宾馆、大厦、广场、公园、学校、超市、商场、歌舞厅、车站、码头、机场等公共场所。随着社会的发展以及人们收入水平的提高，背景音乐开始走入家庭，进入办公室，给人们的生活与工作带来了更多的惬意与享受，极大地满足了人们的精神需求，提高了人们生活与工作的质量。

智能化家庭背最音乐系统，即 home back ground music system，简称 HBGMS，就是在微电脑的控制下，把记录在磁带、唱片、DVD 播放机、U 盘、硬盘上的音乐信息，经过 HBGMS 重放设备编辑并输出分配到各个音乐点（可以是走廊、客厅、卧室、办公室、卫生间、厨房等）的系统。这样各个音乐点既可播放美妙的背景音乐，又可独立播放音量不同、内容不同的音乐，还可以选择只播放部分音乐。在今天个性化张扬的年代，它大大满足了人们的心理与生理需求，成为在组合音响的基础上，更好满足人们对音乐需求的时尚品。

贝士特家庭背景音乐系统是由万科（香港）电子公司根据国内市场发展趋势，借鉴国外发达国家同类产品研发及市场开发的经验，与国内著名高校及电子科研机构联合开发，推向市场的新产品。

二、影响贝士特 HBGMS 设计与管理决策的因素分析

1. 这是一种改进型新产品，使消费者欣赏音乐的方式发生了变化（较组合音响更加方便），但是以高价、高促销投入的方式导入市场，容易引起竞争。

2. 这种新产品是实用型新技术应用的结果，容易被竞争对手仿制，促销策略应以人员推广为主，不宜采用广告方式。

3. 目前在国内市场该产品处于导入期，但随着人们对智能家居认识的深入，很快会进入成长期，因而营销策略应突出一个“快”字。

4. 该产品的目标市场主要是居民家庭，市场性质属异质，要保证促销效果，必须把市场面铺开。

5. 该产品的设计、安装、后续服务要求较高。每个区域应有一个可以在总公司直接控制下的、强有力的服务中心。

6. 该产品的促销宜用局部“推动”策略，不宜用全面“拉引”策略。

三、贝士特 HBGMS 渠道决策及基本模式

由上述分析可以得到以下结论：

1. 该品宜用短渠道策略，公司要牢牢控制终端市场。

2. 在每一个省会和地级城市应有一个由公司直接控制的机构提供相关服务。

3. 终端应采取广泛分销策略，建立强大的终端网络（辐射每个居民小区）。

4. 定期对中间商进行培训、辅导，以便加强管理，形成信息共享、风险共担的产销利益共同体。

渠道模式如图 7－2 所示：

四、贝士特 HBGMS 营销模式——贝士特产销战略联盟的构建

产销战略联盟是指特定的生产企业和流通企业，以长期的交易关系为基础签订契约关系，进行特定的联盟行为。其可以理解为，生产商与销售商之间建立联盟关系，在信息共享的基础上，为适应消费者需求及时提供商品的一种组织方式。

构建产销战略联盟的程序为：选择联盟伙伴——构筑统—信息平台——实行点对点的

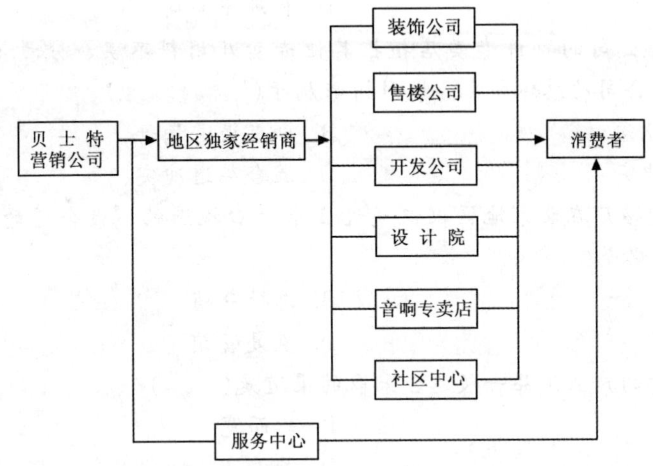

图 7－2 贝士特公司的营销渠道模式

直接交易制度——实施以消费者需求为导向的流程重造。

（资料来源：赵洪立 杨文启，《市场营销技能实训教程》．北京：中央广播电视大学出版社，2007.）

本章知识脉络

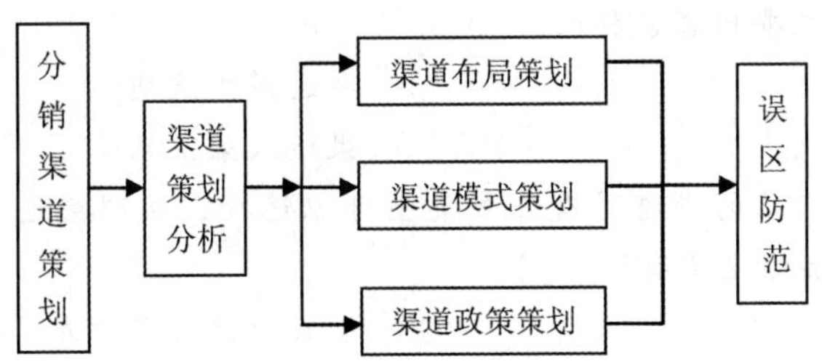

本章导入案例点评

本章开篇导入的济南啤酒集团的案例中，济南啤酒集团对分销渠道策划的三个重要方面，即市场布局、渠道网络设计、经销商管理进行了策划。通过对渠道的整体市场布局确定了“缩减战区、突出重点、深化挖潜、层层推进”的方针，对不同的市场进行了渠道网络的设计，制订了经销商的管理和销售政策，形成了完整的渠道策划方案。

思考与练习

1. 单选题

（1）向企业供应原材料、部件、能源、劳动力和资金等资源的企业或组织称为（　　）。

A. 供应商　　　　B. 商人中间商

C. 辅助商　　D. 代理中间商

(2) 一个快餐公司的特许专卖店指控其他专卖店用料不实、分量不足、服务低劣，损害公众对该快餐公司的总体印象。这种情形属于(　　)。

A. 水平渠道竞争　　B. 垂直渠道竞争

C. 单一渠道冲突　　D. 混合渠道冲突

(3) 某电梯制造厂在北京地区仅仅通过2个精心挑选的、最合适的中间商来推销其产品，这种分销策略是(　　)。

A. 密集分销　　B. 选择分销

C. 独家分销　　D. 直复营销

(4) 价格昂贵的产业用品一般适合采取的渠道是(　　)。

A. 短而窄　　B. 短而宽

C. 长而窄　　D. 长而宽

(5) (　　)是属于机会主义者的策略，比较适合新产品、新品牌，也适合无品牌的销售模式。

A. 四处撒网型　　B. 重点突破型

C. 游击蚕食型　　D. 全面防备型

2. 多选题

(1) 渠道策划的主要内容包括(　　)。

A. 渠道布局策划　　B. 渠道模式策划

C. 通路招商策划　　D. 渠道政策策划

(2) 企业在建立自己的渠道时有许多类型可以选择，按照渠道成员之间的关系来划分，企业的分销渠道类型主要有(　　)。

A. 传统分销渠道模式　　B. 垂直分销渠道模式

C. 水平分销渠道模式　　D. 多渠道分销模式

(3) 下面的描述中，属于重点突破型分销布局的优点的是(　　)。

A. 市场开拓性比较强

B. 目标比较明确

C. 可以集中优势资源，在短期内攻占目标市场

D. 可以有效遏制竞争对手，提高分销渠道的门槛

(4) 我们经常所说的商圈，是由(　　)构成的。

A. 核心商圈　　B. 无形商圈

C. 次级商圈　　D. 边缘商圈

(5) 下列关于渠道策划的说法错误的是(　　)。

A. 选择好的渠道的成员，就等于成功

B. 分销渠道只是权宜之计

C. 渠道并不是越长、渠道覆盖面越宽越好

D. 中间商越多越好、越大越好

3. 简答题

(1) 渠道策划的 4C 原则具体指什么？

(2) 渠道布局类型有哪些？通过比较，说明各种类型适用的企业条件。

4. 案例分析题

案例资料：

西门子的通路运作

西门子是一个有着百年历史的国际名牌，其冰箱产品自登陆中国市场以来，道路并非一帆风顺，也有过困惑。在国产冰箱技术不断进步、质量不断提升、产品不断创新的滚滚潮流中，西门子赖以骄傲的“技术”、“质量”难以形成明显的差异优势。然而，在国内同行认为是其“弱项”的通路领域，西门子却下足工夫，创造了生机勃勃的销售活力，其成功的销售通路运作经验对国产家电企业不无借鉴之处。

一、网络开发上正确处理数量与质量的关系，重质胜于重量，是培育市场、保持可持续发展之道。

铺货率是网络开发的重要指标但不是唯一指标。铺货率太低不利于销售，但也不是越多越好。有的厂家虽然铺货率很高，但网点的销售业绩及厂家合作效果不理想，造成资源浪费。由于各企业资源及效用的实际情况不同，最理想的铺货率难有定说，但西门子可取之处在于能正确处理网点开发中数量与质量的关系。

西门子在网点建设方面有一个良好的战略规划，在一个地区重点扶持一个点，时机成熟后再增加新的销售网点，所选的点基本是做一个活一个，走的是“以点带线，以线带面”的路线。

西门子重视网络质量还具体体现在两个方面：一是对网点的细心培育；二是零售业态的有效组合。

二、创造厂家与零售商的互惠协作关系，重视把产品卖给消费者，而非仅仅把产品卖给零售商，是与零售商荣辱与共的双赢之道。

西门子冰箱销售采取的是直接面对零售终端的通路模式。其特点是不通过任何中间批发环节，直接将产品分销到零售终端，由厂家直接开拓和培育网络。这种方式虽然有网点拓展慢、交易分散、配送难度大、人力投入大的不足，但在家电产品销售成功与否还看终端的今天，企业对售点的控制力、维护能力、市场沟通能力、人际亲和力则更加重要，只有这样才能真正提高市场的渗透力。因此可以说这种通路模式将成为家电销售发展的趋势。

“情感营销”这个有中国特色的概念在家电销售领域被西门子注入了新内容，成为通路操作的一种“软件”策略，并逐步跳出私人友情的小圈子，成为一种销售沟通手段，走向制度化、规范化，同时注重通路运作效率、反应，大大增强了通路活性。

三、卓有成效的导购员管理，注重帮消费者买产品，而不是向消费者推产品，是有效的营业推广之道。

为了有效发挥营业推广作用，西门子十分重视导购员的管理，如招聘、培训、激励，拥有了一批优秀的导购员队伍，提高了终端销售的竞争能力。具体体现在：一是严格的导购员招聘；二是系统的导购员培训；三是有效的导购员激励。

四、保证快速有效的信息沟通，注重的不是单向传递，而是“自上而下”、“自下而上”的双向互动，是把握市场动态、争取主动之道。

措施：一是组成了由导购员、业务员、信息员、市场巡视员全方位的市场信息收集网；二是制定完整的信息搜集及反馈制度；三是信息收集及反馈的方式多样化、内容细致而全面。

方式：一是自上而下的信息沟通，传达企业信息。在沟通方面，西门子更加规范和别具一格，除了在私人关系沟通方面取得良好的效果外，在新产品信息提供、存货情况提供、各型号销售情况、企业经营动向等方面都会定期主动与零售商沟通，并宣传西门子的企业文化，使经销商感到“我就是西门子的一员”；二是自下而上的信息沟通，了解市场信息。西门子为了实现终端市场信息快速反馈，在区域分公司设有监督热线，专门用来接受零售商的询问和及时了解市场销售情况。

（资料来源：林三卓：《西门子的通路运作》，载《销售与市场》，2001 年第 1 期。）

思考题：

（1）何谓销售通路？

（2）西门子是如何成功地进行通路运作的？

（3）西门子的通路运作给我们哪些启示？

5. 业务模拟训练

渠道策划实务操作

训练目标：

明确渠道策划的内容；熟练掌握分销布局策划、分销模式策划销售政策策划的方法和技巧。

训练内容：

分销布局策划；分销模式策划；销售政策策划。

训练操作：

作为新产品上市的一部分，为新产品上市设计分销渠道，进行渠道布局，根据企业现有渠道，选择合适的渠道模式，制定恰当的销售政策。

成果要求：

提交分销渠道策划方案一份。

第 8 章
制定促销方案

知识要点　(1) 促销策划；(2) 买赠促销；(3) 特价促销；(4) 服务促销；(5) 节日促销策划理论；(6) 买赠促销策划理论；(7) 特价促销策划理论；(8) 服务促销策划理论。

能力目标　(1) 把握整体的促销策划流程；(2) 具备节日促销策划的能力；(3) 掌握买赠和特价促销策划技巧；(4) 学会如何进行促销预算策划。

导入案例

趵突泉啤酒促销企划方案

为了提高市场知名度，进一步扩大趵突泉啤酒在济南的市场份额，趵突泉啤酒精心设计了题为“趵突泉行动”的促销策划方案。部分内容如下：

一、促销策划原则

1. 本促销方案的企划严格遵守营销总体方案的基本思路和指导思想，在前期充分地市场调查的基础上，对策划方案进行了详细安排。

2. 促销方案针对济南市场和周边市场的不同，分别有内容不同的可选择方案。

3. 促销方案以“渗透”为原则，即在现有的市场中进一步激发消费者的消费欲望，吸引新顾客，拉拢竞争对手的顾客，提高顾客忠诚度。

4. 促销方案的促销重点放在终端消费的启动上，注重“拉动”消费，而非“推动”消费。

5. 促销企划遵守公司促销基本观念，不以过多、过滥的“抽奖”等促销方式吸引消费者，注重树立形象，提高品味。

6. 本促销方案突出“一个主题，三条主线”。

二、企划基本概念

(一) 一个主题

进一步深化突出“趵突泉水酿啤酒，唯独泉城济南有”的主题，赋予这一主题更新的富有现代韵味的内容，以“历史、现代、创造、进取、博爱、责任”等新的理念丰富、完善公司和品牌形象，加强趵突泉啤酒与趵突泉水的关联度，以此为基础，把公司、产品形象上升到泉与酒依依相连、融为一体的高度，把公众对趵突泉啤酒的认知提升到感性的高度。

（二）三条主线

1. 以爱泉护泉，以泉兴酒为主线，体现啤酒与泉水生生不息的亲缘关系。

2. 以社会利益、关注公益为主线，体现卢堡公司对社会、消费者承担的责任。

3. 以时代为主线，把握重大的节日、纪念日，创造促销机遇。

三、趵突泉啤酒促销策划具体方案

（一）方案名称：趵突泉行动

（二）期间：2009 年 1 月 1 日 ~2009 年 12 月 31 日，为期 12 个月，其间有元宵节、中秋节两个重要节日

（三）目标

1. 以“护泉、爱泉”提高卢堡公司和产品的美誉度，更好体现“趵突泉水酿酒，唯独泉城济南有”的广告语内涵，引起泉城市场的关注，树立良好社会形象。

2. 以“喝趵突泉啤酒，免费游园”活动，抓住节日中公众游园的热潮，借此活动将趵突泉啤酒的销售提高。

（四）对象

1. 泉城市民以及驻济的各种单位，进一步激发广大消费者热爱泉城、热爱趵突泉水的热情，掀起较大的社会反响。

2. 旅游流动人口。

3. 喜爱参与游园活动的各界人士。

（五）广告表现

1. 为配合护泉、爱泉活动，重视地域性报纸，以《齐鲁晚报》为主要报纸媒体；POP：布旗、海报、宣传单等。

内容包括：

（1）倡议书：《倡议济南市民行动起来，为护泉、爱泉尽心出力》

（2）公告：卢堡公司致济南市民的一封信（卢堡公司发起设立护泉基金）

2. 为配合利用元宵节、中秋节两节而开展的“喝趵突泉啤酒，免费游园”活动，在《齐鲁晚报》等地方报纸上刊登促销活动广告，介绍活动内容。

3. 以上两活动以 POP 广告为辅助宣传手段。

4. 广告计划：

（1）媒体：齐鲁晚报、POP

（2）版面：A. 半版刊登倡议书、公告　　B. 半版刊登促销活动内容

C. 开辟“护泉基金”公告栏（利用副刊）

（3）频度：从 1 月 1 日 ~1 月 31 日，每周一次半版广告，共 4 次，元宵节、中秋节两节前 20 天内，每 4 天一次 1/4 版广告，共 10 次

（4）POP 广告在活动场地、公共场所、消费场所悬挂、张贴

（六）活动内容

1. 护泉基金活动

（1）卢堡公司与趵突泉公园、《齐鲁晚报》三方联合发起护泉基金活动；

（2）护泉基金由卢堡公司出资 10 万元设立，通过《齐鲁晚报》向社会公告；

（3）护泉基金由园林局负责管理、设立银行账户（公证处监督）、公布账号和捐助热线，收受各界的捐赠；

（4）在趵突泉公园设立捐款处，趵突泉公园必须向园林局、卢堡公司和《齐鲁晚报》负责，沟通基金增加、使用情况；

（5）护泉基金的设立之日，召开各新闻单位参加的新闻发布会，扩大社会影响；

（6）齐鲁晚报负责及时报道基金发展、使用情况，刊登捐助者的介绍；

（7）关于发起细则等具体内容待定。

2. "喝趵突泉啤酒，免费游园"活动（加"喜上加喜"活动）

（1）在元宵节、中秋节两节游园高峰活动之前二十天左右推出此项活动。

（2）参与活动办法：

A：消费者凭印有"游园"字样的啤酒瓶盖免费游园（投放一万个）。

B：邀请捐助基金数量最大的前 10 名代表参与游园。

C：在游园活动前，在趵突泉公园前举办"趵突泉啤酒护泉、爱泉，免费游园"义卖（价值 10 万元的趵突泉啤酒）活动，在义卖中购买两箱的消费者可获赠游园票一张。

（3）本活动请趵突泉公园协助，必要时由公证处公证。

（4）举办游园现场幸运游客"喜上加喜"活动，从摄像材料中随机选中 10 名幸运游客，公布姓名，予以奖励。

（七）预算分配

1. 活动部分

护泉基金：10 万元（啤酒义卖）；公关费用：10 万元；奖额：8 万元。

2. 广告媒体费用

报纸广告：20 万元；POP 广告：5 万元。

3. 其他：4 万元。

总计：50 万元。

促销活动是企业短期内提高销售额的有效手段，是企业进行短期竞争的利器，因而，促销活动策划成为企业策划工作中最基本的策划任务之一。科学的促销策划应当遵循科学的策划流程，制定恰当的促销策略。

8.1 促销策划分析

促销策划，是在市场目标的导向下，使促销与多种市场工具实现良好交互作用的策略设计、策略评价和策略控制的过程；同时，它也追求投入效益最大化，通过提供一些临时性的附加利益来进一步实现对消费者、中间商或内部销售人员的积极影响的策略规划活动①。

进行周密、系统、有效的促销策划工作，是企业成功实施促销策略的重要前提。良好的促销策划不仅使整个促销管理工作有重点、出成效，使促销活动顺利实现既定的目标，而且使促销工作得到科学的预算保证，令企业减少不必要的费用支出，提高促销活动投入的有效性。

8.1.1 促销策划的原则

依靠良好的促销策划活动迅速抢占市场的企业不在少数，仔细分析这些成功的企业，它们在进行促销策划时都遵循了一定的原则，这些原则有一定的通用性，企业都可以借鉴。

1. 调查原则

调查是做好促销策划的重要基础，其目的是为企业的促销决策提供依据。缺乏调查、凭空进行的促销策划是不具有任何市场竞争力的。

通常情况下，促销调查包括对企业以往的销售资料进行分析，筛选出消费者较为敏感和喜爱的产品进行促销；同时，对过往的消费者特征进行研究，区分重点顾客，做到在促销策划的过程中积极发挥对重点顾客的效力。此外，还必须做好市场调查，掌握竞争对手的促销动向，适时调整本企业的促销策划方案。

2. 目标性原则

一方面，促销策划的目标是整个策划的龙头，目标一旦确定，便成为策划运行中的支配性航标，其他所有的策划工作都必须围绕这一目标进行；另一方面，明确的促销目标还是后续检验促销策划是否成功的最直接反映。因此，促销目标的确定是促销策划的关键性问题。企业所制定的促销目标必须是具体明确、切实可行且可以评估的。

在导入案例中，趵突泉公司在具体的促销策划方案中明确地提出了策划的目标：一是以护泉、爱泉提高卢堡公司和产品的美誉度，更好体现“趵突泉水酿酒，唯独泉城济南有”的广告语的意义，引起泉城市场的关注，树立良好社会形象；二是“喝趵突泉啤酒，免费游园”活动抓住节日中公众游园的热潮，借此活动将趵突泉啤酒的销售提高。

明确了促销的目标，接下来的促销工作才有方向，各项工作才有重点，这样促销效率就会比较高，效果自然会很好。

3. 诚信原则

进行促销策划时，要符合实际，不要凭空捏造不存在的东西，不要轻许不能兑现的承诺，否则，会使顾客有强烈的心理受骗感。此时，企业除了遭遇投诉外，更糟糕的是把促销变成信任危机，陷入“促而不能销”的被动局面。

4. 创新原则

在产品同质化日益严重，促销手段越来越相似，品牌间隔愈来愈不清晰的今天，企业可以凭借什么从众多的促销活动中脱颖而出呢？只有创新。越富有创意的促销手段，越容易吸引消费者的注意力。因此，促销策划要注重创新，只有设计独特、差异性强的促销活动，才能出奇制胜，达到理想的促销效果。

---

① 姜玉洁等．促销策划．北京：北京大学出版社，2005. 24 - 25.

5. 可执行原则

促销策划若是不能执行，那无异于是“纸上谈兵”。促销策划的有效执行是促销效果能否实现的关键因素。因此，促销策划应该充分考虑可执行性，全方位考虑到产品组合的可能性、促销手段的运用、促销赠品的选择、产品的包装方式、终端执行的细节等。

6. 遵守法规原则

促销策划应该尽量避免“打擦边球”的危险动作，严格遵纪守法。一旦陷入法律危机，企业将会面临数不尽的麻烦。这就要求促销策划人员熟悉相关的法律和地方法规（比如《反不正当竞争法》、《广告法》等），在促销策划的过程中，严格按照相关的法律程序进行操作。

8.1.2　促销策划的影响因素

在制定具体的促销策划之前，企业首先应该明确影响策划的主要因素，并分析它们的影响范围和程度，为促销策划顺利有效的进行提供依据和基础。

1. 产品的性质

任何促销活动都是以提升产品销量为目的的，所以，选择何种产品作为促销载体就成了促销策划的关键。策划人员必须根据产品的特点和性质将产品进行分类，并依据产品的分类制定不同的促销组合策略。产品不同，其在促销地点、时间、频率的选择上就会有很大的差异，这将直接影响到促销策划的制定。比如，快速消费品由于消费较快和购买频率较高，在进行促销策略的选择时，就应该以大规模的广告宣传为主来吸引消费者试用；而耐用品由于使用的时间较长，更换的频率较低，所以它需要较多的采用人员推销和服务促销的形式。

在导入案例中，公司提出了“趵突泉水酿啤酒，唯独泉城济南有”的促销主题，并制定了“以爱泉护泉，以泉兴酒为主线，体现啤酒与泉水生生不息的亲缘关系”的促销主线。这一主题和主线，充分地考虑了产品的特点，将啤酒与泉水紧密结合，使区域内消费者只要提及趵突泉立即联想到趵突泉啤酒，启发消费者的联想：啤酒如泉水一样的淳厚、甘洌、品质高尚，从而大大提升了促销的效果。

2. 促销目标

促销目标是影响促销组合策略的首要因素。广告、人员推销、销售促进、公共宣传四种促销工具都有各自的特性和成本，策划人员必须根据既定的促销目标选择合适的促销工具组合，以保证促销活动取得满意的效果。

3. 产品市场的特点

各种促销工具在不同的市场上的促销功效是不一样的。比如，对于消费品来说，策划人员在进行策划时，应该把促销的费用着重分配到广告宣传上，其次才是销售促进、人员推销、公共关系；而对于工业品，则应该以人员推销为主，此时，广告宣传所起到的作用就明显不如人员推销了。

4. 产品生命周期

不同生命周期之内的产品所需要达到的目标不同，所面对的市场环境和竞争对手的策略也不同。因此，在产品生命周期的不同阶段，促销工具的选择也应该有所不同：在产品的导入期，应把较多的资金用于广告和公共宣传，以迅速提高产品的知名度；在成长期，促销的目的同样是为了提高产品的知名度，因此，广告和公共宣传的力度应该继续加强；到了成熟期，竞争日益加剧，广告和公共宣传已经不能抵挡竞争对手的侵袭。此时，营业推广的作用就逐渐凸显出来；最后，到了衰退期，广告仅仅起着提醒的作用，销售促进达到最佳效果。

影响促销策划的因素不止以上四点，企业的自身实力、资金周转情况、竞争对手的营销策略等都是企业在进行策划时要考虑的因素。企业只有客观地分析自己所处的内外部环境，顺应市场经济规律，才能制定出切实可行的促销策划方案。

8.1.3　促销策划的流程

任何活动都应该有一套合理的活动流程，根据经验，制定一份完美的促销策划方案应该包括三个阶段、五个步骤，具体的促销策划过程可以用下面的流程图进行直观的描述（见图8－1）。

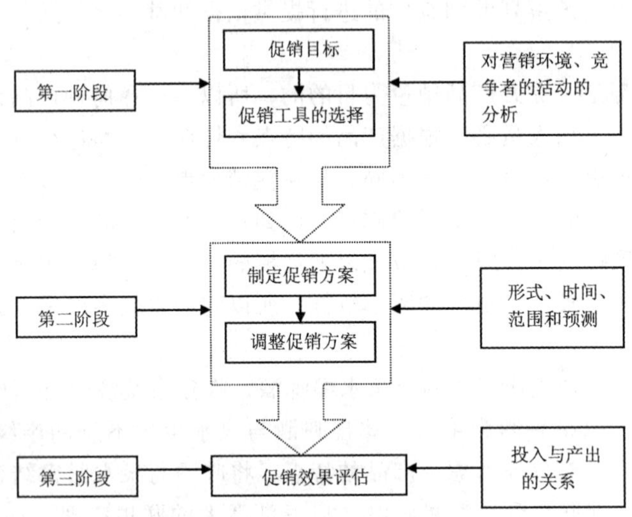

图8－1　促销策划流程图

1. 制定目标与选择工具

首先，制定一个具体明确的促销目标。在制定目标时，应该确保促销目标和企业营销总目标的内在一致性；确保促销目标的具体化、数字化和可评估化；确保促销目标必须具有高度针对性和可竞争性；确保促销目标必须以实际可达成的促销效果来设定。

其次，在广泛分析的基础上依据促销目标对促销工具进行筛选，选择合适的促销工具。促销工具有各自的特点和适用范围，所以在选择时要考虑如下几个因素：

第一，促销目标。特定的促销目标一般对促销方式的选择有着较为明确的条件要求和制约，选择的促销工具必须与促销目标有内在的一致性。

第二，市场的类型。不同的市场类型需要不同的促销工具。比如：消费品市场应选择广告作为重点促销手段，此类市场上的商品消费需求广、品种多、更新换代快，需要利用广告频繁地向消费者进行宣传；在生产资料市场上，宜采用人员推销的方式。所以，企业策划人员所选的促销工具必须适应企业当前所处的市场类型的特点和要求。促销工具在不同的产品市场上的相对重要性，如图8－2所示。

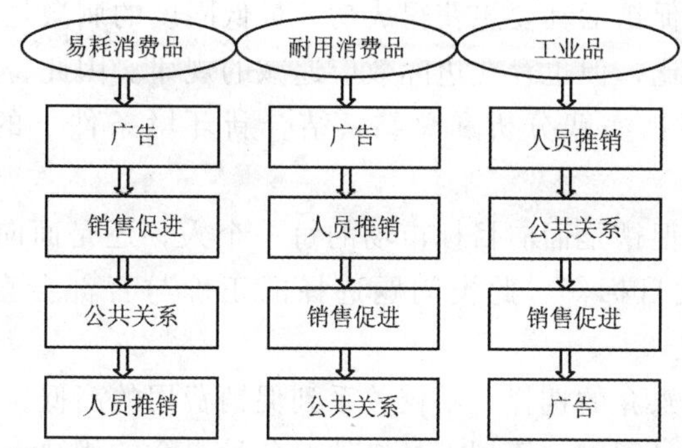

图 8 - 2　促销工具在不同产品市场上的相对重要性

根据图 8 - 2，我们可以分析一下导入案例。根据产品性质来划分，啤酒应该属于日常易耗消费品，所以广告和销售促进在促销中起重要作用。所以，趵突泉啤酒在设计促销方案时，着重对广告和促销活动进行了策划。公司选择了恰当的促销工具，在促销中必然会取得很好的效果。

第三，竞争条件和环境。选择促销工具时，除了考虑企业本身的条件、优势和劣势、资金、人力及企业外部竞争者的数量、实力、营销方式等因素，还要考虑社会的政治经济水平、政府的法律法规、人们惯常的消费习惯等制约因素。

第四，促销预算分配。任何企业用于促销方面的费用总是有限度的，促销费用占营销总费用的比例往往成为选择促销方式的一种硬性约束。企业为了使有限的资金发挥最大的效益，达到促销的最佳效果，就必须充分考虑各种促销工具的促销预算水平。

2. 制定和调整促销方案

第二阶段从实际组织促销活动的需求出发，对已经初步选定的促销形式进行细节上的补充。

首先，制定促销方案。在导入案例中，“趵突泉啤酒促销策划方案”为企业编写促销策划方案提供了范例。在此方案中，基本包含了促销策划方案的所有活动要素：

①活动目的：对市场现状及活动目的进行阐述。

②活动对象：活动针对的目标人群。

③活动的时间、地点与主题。

④活动方式：具体的活动安排，包括具体操作流程、人员安排、广告宣传、现场秩序维护等。

⑤活动预算：做好活动的预算和结算，控制成本。

以上五个方面的内容是制定促销活动方案中必不可少的。另外，企业在制订促销方案时，还要明确以下几个活动要素：

第一，促销时机和促销持续时间。促销活动开始的时间及促销持续时间的长短对促销的最终效果有很大的影响力。一般来说，促销活动何时开始应依据消费需求和市场竞争的特点，结合整体的市场战略来确定；而促销持续的时间一般以三周左右为最好。若持续的时间过短，一些消费者可能因为太忙而无法参加促销活动，进而不容易实现重复购买；若持续时间过长，不仅会引起企业开支过大，消费者购买力减弱，而且还容易降低产品在顾客心目中的身价，并使他们对品牌产生怀疑。

第二，刺激程度。促销活动要想获得成功，最低限度的刺激是必要的。一般来讲，刺激程度与销售反应成正比，但也存在边际效应递减的规律。因此，策划人员在制订促销方案时，要依据以往的促销实践分析和总结，结合新环境条件下的促销确定适当的刺激程度。

第三，促销对象。促销是面向目标市场的每一个人，还是面向有选择的某一部分人，哪种对象是促销的主攻目标等，此类问题选择的正确与否都会直接影响到促销的最终效果。

第四，促销媒介。媒介的选择，不仅关系到促销费用的高低，更关系到促销活动的直接效果。在促销策划的过程中，策划人员必须对各种媒介的优缺点进行研究分析，权衡利弊，选择恰当的媒介。

第五，预算分配。在进行预算分配时，策划人员要对促销工具的使用范围、频度、各种产品所处生命周期的不同阶段等多种因素加以分析和确定，以便更合理的支配促销的费用。

其次，调整并实施促销方案。依据当前市场的竞争情况，对促销方案的细节加以调整，然后，就开始实施促销方案。在实施的过程当中，要注意观察市场的反应，对促销的范围、强度、频度和重点进行适时、适当的调整，保持对促销方案实施的良好控制，以顺利实现促销策划预期的目标和效果。

3. 促销效果评估

第三阶段就是评估促销的效果。评估促销效果是一项重要又很困难的工作。促销策划的评估就是对促销活动投入与产出的评比和估算。为了测定本次活动的成功与否并为下一次促销活动提供现实的参考依据，促销的评估可分为事前评估和事后评估两大部分[①]。

事前评估通常需要测定的内容主要有：促销工具的选择是否合适？促销时间的选择是否符合消费者的消费习惯？设置的促销范围和既定的促销目标是否具有一致性？细致地做好这些工作，离促销成功就不远了。

在促销活动计划付诸实施之后，对促销活动的实际成果进行测试评估称为促销的事后评估[②]。衡量事后评估的典型方法是折价券的回报率、竞赛和抽奖的参与人数、赠品的偿付情况、短期销量的变化幅度等。其中，短期销量的变化幅度是衡量促销效果的最佳依据。

对促销效果进行认真的评估和总结，将为下一次的促销策划提供宝贵的经验，因此，企业策划人员必须重视促销评估工作。

动动手

整个促销策划的流程已经很清楚了，请你根据上述流程，参照导入案例，为趵突泉啤酒重新设计一份促销活动策划方案。

---

① 陈放．营销策划学．北京．蓝天出版社，2005. 203 – 204.

② 陈放．营销策划学．北京．蓝天出版社，2005. 203 – 204.

8.2 节日促销策划

8.2.1 节日促销存在的问题

节假日是促销推广的重要时机，五一劳动节、国庆节、中秋节、元旦、春节，再加上近些年日益流行的圣诞节、情人节等，都是众多商家利用各种促销高招抢占市场份额的精彩时段。一句话：节日促销在企业整个促销策划中的地位已经得到迅速的提升。在导入案例中，该公司的促销活动，也是主要选择了节日：元宵节和中秋节。

但是，由于节日促销的频率过高，促销活动往往效果不佳。企业要想摆脱节日促销的尴尬局面，首先需要从节日促销存在的问题进行分析研究。通常情况下，节日促销存在以下四大问题：

第一，促销策划没有以市场调查为基础，设计的活动方案对节日市场缺乏理性的思考和系统的规划，未能结合节日市场的特点进行促销组合，具有很强的盲目性。

第二，节日促销理念不清，活动主题缺乏特色。商家在搞节日促销时，过分关注商品的销售，在宣传方面准备不足，广告、海报、条幅等张贴不规范，商场购物环境不佳，而且忽视了对商家和厂家的宣传；节日促销的主题千篇一律，吸引力不强，缺乏新意，没有特色，消费者出现“审美”疲劳。

第三，节日促销的方式陈旧老套，促销手段司空见惯、毫无创意。企业进行节日促销的通常方式是免费使用、有奖销售、折价、凭证优惠、凭证退费、会员制、礼品赠送等。这类活动，消费者见怪不怪，对消费者的刺激力度已经大大减弱。

第四，节日促销人员的促销技巧水平低，促销缺乏亲和力。企业往往为了节省成本或者因策划考虑不周全而忽视了对节日促销人员的培训，使得促销人员的促销技巧水平较低。在促销的过程中，对顾客的消费心理把握不准确，与消费者不能进行良好的沟通。此外，促销人员因为不了解活动的意义和重要性，容易产生促销“疲劳”感，不能持续保持饱满的工作热情。

8.2.2 节日促销策划的对策

企业如何在节日期间创造销售业绩的高峰？如何通过促销来扩大市场份额，提高品牌的美誉度？如何在产品高度同质化的市场中显示出独特的促销主张？对策如下：

1. 促销理念和主题的创新

策划人员应精心设计节日促销的理念和主题，多一些创意，少一些雷同。富有创意的促销理念和主题是做好节日促销的灵魂。

作为促销活动主体的直接体现，理念和主题将在第一时间把促销信息传递给顾客。因此，如何让活动的理念和主题既吸引消费者的眼球，又能充分传播活动信息，就成了促销策划的关键。

在导入案例中，趵突泉啤酒关于“喝趵突泉啤酒，免费游园”的策划就很有创意，将趵突泉啤酒和免费游览趵突泉很好的结合在一起，在游园的旺季展开必然会吸引很多消费者的眼球，促销效果自然很好。

2. 文化型节日促销

节日促销策划与文化相结合，将节日促销上升到文化的高度。几乎所有的企业在搞节日促销时，都大打“送礼牌”、“促销牌”，虽然此类促销方式在短期内能够提高销售量，但也只是停留在产品诉求的表面。现在，随着人们收入水平的提高，消费者的消费观念已经从讲究实惠逐渐上升到讲究品位。

所以，在策划节日促销时要将节日的文化背景与企业的经营理念和企业精神相结合，开展具有针对性的节日文化型促销。这种促销在给消费者带来文化和思想享受的同时，也会为企业带来可喜的销售业绩，树立良好的企业品牌形象。

在导入案例中，趵突泉啤酒开展了“护泉基金活动”，充分体现了企业的社会责任感，将趵突泉啤酒的企业文化与护泉、保泉结合起来，提升了企业形象。

3. 多种促销手段联合使用

策划节日促销时，要联合多种促销手段，营造节日的促销气氛。策划人员要把广告、人员推销、营业推广、公共关系等促销手段进行有效的组合，以最大限度地吸引消费者关注的眼球。

策划节日促销活动时，要学会挖掘顾客的需求，捕捉顾客的节日消费心理，善于创造热点与亮点。此外，促销策划人员还应该针对不同的节日，结合企业理念和节日文化底蕴设计出独特的促销主张与促销诉求。只有这样的促销才能带给消费者真正的利益进而受到消费者的欢迎。

同步案例 8－1

“玫瑰心情”——把爱人带回家

背景资料：

2 月 14 日情人节，昆明某图书城在书城入口附近显著位置摆放一大型由竹子和花泥制成的“双心结”。凡是在 2 月 14 日当天进书店购书的顾客都可以获得一个为爱情许愿和祝福的机会，那就是每人获得一支红玫瑰（代表“一生一世”）和一张标签（代表“一生承诺”）。顾客可以在标签上写出对自己、对他人爱情的愿望和祝福，然后系在玫瑰花上一同插在“双心结”上，以此来表达对完美爱情的祈盼和祝愿，凡参与的顾客就有机会参加心动礼品抽奖活动（全天不定时抽取 10 次，每次 5 位），礼品为情人节定制的巧克力。同时，“双心结”在书城展览一个星期，期间顾客可以拍照留念。

问题：试分析昆明某图书城情人节促销是否合理？

分析提示：

玫瑰代表着爱情，代表着浪漫，是情人节不可或缺的东西。“双心结”的“结”与“情人节”的“节”同音，代表着“永结同心”，代表着爱情的长久。把玫瑰和“双心结”结合起来体现出爱情是浪漫的，更是蕴涵了责任的。这样一来，促销活动充满了人情和文化，正好体现了书城兼具文化与时尚的形象。

同步实训8-1

母亲节促销活动

[实训目标]

掌握节日促销的一般步骤与方法。

[实训内容]

选择学校附近一家商家（如鲜花店、服装店等），为其策划设计一个母亲节促销活动。

[实训操作]

(1) 首先让学生学习有关节日促销的相关知识。

(2) 将全班学生每五人分为一组，每组选出小组负责人。

(3) 每个小组在学校附近选择一家商家作为对象，为该商家策划母亲节促销活动。

(4) 尽量说服商家采纳方案并帮助其实施。

[成果要求]

(1) 每个小组成员通过调研、讨论，为该商家设计一个“母亲节促销活动方案”。

(2) 每个小组选派代表在班里汇报策划方案。

(3) 老师对各策划方案进行点评并打分。

(4) 凡是被商家采纳的方案将获得额外加分。

8.3　买赠促销策划

在陈季修主编的《促销·透过心灵的37种商业说服》一书中提到：所谓“买赠促销”是指商业企业向本企业的消费者免费赠送商品，或向购买一定金额商品的消费者实施馈赠的促销活动。

在各种促销活动如天女散花般纷纷上演的时候，赠品促销在一定程度上可谓浓缩了商战精华。越来越多的厂家和商家把目光集中在赠品促销上，以赠品作为争取消费者、提高销量的法宝。此策略若运用得当，对于企业来说，将会极大地提升品牌的亲和力，为公司日后的市场推广奠定基础；对于消费者而言，在免费赠送的前提下获得了内心的满足，利于日后的重复购买。

8.3.1　开展买赠促销的时机

要想保证买赠促销的效果，就必须选择好的促销时机。通常情况下，买赠促销的时机主要有以下四种情况：

第一种：新产品刚刚上市或提供新服务时。新产品上市伊始，由于缺乏知名度，往往难以刺激消费者的购买欲望，此时，选择买赠促销的方式可以利用消费者喜欢占便宜的心理促成其产生购买动机。

第二种：产品进入衰退期或企业清理库存时。一方面，进入衰退期的产品，企业为了让其枯木逢春，发出最后一点余热而选用买赠促销策略；另一方面，随着市场竞争的加剧，企业为了适应快速变化的市场需求，不断推出新产品。为了迅速清空已经老化的产品以调整产品结构，减轻库存压力，可以采用买赠促销的形式来拉动消费需求。

第三种：应对竞争对手降价时。价格战是产品促销的常用策略，但是，经常采用价格战，不仅会损害品牌形象，而且会让消费者感到厌倦，并对促销产品的质量产生怀疑。此时，企业就可以推陈出新，采用买赠促销的方式，以变相加价应对直接降价。

第四种：企业为了提升销量时。在同质化产品日益泛滥的市场上，企业为了聚拢人气、增加更多的销售机会，可以采取买赠的促销策略。

8.3.2 买赠促销策划需考虑的因素

买赠促销策划得好，不仅可以增加销量，而且可以提高产品的知名度和美誉度。但是，如果设计不好，劳民伤财尚在其次，一旦影响了公司的整个生产经营活动，将会给公司带来不可估量的损失。所以，在策划买赠促销时，必须要考虑周全，需考虑以下因素：

1. 赠品的选择

策划买赠促销时，首先要考虑的就是赠品的选择。赠品一定要新颖、独特、切合促销主题、富有吸引力。若所选赠品没有新鲜感，就不足以吸引消费者；若赠品太贵，则会导致促销成本过高，企业得不偿失。显然，赠品的选择是一个非常具有技巧性的问题。在选择时，应该遵循一定的原则。

第一，赠品与主推品之间要有一定的关联度。在导入案例中，公司开展了“喝趵突泉啤酒，免费游园”活动，将趵突泉公园门票作为赠品，将趵突泉啤酒和趵突泉公园连到了一起，提高了企业和产品的知名度。

第二，赠品的价值不宜过高，应体现形象高、成本低的原则。若赠品太贵，容易喧宾夺主，带来的不是主推品销量的提升，而是商品本身委身于赠品之下的一种沉沦；而选择形象高、成本低的赠品，则有利于降低促销的成本。如玉兰油选择有品牌知名度的依泰莲娜项链作为促销赠品，体现了赠品高形象、低成本的原则。

第三，应该依据主要目标消费群体选择赠品。不同的消费群体对于产品的需求是不同的，如果选择一种主消费群体完全不需要的产品作为赠品就会毫无意义，买赠促销对他们来讲也没有吸引力。

第四，赠品不宜长期不变，赠品的内容和种类要不断的更新。一成不变的赠品会让消费者感到厌倦，好奇新鲜的冲动购买欲望也会大幅度减弱。而且，消费者还会感觉到促销的商品和赠品原本就是一个“组合”。所以，为了保持赠品的吸引力，赠品一定要定期更换，做到常赠常新，只有这样，买赠促销才会有足够长的生命期。

第五，选择具有宣传作用的赠品。比如印有企业标志的雨伞、精美购物袋等，都可以作为赠品使用。比如，宝洁公司在促销海飞丝薄荷清凉洗发水时，选择了一本薄荷海飞丝洗发指导手册作为赠品，命名为“清凉海飞丝至酷洗发秘籍”，这对该产品起到很大的宣传作用。

2. 促销持续时间

买赠促销持续的时间不宜太长，否则，不仅会使企业付出高昂的促销费用，还会让消费者形成只认买赠不认品牌的坏习惯，对于品牌美誉度的提升起不到任何作用。

3. 赠品成本的控制

企业在策划买赠促销时，经常会忽略赠品的隐性成本，导致赠品的总成本过高，使得促销活动无法执行；策划中没有明确规定单一产品应搭赠的赠品数量，导致在促销时所搭赠的赠品超过计划数。如此，必将导致促销成本超出预算，吞噬了企业的应得利益。

同步案例 8-2

艾美加附送赠品活动

背景资料：

在移动存储市场占有重要地位的艾美加（Iomega Corporation）公司，在 2002 年年底推出的名为“贺新岁，送大礼”的促销活动，以“超值赠送，多重选择”的优惠方式来为用户提供多种购买选择方案。其中有一个主题就是“买 Zip 送 ZippO”。此次活动从 2002 年 12 月 1 日到 2003 年 1 月 31 日，活动规定：凡购买 Zip 750 外置驱动器、48×24×48 外置刻录机以及所有型号移动硬盘中的任何一台，就可以获得指定的 ZippO 打火机一台。另外，凡购买 Zip 250MB 外置驱动器、40×12×40 Predator 外置刻录机以及 48×24×48 内置刻录机中的任何一台，上海、广州的用户将获得有效期至 2003 年 2 月底免费电影票一张（上海的是在柯达影院）；北京、成都的用户将获得有效期至 2003 年 2 月底免费电影票两张；其他区域用户将获得艾美加精美 T 恤一件。

问题：本次促销活动创意如何？所选礼品是否恰当？

分析提示：

艾美加公司推出“贺新岁，送大礼”促销活动设计比较合理，但是部分礼品的选择有些不适当。

8.4　特价促销策划

特价促销是指在短期内的直接降价促销。由于特价促销对消费者具有特殊的吸引力和强烈的视觉冲击力，因此可以在短时间内有效刺激消费者的购买欲望，快速提升企业和产品的竞争力。企业进行特价促销的根本目的是传播品牌的核心价值。企业在搞特价促销时，切忌为特价而做特价，不应该偏离品牌的核心价值。否则，将会对企业品牌造成巨大的伤害。

8.4.1　特价促销策划的关键点

虽然有不少业内人士认为特价促销是最简单、最有效、最易操作的促销方法，但是特价促销本身有其先天性的缺陷。若操作不当，将会给企业的利润、形象、品牌美誉度等带来巨大的损害。所以，在策划特价促销时，必须把握住以下几个关键点：

1. 特价促销的理由

一个好的促销理由将在很大程度上提升促销活动本身的吸引力。所以，在策划之前，策划人员应该先根据产品的卖点、市场的热点及顾客的利益点找出一个足够刺激消费者的恰当的理由。比如新店开张、庆祝企业销售业绩突破 10 亿元大关等都可以成为特价促销的理由。

2. 特价产品

并不是所有的产品都适合做特价促销。在选择特价产品时，应该把注意力放在适应面广、消耗量大、购买频率高的快速消费品上。换言之，做特价的产品必须是大众用品，比如洗衣粉、卫生纸等。

选定特价产品后，还应该对其进行有效的整合。若特价产品的种类太少，将无法满足消费者的多样化需求，发挥不了规模效应；种类太多，则会造成品牌的贬值。所以，必须整合特价产品，以使特价促销发挥最大的效应。

3. 特价幅度

一方面，策划特价促销时，要注意使特价幅度适中适当。若特价幅度太小，则对顾客没有吸引力，不能引起顾客的购买欲望，从而造成资源的浪费；若特价幅度太大，虽然能在短期之内提升销售额，但是会扰乱价格体系，大幅度降低企业利润。

另一方面，进行策划的过程中，要依据产品的不同适时地调整特价幅度。特价促销的基本规律是：品牌知名度较低的产品，其特价幅度要大些；而知名品牌，只需小幅度降价便会取得不错的促销效果；对于那些经常做促销活动的品牌，其降价幅度要大些；而很少开展促销的品牌，降价幅度便可小些。此外，一般情况下一个品牌大幅度降价的效果比几个品牌同时小幅度降价的效果要好。

4. 特价促销的时机和持续时间

正确的时机是特价促销活动取得成功的重要前提。特价促销时机的把握以适合为唯一原则。即选择的时机除了要与企业的资源相匹配，同时还必须充分考虑行业特征、地区消费特征及竞争对手动向等因素。一般说来，五一、国庆、情人节等节假日，换季之时，竞争对手大幅度降价时都是特价促销的好时机。

对特价促销时间的有效控制是巩固、扩大促销战果的关键一环。根据有关的调查显示，特价促销的持续时间一般以 15 天之内为最好。若持续时间太长，一是促销效果递减，二是顾客一旦习惯特价，将无法再恢复价格弹性；若特价时间过短，则达不到最佳的促销效果。

5. 特价促销信息的发布

策划特价促销时，一定要重点把握住这一环节。因为只有针对目标消费群将促销信息发布到位才能让更多的人知道特价的信息。即要在促销费用投入有限的情况下，做好促销信息的发布。此时，广告的宣传，海报、横幅、特价标签、特价 POP 等的张贴，导购人员的推荐等都是向顾客传递特价信息的重要手段。这些都是需要策划人员认真考虑并精心准备的。

想想看

根据你的亲身体验，想一想：企业进行特价促销时有哪些潜在的风险？企业应该采取哪些措施来消除这些风险？

8.4.2　特价促销策划的注意事项

第一，建立应急机制，备足货源，及时补货。策划特价促销之前，应预估销量、查清库存，并准备好充足的货源，以防止出现库存不足、产品脱销的情况。

第二，要保证特价产品的品质和服务。一旦特价产品的质量或服务出现问题，那么企业面临的将是消费者的不断抱怨和投诉，甚至是品牌美誉度的彻底丧失。所以，在策划特价促销时，必须慎重地选择特价商品。

第三，要考虑到竞争对手可能做出的反应，随时准备应战。一般情况下，一个品牌实行特价时，其他竞争品牌也会随之跟进做特价销售。若特价促销效果明显，会引起竞争对手更加猛烈的反击，甚至会导致恶性竞争。所以，企业在策划之初必须想好应对之策，力求避免卷入价格战的漩涡。

第四，要及时恢复产品的正常价格。特价的时间过长，消费者一旦习惯特价，将很难恢复正常的价格，企业为此将遭受重大的损失。因此，企业在策划时就应该率先想到此点，在促销活动结束后，及时将产品恢复到正常价位。

同步案例 8－3

“肯德基”优惠券

背景资料：

“肯德基”与老竞争对手“麦当劳”的优惠券之争由来已久。这些优惠券以套餐优惠、折价优惠、学生优惠等折价方式，通过上门免费派送和消费赠送的途径，派送到消费者手中。虽然这些优惠券都标明有效日期，但新一轮的优惠券很快就产生，同时优惠内容组合也有新的变化。作为一种促销手段，“肯德基”似乎打破了“产品促销期不宜太长”的促销原则，事实上这种长期促销手段已经成为一种变相的降价销售手段。他们的目标并不是促销后能提高多少销量，而是在长期促销价下能产生的销量。

问题：“肯德基”的促销策略有何特点？

分析提示：

优惠券成为“肯德基”长期的促销手段。这一促销策略成为其经营中最基本的策略。

8.5　服务促销策划

《促销 · 透过心灵的 37 种商业说服》一书中对“服务促销”进行了这样的定义：服务促销是指商家从顾客的利益出发，从产品结构、产品质量、销售方式、服务项目及服务水平等方面为顾客进行全方位的服务，以满足顾客的各种不同需求来吸引购买。服务促销的定义为企业在策划服务促销活动时敲响了警钟：必须从顾客的角度出发，为顾客提供周到且完善的服务。

8.5.1 精心策划服务促销的原因

如今买方时代已经到来，企业在经历了广告、降价、赠送等促销大战以后，又寻找到新的竞争点，那就是服务促销。运用服务促销策略，让顾客“买得舒心，用得放心”已逐渐成为一种时尚。

企业采用服务促销不仅能留住老客户，还能吸引潜在的新客户。而且，良好的服务可以提高企业的声誉和产品的知名度、品牌的美誉度，赢得消费者对企业的忠诚。

服务促销活动同时也是买卖双方双向沟通的过程。买方可以通过服务向企业反馈信息，企业根据这些信息迅速地了解用户的需求以及用户对产品的意见和建议，从而不断地改进和更新产品及服务。

总的说来，服务促销是一种简单却很有效的促销手段，值得企业对其精心策划。

8.5.2 服务促销策划的三大阶段

1. 售前服务策划

买卖行为发生前，卖方向潜在顾客提供的各种服务即为售前服务。售前服务的目的在于向潜在顾客迅速准确地传递商品信息，使其消除对产品的顾虑，产生强烈的购买欲。售前服务的具体策划有：

第一，对潜在的消费者进行免费的教育和培训。可以选定一个特定的时间对潜在顾客进行免费的教育培训，解决顾客的疑难问题等，以此锁定潜在顾客。

第二，定点导购咨询。在目标消费者集中的地方定期定点地设置服务台，安排业务水平较高的工作人员向顾客提供免费的咨询服务，以消除顾客在购买过程中的种种疑虑，引导其迅速购买。

2. 售中服务策划

售中服务是卖方向进入现场的顾客或已经有购买意向并进入选购过程的顾客所提供的服务。此时，服务的目的就变成了向顾客介绍产品的特点、功能、使用方法等，使顾客在精神上感到满意，进而实施购买。售中服务的具体策划有：

第一，现场演示产品的功能，讲解产品的功效。在促销现场，设置一个大的展台，安排专业的销售人员对产品的具体功能进行讲解并演示，使顾客迅速地了解产品的性能，打动顾客的心。

第二，对产品进行现场加工。一般木材、油漆调配等产品比较适合现场加工，这样做能让顾客对自己即将购买的产品深信不疑。

3. 售后服务策划

售后服务是指卖方向已经购买产品的顾客所提供的服务。商品的销售总是和售后服务紧密相连的。企业向顾客提供良好的售后服务，解决顾客由于使用产品而带来的一系列问题和麻烦，增加顾客的使用效益，将赢得顾客对企业无限的忠诚。对售后服务进行策划时可以从以下几方面入手：

第一，售后技术跟踪。设计一个精致的小册子，将企业具体的联系方式印在上面，分发给用户，并为用户提供 24 小时免费热线电话。一旦产品出现问题，售后服务人员接到电话后，尽量在第一时间赶去解决用户的难题。

第二，建立产品质量监督档案，定期联络、拜访用户。为用户建立产品使用档案，间隔一定的时期通过电话、邮件、上门拜访等方式与用户进行沟通，了解产品的使用情况，为用户提供及时、周到、舒心的服务。如一旦在某眼镜店办理会员卡，该店会定期进行电话回访，询问在佩戴眼镜的过程中是否出现不适，而且每月提醒你一次到店内对眼睛进行健康检查。

想想看

随着竞争的不断加剧，企业都采取措施来提高产品售前、售中、售后的服务，上面讲的服务内容越来越成为一种常态化。那么，想一想：企业应该怎样做，才可以在服务促销方面“鹤立鸡群”？

8.5.3　服务促销策划的注意事项

众所周知，质优价廉是产品迅速占领市场的前提。但是，在产品高度同质化的今天，众多的产品在质量、价格上已不相上下，类似于特价、买赠等的促销方式对于产品销量的提升也已经没有多大的作用。此时，服务促销的优势就显现出来，策划服务促销也成了企业促销过程中的重要环节。在策划的过程中，应该注意以下几个事项：

第一，进行策划时，除了对具体的服务项目进行规定外，还应该注意规范服务人员的语言、行为等。

第二，为了保证服务的效果，在进行服务促销策划的过程中，要建立服务质量监控体系，明确规定奖惩标准以方便对服务人员的服务质量进行考评，努力使服务内容真正落到实处。

第三，对于已经付诸实行的服务内容，要通过各种方式进行宣传报道，让更多的目标消费者所熟悉了解。很多企业在策划促销的过程中往往忽略了这一点，虽然提供了优质的服务但没有产生应有的促销效果。

第四，最重要的一点就是承诺的服务一定要兑现，否则，损害的不仅是企业的信誉，随之而来的将是产品市场占有率的急剧下降。因此，企业在策划促销活动时，一定要考虑周全，准备充足，以积极的态度及时兑现已经承诺给消费者的服务。

同步案例 8-4

利盟特快（Lex Express）服务

背景资料：

打印机市场的竞争十分激烈，市场中的新品打印机不断上市，使得打印机生产商和销售商的日子都不太好过。很多品牌性能优良的打印机产品都在以各种方式来进行产品促销，利盟也不例外。相对于佳能、爱普生等知名品牌来说，利盟并没有那么高的知名度。因此，利盟在强调其过人的彩色打印技术之余，更加注重其服务促销，进而推出“利盟特快（Lex Express）”服务计划，旨在进一步加强售后服务，加快反应速度的一项全新服务模式。这项服务通过其热线中心委派专职速递公司，对在限定服务区域及符合保修条件的最终用户提供门对门的取/送硬件供应和维修服务。利盟的这项服务免除了消费者到处寻找配件的烦恼，增强了消费者的购买信心。

问题：利盟公司的服务为其创造了什么优势？

分析提示：

利盟公司的品牌虽然不够知名，但其周到的服务消除了消费者的顾虑，从而提高了该公司的竞争力。

8.6 促销活动策划的误区防范

促销对于企业来说显得尤为重要，经过近些年的发展，促销的手段和方式都得到了很大的提高，如：买赠、路演、套餐、返券、抽奖、积分、特价等，但促销的效果如何呢？促而不销、产品价格下滑、市场串货……我们提出下列问题给企业以警示作用。

1. 促销时机把握不准

之所以把握不准促销时机，是因为企业缺乏促销计划。许多企业都是在遇到销售困难时才会想起促销，一经想起便盲目行动，很少关注时机的准确性，导致人力、物力、财力的巨大损失。

作为营销策划工作的一部分，企业应提早制订促销计划。根据企业产品和目标消费者的特点，选择正确的地点和恰当的方式，在恰当的时机进行促销活动。

2. 赠品把握不准

赠品的作用可以分为两种，一种是引诱顾客重复购买，另一种是迎合顾客贪小便宜的习性刺激其购买冲动。而目前一些企业在做买赠促销时，过分强调赠品的价格而非价值，未能迎合消费者最强烈的心理需求。

赠品并不是越贵越好，而是越让顾客喜爱的越好。促销赠品的选择不在于有多贵而在于能根据不同消费群的心理，选择最能打动他们内心的物品。在促销时我们要因人而异，根据不同消费群的心态去确定他们最想要的赠品。

3. 促销缺乏创新与针对性

当我们走进一些超市，到处写的基本都是“买几赠几”、“促销价”、“优惠价”，没有推陈出新的促销形式，没有针对性，企业的促销活动都想把消费者一网打尽，其实这是错误的。当消费者天天面对同样的字眼，享受同样的优惠形式，那么这些促销方式将不再有吸引力。

这就要求企业，仔细研究消费者的心理，不断创新促销形式。同时，企业的财力、人力是有限的，全面开花往往顾此失彼，达不到预期的效果，所以企业应通过不断的细分消费人群，对不同人群实行不同的促销形式，这样促销工作才能有的放矢。

4. 促销就是打折降价

低价促销现在成了促销活动的主要内容，很多企业把价格当作促销工具，把降价当作促销活动，认为促销就是降价，这是错误的。促销活动的开展本身就会降低企业利润，如果始终以降价作为促销手段将会再次消耗掉企业的资源和削减企业的利润。

企业促销的意义在于通过一些新颖的而不是最传统的价格变动的方法来吸引消费者。

这就要求企业及时转变营销观念，积极采取多种形式进行促销，尽量避免以降价为主的策略。

5. 单纯追求销量

当前大多企业都认为，促销就是为了提升销量。很多企业有这样一种现象，就是每个促销报告的申请单后面都附有目标销量，把销量作为衡量促销效果的唯一标准。

其实，促销不仅仅是为了短期内提高销量，而是以挖掘客户需求来激发消费者的购买需求，通过促销达到更大范围的信息传播和沟通目标，从而提高企业的知名度，树立良好的企业形象。因而，企业要树立正确的促销目标，深入挖掘促销活动所带来的效益，实现促销效益最大化。

同步策划范例

东阿阿胶保健产品“五一”节日促销

一、活动背景

“五一”劳动节是我们中国广大老百姓传统节日，这样一个节日寄托了一份对老百姓感激和深情的祝福，希望我们的劳动人民健康、快乐。这样一个含义与东阿阿胶企业的经营理念“融古今智慧，创健康人生”一脉相承。正是经过我们劳动人民千百年的努力，才有今天阿胶系列产品的延伸和创新。具有两千多年历史的阿胶，它积攒了无数劳动人民的光荣与梦想，它是智慧的结晶，承载着人类健康的使命！在这样一个具有深刻意义的节日，东阿阿胶更渴望表达它的报答之情，彰显其品牌的价值！

二、活动主题

触摸“五一”，体验“阿胶”——东阿阿胶情系百姓。

三、活动目的

1. 利用节日消费高峰，提高销量；

2. 借势推广产品，促进认知；

3. 回馈广大消费者，建立忠诚度；

4. 加强与终端合作，改善彼此客情。

四、活动时间

2004 年 4 月 20 日 ~2004 年 5 月 20 日

五、活动产品

主推产品：阿胶神三个规格（20ML＊10、20ML＊20、20ML＊40）。

辅助产品：阿胶口服液、阿胶怡静口服液、水晶枣系列、蜂蜜（这几个产品根据每个城市基础情况而定，不要一哄而上）。

六、活动城市（以分公司为单位）

济南、青岛、北京、合肥

（不要仅局限于这四个城市，其他城市只要条件允许也可开展，特别是一些先进的商超终端，要充分利用此次活动，在终端形成一定的影响，提高终端对产品的信心，打好入场的基础）。

七、活动规划及活动内容

凡在活动期限内购买东阿阿胶保健系列品满 50 元，就可参加我们的《触摸“五一”赢幸运摸奖活动》一次；

凡在活动期限内购买东阿阿胶保健系列品满 88 元，就可参加我们的《触摸“五一”赢幸运摸奖活动》两次；

凡在活动期限内购买东阿阿胶保健系列品满 138 元，就可参加我们的《触摸“五一”赢幸运摸奖活动》三次；

凡在活动期限内购买东阿阿胶保健系列品满 188 元，就可参加我们的《触摸“五一”赢幸运摸奖活动》四次；

凡在活动期限内购买东阿阿胶保健系列品满 238 元，就可参加我们的《触摸“五一”赢幸运摸奖活动》五次，最多五次。

活动的解释权归山东东阿阿胶股份有限公司。

八、活动形式

每个有促销员的终端设一个摸奖箱，摸奖箱用 KT 板制作（尺寸长 30CM * 宽 30CM * 高 40CM）。摸奖箱分四个面：两个面为企业的 LG；另两个面为《触摸“五一”赢幸运》字样；

每个摸奖箱放五十一个乒乓球，乒乓球上标志设计为“五”“一”“五一”字样，请用不褪色的水笔写。

乒乓球上〈字样标志〉分配：10 个球上写“五”；5 个球上写“一”；1 个球上写“五一”；另外 35 个球上写“幸运”；

乒乓球也可以用其他东西代替（各分公司可以考虑，节约成本）。

九、奖项设计

一等奖的标志为“五一”，奖品为价值 168 元的阿胶神（20ML * 40）。

二等奖的标志为“一”，奖品为价值 88 元的阿胶怡静口服液。

三等奖的标志为“五”，奖品为价值 38 元的葆苓阿胶浆。

四等奖的标志为“幸运”，奖品为价值 6 元的水晶枣（100g）。

（资料来源：赵洪立，杨文启：《市场营销技能实训教程》. 北京：中央广播电视大学出版社，2007.）

本章知识脉络

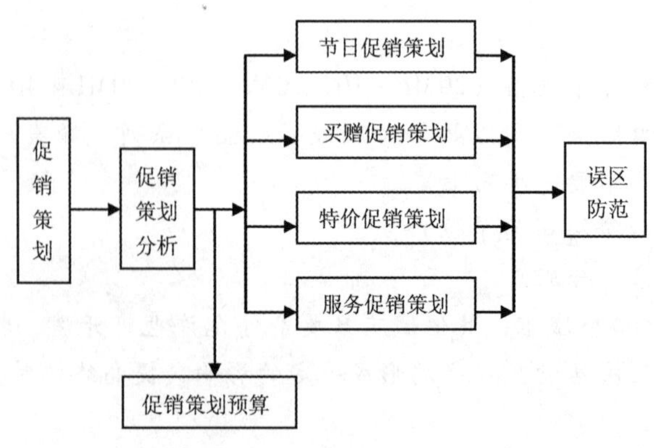

本章导入案例点评

趵突泉啤酒在此次促销策划方案中，第一步，明确了本次策划的原则和主题，阐释了相关概念；第二步，制订了具体的策划方案，确定了活动的主题和目标：趵突泉行动，旨在提高销量，提高公司和产品的美誉度；第三步，选择活动开展的时机：元宵节和中秋节为主要促销时机；第四步，确定促销对象，具体展开了护泉基金活动和免费游园活动；第五步，为此次促销活动做了合理的预算。良好的策划流程和恰当的策略选择是本次促销活动成功的保证。

思考与练习

1. 单选题

（1）促销的本质是(　　)。

A. 信息沟通　　B. 广告

C. 选择　　D. 公关

（2）工业产品的促销一般多采用(　　)的方法。

A. 营业推广　　B. 人员推销

C. 公关　　D. 广告

（3）企业促销要切实，不要凭空捏造不存在的东西，不要轻许不能兑现的承诺，否则会使顾客有强烈的心理受骗感。这体现了促销的(　　)原则。

A. 目标性原则　　B. 诚信原则

C. 创新原则　　D. 可执行原则

（4）美容院趁“母亲节”策划设计“美丽妈妈大赛”的活动，为妈妈们召开一次富有浓烈亲情意义的“美容文化讲座”(免费听讲)，在演讲的过程中不失时机地把美容院的美容文化价值和品牌形象传递出来。这一促销活动属于(　　)。

A. 文化型节日促销　　B. 特价促销

C. 服务促销　　D. 买赠促销

（5）(　　)是指为了达成促销目标，根据企业财力所能承受的水平来确定预算的一种方法。

A. 量入为出法　　B. 销售比率法

C. 竞争均势法　　D. 目标任务法

2. 多选题

（1）促销策划的主要内容有(　　)。

A. 节日促销策划　　B. 买赠促销策划

C. 特价促销策划　　D. 服务促销策划

（2）影响促销策划的因素有(　　)。

A. 产品的性质　　　　　　　　　　B. 市场的特点

C. 促销工具的特点　　　　　　　　D. 企业的历史

(3) 买赠促销主要适用于以下几种情况(　　)。

A. 企业为了提升销量时

B. 应对竞争对手提价时

C. 产品进入衰退期或企业清理库存时

D. 新产品刚刚上市或提供新服务时

(4) 企业在选择赠品时，下列说法正确的是(　　)。

A. 赠品与主推品之间要有一定的关联度

B. 赠品一定要便宜，质量好坏无所谓

C. 应该依据主要目标消费群体选择赠品

D. 赠品不宜长期不变，赠品的内容和种类要不断的更新

(5) 下列活动发生在产品售前阶段的是(　　)。

A. 对潜在的消费者进行免费的教育和培训

B. 定点导购咨询

C. 现场演示产品的功能，讲解产品的功效

D. 建立产品质量监督档案，定期联络、拜访用户

3. 简答题

(1) 企业进行促销策划应坚持哪些原则?

(2) 绘制促销策划流程图，并做简要分析。

(3) 企业进行促销预算的方法有哪些?

4. 案例分析题

案例资料：

澳柯玛的“见证促销”

澳柯玛电热水器是澳柯玛集团厨洁具事业部的主导产品，产品上市之初，公司策划了一次“见证促销”活动。该策划方案实施后的1个月，仅青岛地区产品销售就达到3000台，且澳柯玛厨洁具的系列产品销量较去年同期增长158%。澳柯玛电热水器的成功，为品牌推广工作做了有益的尝试。

一、同行市场及消费者分析

澳柯玛热水器有限责任公司主要生产经营电热水器。当时电热水器行业正处于成长期，市场上品牌混杂。澳柯玛热水器公司对这种生产状况，既没有打出降价的大旗，以价格战来获取生产份额；也没有以传统的买一赠一、买一赠二等手段来吸引消费者的短期注意力，激发消费者的短期购买行为。他们从公司的长远发展考虑，把质量过硬、技术优良这一特点作为澳柯玛电热水器的宣传点，将安全、保温、节能作为产品的诉求点，提出“断电100小时有热水、安全100%水电分离”的双百承诺，并以此作为澳柯玛电热水器顺利导入市场的广告语。

为了在市场上一炮打响，他们在青岛市做了一次范围广、测试者集中（中等收入以

上家庭）的问卷调查，并从此次调查中发现消费者选购热水器最关心的是安全和节能两个因素。这一答案正好与公司提出的“双百承诺”相吻合，于是他们抓住这一契机，举办了一次别开生面的、生动的“断电 100 小时有热水，大众监督见证”现场促销活动。

二、促销策略及过程

澳柯玛热水器公司从消费者及其关心的“电热水器断电后多长时间还能保持有热水”这一问题入手策划了这次活动。他们将澳柯玛电热水器“断电 100 小时有热水”的承诺通过让消费者在断电 100 小时后以有奖形式予以确认，最终使澳柯玛电热水器高质量的概念深入人心，提高了产品的知名度和美誉度。

活动时间定在 3 月 15 日。活动之前，他们做好了充分细致的准备工作，想到了所有可能出现的情况与问题，同时提出了相应的解决方法，并事先在厂区内进行了严格的试验。随后，他们在青岛市七大商场布置了澳柯玛热水器展柜、岩石台，悬挂精美的 POP 广告，并在青岛市主要的繁华路段悬挂了大量的横幅标语，这一切都为此次活动的开展起到了推波助澜的作用。

3 月 15 日上午 9 时，澳柯玛热水器公司派出精兵强将准时到达各自负责的商场，并进行了实验前的预热准备工作。中午 12 点整，七大商场、一个中心同时断电，宣布实验活动正式开始，并由总厂工作人员测出断电后的实验数据（79 摄氏度）。这一活动引起了极大的轰动，在场的顾客争相参加，参与测量水温的顾客络绎不绝。在以后的 100 小时内由于顾客的热情参与，原计划每隔一小时测量一次的工作改为每半小时一次。经过全体工作人员和热情的消费者的共同努力，在经历了 5 天 4 夜的测量见证工作之后，测出 800 个实验数据，最后得出 100 小时后的平均水温为 34.6 摄氏度。这一数据真正体现了澳柯玛电热水器杰出的保温性能和经济节省的特点。许多参与活动的顾客纷纷表示，这种高保温性能在所有品牌的电热水器中是非常突出的。

三、促销效果和启示

本次促销活动取得了良好的效果，澳柯玛热水器公司仅在 5 天活动期间就售出热水器 302 台，3 月份青岛地区的产品销量较以前翻了近六番，超出了预期目的，并使澳柯玛电热水器优良的保温性能达到了广泛的宣传，提升了产品的知名度和美誉度。

（资料来源：曹刚等．《国内外市场营销案例集》．武汉：武汉大学出版社，2003.）

思考题：

（1）澳柯玛的差别化优势主要体现在哪些方面？

（2）结合本案例谈谈见证促销活动前有哪些方面的准备工作要做？

（3）现代企业的促销方法主要有哪些？

5. 业务模拟训练

促销策划实务操作

训练目标：

明确促销策划的内容；熟练掌握节日促销策划、特价促销策划和买赠促销策划的方法和技巧。

训练内容：

节日促销策划；买赠促销策划；特价促销策划。

训练操作：

作为新产品上市的一部分，为新产品上市推广做策划促销活动，包括节日促销活动、买赠促销活动和特价促销活动。

成果要求：

提交节日促销活动策划方案一份；提交买赠促销活动策划方案一份；提交特价促销活动策划方案一份。

第 9 章 进行网络营销

知识要点 (1) 网络营销；(2) 网络营销策划；(3) 企业站点；(4) 搜索引擎；(5) 网络营销组合策略；(6) 网络推广策略。

能力目标 (1) 掌握网络营销策划的内容与思路；(2) 能够进行企业网站建设与推广；(3) 掌握网络营销组合策略。

导入案例

埃沃斯特广告公司（Everest Advertising）网络营销计划

一、公司简介

埃沃斯特是一家国际性的广告代理商，它可为世界范围内的大小公司开展广告和营销业务。该公司已成功地为北美的企业服务了 20 年，为欧洲的企业服务了 15 年。最近 10 年，该公司又将业务范围扩展到亚洲和澳洲。

迄今为止，公司已开拓了下列媒体中的广告业务：印刷类型广告，如杂志、广告牌等；直邮；广告推销会。

二、网络营销计划

该公司今后发展方向的一种选择是进入万维网，首先，需考虑以下问题：进入万维网对本公司意味着什么；我们为什么要进万维网；我们如何进入万维网。

1. 进入万维网的目标

对埃沃斯特广告公司而言进入万维网就是在网上创建公司的站点，向访问者三维地展示公司状况。

埃沃斯特广告公司进入万维网可以期望得到如下效果：(1) 增加客户；(2) 展示本公司的历史；(3) 发布信息；(4) 促进公共关系；(5) 利用网络工具招聘新的人才；(6) 建立网络社区。

2. 进入网络的任务

公司要进入互联网，要保证网络营销的成功，首先需要做以下工作：公司所有标志物、印刷品上均应印有公司的网络地址；在至少两个以上的搜索引擎（Search Engine）上注册网址：Yahoo！和 Infoseek 等；在注册时采用与公司工作有关的关键词，即要达到看到该词就能联想到本公司的目的；在相关的国家、地区举行新闻发布。另外还要考虑以下两个方面的问题：（1）费用；（2）竞争者。

三、埃沃斯特广告公司网页设计框架

埃沃斯特广告公司网页设计包括的基本内容有：公司简介、服务内容和顾客、公司事件、请与我们对话、娱乐、投资者信息、人才招聘和交通图。

在本页中还包括公司的标志、营销宗旨以及一个能贯穿整个网址的创造性的主题。下面分别介绍一下各功能模块所包括的主要内容：

1. 公司简介

（1）我们是谁？包括欢迎信、公司历史、主要人员（附上主要成绩）等。

（2）我们能做什么？列出服务内容和公司各部门等。

（3）我们在哪里？即地址和地图。

2. 服务内容与顾客

（1）服务列表。各项内容举例、各类服务联系人（E－mail 地址）。

（2）顾客表。

（3）公文。分国别和语种。

3. 公司事件介绍

（1）新闻发布。

（2）成功事件。包括奖励和扩展等事件。

（3）新顾客。

4. 请与我们对话

（1）建议。

（2）评论。

（3）闲谈室。包括有创造力的 Ad 热衷者，营销、广告策划人，广告专家，国际分部（欧洲、亚洲、澳洲）等。

5. 娱乐

（1）滑稽的广告故事、笑话。

（2）可下载的 Jingles。

（3）可下载的最受欢迎的广告。

（4）竞争对手创作的受欢迎的广告。

（5）你最喜爱的广告。

（6）AD 抢答、竞争。

6. 投资者信息

（1）年度财务报表。

（2）华尔街新闻。

另外，人才招聘和交通图按照公司所处的阶段真实地进行发布和说明，以便使公司招收到更优秀的人才和方便联系。

（资料来源：瞿彭志．《网络营销》．北京：高等教育出版社，2001.）

在网络市场背景下，企业的营销环境发生了根本性的变化：营销过程虚拟化，消费者身份虚拟化，消费者购买行为网络化。企业的广告、调查、分销、购物结算等都通过互联网而转变为数字化行为。这就要求企业重新组合营销资源，重新设计营销组织。网络营销正是以互联网技术为基础的新的营销模式。

9.1　网络营销策划分析

9.1.1　网络营销

1. 网络营销的含义

网络营销是企业整体营销战略的一个组成部分，是为实现企业总体经营目标，以互联网技术为基本手段所进行的各种营销活动。

2. 网络营销的特点

（1）时域性

营销的最终目的是占有市场份额，由于互联网能够超越时空限制进行信息交换，使得企业脱离时空限制进行营销变成可能。企业有了更多时间和更大的空间进行营销，可以每天 24 小时随时随地地提供全球性营销服务。

（2）富媒体

互联网可以传输多种媒体的信息，如文字、声音、图像等，使得为达成交易进行的信息交换能以多种形式存在和交换，可以充分发挥营销人员的创造性和能动性。

（3）交互式

企业通过互联网提供商品信息资料查询，与客户进行多种形式的交流和沟通，还可以进行产品测试与消费者满意调查等活动。互联网为产品联合设计、商品信息发布以及各项技术服务提供最佳工具。

（4）个性化

互联网上的促销是一对一的、理性的、消费者主导的、非强迫性的、循序渐进式的，而且是一种低成本与人性化的。通过信息提供与交互式交谈，企业与消费者可以建立长期良好的关系。

（5）成长性

互联网使用者数量快速增长并遍及全球，使用者多属年轻、中产阶级、高教育水准的群体，由于这部分群体购买力强而且具有很强的市场影响力，因此是一项极具开发潜力的营销模式。

（6）超前性

互联网是一种功能最强大的营销工具之一。它同时兼具渠道、促销、电子交易、互动顾客服务以及市场信息分析等多种功能。它所具备的一对一营销能力，正是符合制定营销与直复营销的未来趋势。

（7）高效性

计算机可储存大量的信息，代消费者进行查询，其可传送的信息数量与精确度远超过其他媒体，并能根据市场需求，及时更新产品或调整价格，因此能及时有效地了解并满足顾客的需求。

（8）经济性

通过互联网进行信息交换，代替以前的实物交换，一方面可以减少印刷与邮递成本，可以无店面销售，免交租金，节约水电与人工成本，另一方面可以减少由于多次交换带来的损耗。

3. 网络营销的职能

网络营销的职能可以归纳为以下八个方面：

（1）网络品牌

网络营销的重要任务之一就是在互联网上建立并推广企业的品牌。网络品牌建设是以企业网站建设为基础的，通过一系列的推广措施，达到顾客和公众对企业的认知和认可。在一定程度上说，网络品牌的价值甚至高于通过网络获得的直接收益。

（2）网站推广

相对于其他功能来说，企业网站推广显得极为迫切和重要，网站所有功能的发挥都要以一定的访问量为基础，所以网站推广是网络营销的核心工作。

（3）信息发布

网站是一种信息载体，通过网站发布信息是网络营销的基本职能。无论哪种网络营销方式，都会将一定的信息传递给目标人群，包括顾客（潜在顾客）、媒体、合作伙伴、竞争者等。

（4）销售渠道

一个具备网上交易功能的企业网站本身就是一个网上交易场所。网上销售是企业销售渠道在网上的延伸，网上销售渠道建设也不限于网站本身，还包括建立在综合电子商务平台上的网上商店及与其他电子商务网站不同形式的合作等。

（5）顾客服务

互联网提供了更加方便的在线顾客服务手段，从形式最简单的FAQ（常见问题解答）到邮件列表，以及BBS、MSN、聊天室等各种即时信息服务，顾客服务质量对于网络营销效果具有重要影响。

（6）顾客关系

良好的顾客关系是网络营销取得成效的必要条件。通过网站的交互性、顾客参与等方式，企业在开展顾客服务的同时，也增进了顾客关系。

（7）网上调研

通过在线调查表或者电子邮件等方式，可以完成网上市场调研。相对传统市场调研，网上调研具有高效率、低成本的特点，因此，网上调研成为网络营销的主要职能之一。

（8）销售促进

相对于传统营销，网络营销更需要消费者的关注，而销售促进无疑是必不可少的手段。据调查，商家为吸引消费者而推出的主要促销手段有直接打折、积分兑换和促销优惠券。

9.1.2　网络营销策划

1. 网络营销策划的含义

网络营销策划是企业在特定的网络营销环境和条件下，为达到一定的营销目标而制订的综合性的、具体的网络营销策略和活动计划。

网络营销策划是一项复杂的系统工程，它属于思维活动，但它是以谋略、计策、计划等理性形式表现出来的，可以直接用于指导企业的网络营销实践。它所使用的手段包括基于站点的网络营销和无站点网络营销。

2. 网络营销策划的分类

网络营销策划按营销目的可分为以下几类：

（1）销售型网络营销策划

销售型网络营销策划目标是指为企业拓宽网络销售，借助网上的交互性、直接性、实时性和全球性为顾客提供方便快捷的网上售点。目前许多传统的零售店都在网上设立销售点，如北京图书大厦的网上销售站点。

（2）服务型网络营销策划

服务型网络营销策划目标主要为顾客提供网上联机服务。顾客通过网上服务人员可以远距离进行咨询和售后服务。目前大部分信息技术型公司都建立了此类站点。

（3）品牌型网络营销策划

品牌型网络营销策划目标主要在网上建立企业的品牌形象，加强与顾客的直接联系和沟通，增加顾客的品牌忠诚度，配合企业现行营销目标的实现，并为企业的后续发展打下基础。目前大部分企业站点属于此类型。

（4）混合型网络营销策划

混合型网络营销策划目标力图同时达到上面目标中的若干种。如亚马逊通过设立网上书店作为其主要销售业务站点，同时创立世界著名的网站品牌，并利用新型营销方式提升企业竞争力。它既是销售型，又是品牌型。

9.1.3　网络营销策划的原则

1. 系统性原则

网络营销是以网络为工具的系统性的企业经营活动。它是在网络环境下对市场营销的信息流、商流、制造流、物流、资金流和服务流进行管理的。因此，网络营销方案的策划，是一项复杂的系统工程。策划人员必须对企业网络营销活动的各种要素进行整合和优化，使“六流”皆备，相得益彰。

2. 创新性原则

创新带来特色，特色不仅意味着与众不同，而且意味着额外的价值。在个性化消费需求日益明显的网络营销环境中，通过创新，创造出满足顾客个性化需求的产品和服务，是提高效用和价值的关键。在网络营销方案的策划过程中，必须在深入了解网络营销环境的前提下，努力打造旨在增加顾客价值和效用、被顾客所欢迎的产品和服务特色。

3. 操作性原则

网络营销策划是一种思维过程，但不能只是一种空想，必须具有很强的可操作性，是经过努力可以实现的设计。所以网络营销策划的任务不仅要求提供思路，而且要求在此基础上产生行动方案，对企业在未来的网络营销活动中做什么、何时做、何地做、何人做以及如何做的问题进行了周密的部署和具体的安排。不能操作的方案，创意再好也无任何价值。

4. 适应性原则

网络营销策划基于对未来的市场预测，它不可能准确描述未来市场的一切因素，必然会出现营销方案与现实脱节的情形。因此任何策划方案都需要预测未来可能发生的各种情况，制定相应的应对措施，即备用方案。如果方案不能适应市场变化，往往不能实现预期效果。

9.2 网络营销策划的内容

网络营销策划的内容包括以下八点：

1. 前言

策划的作用在于统领全书。前言应当简单交代营销策划的背景，营销策划的目的、重要性，策划过程和策划内容的概略介绍和策划实施后应达到的效果等。

2. 网络营销市场分析

（1）网络营销环境分析

企业在做网络营销策划的时候要顺应与自己经营有关的宏观要素。网络营销环境分析包括政治、经济、社会、人文、政策、法律等要素。

（2）企业营销现状评价

以收集到的反馈资料为基础，阐述公司的营销目标和资源、当前的网上业务以及客户情况等。

（3）目标人群分析

目标人群的行为习惯是制订推广计划最重要的依据，一定要尽可能详细地分析目标人群的性别、数量、年龄、学历、收入情况、上网时间、上网习惯、主要使用媒介、上网动机、消费决策链等，根据目标人群的消费行为习惯等来制订网站推广的策略和方法。衡量相关网络市场需求，评估网络消费者购买行为。

（4）竞争对手推广策略分析

在确定推广策略和方法之前先分析竞争对手的网络营销手段，如竞争对手的网站设计情况、其被哪些搜索引擎收录、其网络合作伙伴有哪些、有哪些网站链接到竞争对手的网站、竞争对手网站链接到了哪些网站、竞争对手在哪些媒介上进行了推广等。

3. 网络营销目标

企业在进行网络营销的时候，预期要到达两个效果，一个是提升销售业绩，这个可以从网络订单客户去验证，另外一个是提升企业整体形象，可以通过搜索引擎的收录数量初步识别。应当对网络营销的目标进行合理陈述，如“利润比上年增长12%”，“品牌知名度达到50%”等。

4. 企业网站开发策划

企业站点是由企业建立的，以推介企业产品和服务、扩大企业影响、促进在线或离线销售、增进顾客关系等为主要目的的互联网站点。

(1) 分析企业站点的重要性

①廉价高效的宣传手段。

②方便快捷的客户服务方式。

③反应迅速的公关媒介。

④新兴的销售渠道。

⑤提高工作效率的站点系统。

(2) 企业站点类型

企业网站大致可分为五种。不同的类型，会有不同的目的，企业应根据实际情况打造适合自己的专属网站。

①企业宣传型。这种类型的网站是企业最基本的一种，它的使用范围目前是比较广泛的。对于只想宣传一下自己的企业，只需要将自己企业的简介、地址、联系方式、经营项目等一些简单的资料发布到网站上，通过简单的运营来进行宣传。

企业宣传型的网站因为功能单一，内容较少，在网站的美观和实质内容上都不如其他类型的网站，适用于小型企业和新创立的企业。

②产品展示型。这种类型的网站是企业常用的一种宣传类的网站。不同于宣传型网站的是，企业不仅仅是宣传自己公司，还需要将自己公司所制造和销售的产品在网站上展示出来，访问者可以很轻松地看见公司产品的简单资料和介绍，同时也享受到了更加快捷的服务。

产品展示型的网站的功能利用也是相对较低的，网站和实质内容相对于宣传型网站要好，而对于企业的适用性也是最广泛的一种。一般适用于中小型企业和产品种类较多的公司。

③企业形象型。企业形象型的网站不同于企业宣传型和产品展示型的地方，就是吸收了它们的优点，而又增加了很多新的功能，达到一个更好的效果。企业的形象是企业最关注的一个方面，所以此类网站不仅仅让客户了解企业和企业的产品，更多的是需要让人们更深刻地记住自己。这一类型的网站适用于大中型的企业和需要树立企业形象的公司。

④产品销售型。该类型的网站，就是实现网上买卖商品，购买的对象可以是企业(B2B)，也可以是消费者（B2C)。为了确保采购成功，该类网站需要有产品管理、订购管理、订单管理、产品推荐、支付管理、收费管理、送发货管理、会员管理等基本系统功能。复杂的物品销售、网上购物型网站还需要建立积分管理系统、VIP 管理系统、客户服务交流管理系统、商品销售分析系统以及与内部进销存打交道的数据导入导出系统等。本类型网站可以开辟新的营销渠道，扩大市场，同时还可以接触最直接的消费者，获得第一手的产品市场反馈信息，有利于市场决策。

⑤综合信息型。企业综合信息网站建设是所有各企业类型网站的综合，是企业面向新老客户和社会公众的窗口，是目前最普遍的形式之一。该类网站将企业的日常涉外工作上网，其中包括营销、技术支持、售后服务、物料采购、社会公共关系处理等。该类网站涵盖的工作类型多、信息量大、访问群体广，信息更新需要多个部门共同完成。

关于“企业网站开发策划”详见9.3。

5. 网络营销策略

网络营销就是企业在互联网上进行的市场营销活动。互联网提供了企业与顾客双向交流的通道，使企业得以发展规模化的交互式的市场营销方式。这种交互式的市场营销方式一方面让企业更直接、更迅速地了解顾客的需求；另一方面，使企业有更多的空间，为用户提供更具价值的售前服务和售后服务。互联网的商业应用改变了传统的买卖关系，带来了企业市场营销方式的变革，对市场营销提出了新的要求。随着互联网广泛的信息技术和市场营销的相互结合，相互作用，形成了网络营销的产品、价格、销售促进和渠道组合。

关于“网络营销策略”详见9.4。

6. 网络营销实施计划

好的策划不仅包括好的创意，还必须提供一个真正可执行的方案。因此需要制定一个详细的计划进度表，把营销活动中需要完成的每一件事情都罗列出来，明确完成的人员、时间、措施等事项，确保方案得到有效的执行。

7. 网络营销费用预算

每一个营销方案肯定会有一定的投入预算，要通过合理规划让有限的资金发挥最大的效果。比如大型的推广计划里可能会涉及几十万到上百万的推广预算，这时候就需要对媒介做详细的评估选择，制订一个最佳的组合计划，让推广的效果达到最大化。

8. 网络营销效果评估

做了营销就要去监测评估效果。通过添加一个网站流量统计分析代码，从后台详细查询网站流量情况及来源等数据，对每一时间段的网络推广做监测跟踪，了解网络推广的效果，帮助企业及时调整推广的策略。

想想看

回想一下过去学过的传统媒体市场营销策划，是不是这些内容？比较一下传统媒体的市场营销策划与网络营销策划有何不同？

9.3　企业网站开发策划

企业网站开发在建设网站之初一定要进行细致的规划，首先要明确企业网站建设的目的和网站的功能，其次要规划网站建设的主要内容，最后是选择网站建设的措施。企业网站开发策划基本思路如下：

1. 网站建设市场分析

①市场主要竞争者分析，包括竞争对手上网情况及其网站策划功能与作用。

②了解相关行业的市场是怎样的，市场有什么样的特点，是否能够在互联网上开展公司业务。

③公司自身条件分析，包括公司概况、市场优势、可以利用网站提升哪些竞争力、建设网站的能力（费用、技术、人力等）。

2. 网站建设功能

企业根据自身的需要和计划，确定网站的类型。一般来说，在规划企业网络营销站点结构时，除应具备一般站点应具有的站点结构位图、站点导航、联系方式等基本功能外，还应具备以下几点功能：

（1）企业信息发布与形象宣传

这部分属于站点的最基础内容，它主要包括企业新闻、企业经营活动、重大事件信息发布以及企业的概况和企业产品信息等。如网站中的产品介绍、公司简介、文摘报道、新闻、搜索等栏目。

（2）信息交流沟通

互联网最大的特点是可以进行双向沟通，一个友好的个性化网站一般都要提供给顾客直接与企业进行沟通的渠道。如网站中的新闻组、论坛、注册和反馈等栏目，都是用户或者业务伙伴与企业进行交流和沟通的有效渠道，同时也是客户之间相互交流的虚拟社区。

（3）网上销售

利用互联网进行网上销售既可以减少交易费用，又可以直接与消费者进行沟通，有利于完善软件和产品的功能。提供网上销售功能时，还要考虑提供功能的类型。如果只有订货功能，则实现起来比较简单。如果要具有网上交易功能，则网站还要提供网上支付手段。

（4）售后服务

售后服务是企业网站上经常提供的功能，设计时可以根据企业实际情况有选择性地提供网上售后服务。如某些公司的网站提供了很强的网上售后服务（如技术支持和授权培训），提供了消费者需要的有关技术资料信息和操作培训信息。

3. 网站内容规划

网站内容是网站吸引浏览者最重要的因素，无内容或不实用的信息不会吸引匆匆浏览的访客。企业可事先对人们希望阅读的信息进行调查，并在网站发布后调查人们对网站内容的满意度，以及时调整网站内容。

（1）根据网站的目的和功能规划网站内容，确定网站的结构导航

一般企业网站应包括：公司简介、企业动态、产品介绍、客户服务、价格信息、联系方式、网上订单、在线留言等基本内容。更多内容如常见问题、营销网络、招贤纳士、在线论坛、英文版等。

（2）确定网站的结构导航中的每个频道的子栏目

如公司简介中可以包括总裁致词、发展历程、企业文化、核心优势、生产基地、科技研发、合作伙伴、主要客户、客户评价等；客户服务可以包括服务热线、服务宗旨、服务项目等。

（3）确定网站内容的实现方式

如产品中心使用动态程序数据库还是静态页面，营销网络是采用列表方式还是地图展示等。

（4）确定网站各种整合功能

如 FLASH 引导页、会员系统、网上购物系统、问卷调查系统、在线支付、信息搜索查询系统、流量统计系统等。

4. 网页内容设计

设计网页内容的要点包括：

(1) 追求有意义的访问量，排除非目标访问者

(2) 展现企业产品的价值描述

(3) 设置简约有效的产品检索方法

(4) 完善 FAQ (Frequently Asked Questions，常见问题) 设置

(5) 建立网际信任

5. 费用预算

企业建站费用的初步预算，一般根据企业的规模、建站的目的而定。最终还要由专业建站公司提供详细的功能描述及报价，企业进行性价比研究。

6. 网站发布与推广

企业站点的推广活动可以按照在线和离线分为两大部分。搜索引擎是在线推广的首选；网页广告、交换链接、电子邮件、论坛、BBS、讨论组等也是非常重要的在线推广手段。离线推广也起着不可替代的作用，比如依靠传统媒体、人际传播等。

(1) 在线推广

①利用搜索引擎。

搜索引擎是指由存储了大量网站和网页资料的、处于不断更新中的网络数据库以关键词检索或目录分类的方式提供查询服务的互联网平台。搜索引擎主要分为两种类型：全文检索式 (Full Test Search) 和目录分类式 (Directory Search)。

搜索引擎优化，或称 SEO (Search Engine Optimization)，主要是针对全文检索式搜索引擎的自然搜索结果而言的。运用搜索引擎的运行原理，可以优化网站设计，提高网站检索水平。

目前全文检索式搜索引擎提供的付费推广方式主要有搜索结果广告、搜索排名广告、页面定向显示广告等。

②投放网络广告。在各类门户网站、新闻网站或专业网站等富有人气的网站上投放广告。

③交换友情链接。友情链接是指企业站点通过非付费途径，与其他站点交换放置的链接。

④借助讨论组、BBS、论坛。

⑤加入网站名录。

⑥提供邮件列表和电子杂志服务。

⑦实行互联网会员制营销。

(2) 离线推广——借助传统媒体

传统媒体（电视、广播、报纸、杂志）仍是目前人们接触最多的信息传播媒介。传统媒体对于推广企业网站同样具有举足轻重的作用。

动动手

在谷歌、百度等搜索引擎输入“网络营销”等关键词进行检索。查看结果页面的数量，观察检索结果第一页的信息差异情况，分析造成这种差异的原因。

同步案例 9-1

香港连锁酒店的网络营销

背景资料：

2003 年 11 月，一家香港著名连锁酒店决定借助搜索引擎进行营销推广，于是委托专业搜索引擎登录服务机构对其网站进行优化。在了解了客户的需求后，该机构建议先从 50 个关键词开始，针对 15 家主要全球性英文搜索引擎及目录索引（Yahoo，Google，Mta-Vista，AOLSearch，MSN，Hotbot，ODP，Netscape 等）进行优化注册。

该机构最初的目标是在提交网站登录后，取得至少 25 个搜索引擎链接，然而结果大大超出了预期。2004 年 1 月中旬，该连锁酒店的网站在各大引擎上获得了 60 个排名，在当月月底排名更增加到了 70 个以上。

到 2004 年 6 月为止，在该连锁酒店的网站总访问量中，由搜索引擎引导的流量占到了 7%～10%，而当期客房出租率与 2004 年 1 月相比激增了 157%，其中源自网上的订房率比 2004 年 1 月增加了 137%。从 2004 年 3 月到 9 月期间，该网站累计点击率已达 200 万次左右，同期累计页面浏览量也超过了 50 万次。

问题：了解搜索引擎营销的重要性。搜索引擎营销的方法有哪些？本案例应用了什么方法？效果如何？

分析提示：

搜索引擎营销是网络营销的最重要的手段之一。搜索引擎营销的方法有搜索引擎登录、搜索引擎优化、关键词广告等。其中搜索引擎优化是一种廉价而又有效的方法。

9.4　网络营销组合策略

9.4.1　网络产品策略

1. 产品定位

在消费者定位上，网络营销的产品和服务的目标应与互联网用户一致。网络营销所销售产品和服务的消费者首先是互联网的用户，产品和服务要尽量符合互联网用户的特点。互联网用户的收入水平和教育水平都较高，喜欢创新，对计算机产品和高技术产品情有独钟。

2. 产品类型

根据互联网用户的特征和在线销售的特点，可以得出适合在线销售的实体产品的主要类型为：书刊、音像、IT 产品、电器、礼品、饰品、通讯器材、摄影摄像器材、玩具、体育用品、保健品、化妆品等。适合在线销售的服务类型主要为：票务（如车、船、飞机、电影、音乐会等）、旅游产品、咨询培训服务、写作翻译服务、家政等。

3. 网络品牌

域名对于企业的作用相当于企业在网络上的“商标”，全球的用户都可以通过企业的网址访问企业网站。网络品牌是传统品牌在网络上的延伸，一个易于识别、朗朗上口的网络域名可以为企业带来更高的知名度。在明确企业的域名价值之后，就必须采取相应的措施保护企业的域名资源，加强其发展与规划，使域名这一营销资源和企业的发展战略保持一致。

4. 新产品开发

利用互联网方便快捷的信息查询途径，企业可以迅速把握市场动态，了解竞争者情况，找准自身的最佳切入点，实现产品市场定位。互联网降低了信息的不对称性，企业可以通过网络直接了解客户的需求，使生产出来的新产品更易于为用户所接受。网络推广可以大大降低某些产品市场的开拓成本，也是一种将产品快速推向市场的重要渠道。

9.4.2 网络价格策略

企业在进行网络营销决策时必须对各种因素进行综合考虑，从而采用相应的定价策略。很多传统营销的定价策略在网络营销中得到应用，同时也得以创新。根据影响价格因素的不同，网络定价策略可分为如下几种：

1. 低价策略

网上销售具有中间环节少的优势，这种优势主要应体现在价格上，将原来由分销商所获得的利润让给消费者，使消费者成为网络销售的受益者。在价格策略上，网上的价格明显低于传统有形市场上的价格。

2. 个性化定价策略

消费者往往对产品外观、颜色、样式等方面有具体的内在个性化需求。个性化定价策略就是利用网络互动性和消费者的需求特征，来确定商品价格的一种策略。这种个性化服务是网络产生后营销方式的一种创新。

3. 折扣定价策略

在实际营销过程中，网上商品可采用传统的折扣价格策略，例如数量折扣，即企业在网上确定商品价格时，可根据消费者购买商品所达到的数量标准，给予不同的折扣。购买量越多，折扣可越多。

4. 捆绑销售策略

麦当劳通过销售“套餐”的形式促进了食品的购买量，还使顾客对所购买的产品价格感觉更满意。这种传统策略已经被许多精明的网上企业所采用。

5. 品牌定价策略

如果产品具有良好的品牌形象，那么产品的价格将会产生很大的品牌增值效应。对于这种本身具有很大的品牌效应的产品，由于得到人们的认可，在网站产品的定价中，完全可以对品牌效应进行扩展和延伸，利用网络宣传与传统销售的结合，产生整合效应。

6. 新产品定价策略

在网络营销中，不同类别的新商品应采取不同的定价策略。如日常生活用品，对于这种购买率高、周转快的产品，适合采用渗透定价策略。而对于个性化产品、专利性产品，可以采用撇脂定价策略。

9.4.3 网络分销策略

企业建立网络分销渠道有两种基本思路：一是企业网站直销，指企业通过自己的互联网站点直接取得客户的订单；二是借助商务平台站点。二者各具优势，那么，如何找到它们的平衡点呢？

1. 根据产品性质

如果属于价值较小的产品，购买过程中消费者不需要慎重的比较，属于习惯性购买型产品，那么企业就应该更加看重商务平台站点的优势，反之亦然。

2. 根据市场性质

如果企业产品定位于对产品差异性要求不高的同质性消费群体，则商务平台站点在推动销量增加上的作用会更明显；如果消费者的个性化需求较强烈，热衷于产品的差异和独特性，那么，采用企业网站直销可以提高信息服务水平和产品服务水平，从而带来更理想的销售业绩。

3. 根据竞争对手策略

在很多情况下，行业龙头老大的做法具有一定的前瞻性和有效性。当然，要同时考虑企业的资源状况和竞争能力，采用相应的竞争策略。

9.4.4　网络广告策略

1. 网络广告的特征

①网络广告成本低廉且几乎没有时空限制。

②网络广告有非强迫性与即时互动的特点。

③网络广告的效果更易评估。

2. 网络广告的类型

①根据网络广告的表现形式可以划分为网幅广告、文本链接广告、浮标广告、弹出式广告、富媒体和流媒体等。

②根据网络广告实际受众与目标受众的切合度可以划分为定向显示广告和非定向显示广告。定向显示广告中最重要的三种类型是搜索结果广告、搜索排名广告、页面定向显示广告。

③利用网络推广工具投放广告。如博客营销、邮件营销、QQ 群营销、论坛发帖等。

④根据收费方式可以划分为固定收费和点击收费广告。

9.4.5　网络公共关系策略

在网络上开展公共关系活动有多种形式，主要有以下几个方面：

1. 站点宣传

也称网站推广，其目的是通过对企业网络营销站点的宣传吸引用户访问，起到宣传和推广企业以及企业产品的效果。所以网络营销站点是企业在网上市场进行营销活动的阵地，网站的访问量是实现网络营销目标的关键。

2. 网上新闻发布

网上新闻发布完全消除了传统新闻发布需要花费大量的人力、物力、财力进行筹划和安排的缺点，可以以较少的费用、最快的速度将新闻传播出去。在网上发布新闻可以通过以下几种方式实现：

①通过网络新闻服务在线发布新闻。许多记者和公众习惯于通过在线网络新闻服务获

取信息，企业利用网络新闻服务在线发布新闻，可以确保企业新闻能够及时的传播出去。大多数企业的网站都会设立单独的网页用来发布新闻。另外，在网站上应该设有联系信息，使记者和公众能够与企业快速的取得联系，增加新闻稿件的互动性。

②通过相应的新闻组或邮件列表发布新闻。一些简短新闻，如出版社的新书预告、计算机公司的软件升级及新产品的信息等，可以在符合主题的新闻组上发布或者通过企业掌握的邮件列表资源发布。

3. 栏目赞助

由企业对网站的某些栏目提供赞助，访问者可以通过赞助页面直接链接到企业的页面，从而扩大企业页面的知名度。企业赞助对象一般是一些会议、公共信息、政府或非营利性的活动。如赞助一个电视剧的展出页面，以吸引观众对自己的企业、产品或服务的注意。

4. 参加或主持网上会议

各网络服务商的网络论坛经常举办一些专题讨论会。网络会议的参加者可以看到其他人提交给会议的发言，同时自己的发言也处于许多人的关注下。参加与企业有关的专题论坛并积极发表意见，可以提高本企业的形象和知名度。企业还可利用网络服务商提供的网络会议服务，自己组织网上会议，有可能的话，邀请一些著名的专家作为客串主持，利用专家的名气吸引公众，树立企业在公众心目中的良好形象。

9.4.6 网络销售促进策略

应用最多的网络销售促进策略有以下几种方式：

1. 网上折价促销

折价也称打折、折扣，是目前网上最常用的一种促销方式。网上商品的价格一般都要比传统方式销售时要低，以吸引人们购买。幅度比较大的折扣可以促使消费者进行网上购物的尝试并做出购买决定。目前大部分网上销售商品都有不同程度的价格折扣。

2. 网上赠品促销

一般情况下，在新产品推出试用、产品更新、对抗竞争品牌、开辟新市场情况下利用赠品促销可以达到比较好的促销效果。赠品促销可以提升品牌和网站的知名度，鼓励人们经常访问网站以获得更多的优惠信息，能根据消费者索取赠品的热情程度总结分析营销效果等。

3. 网上抽奖促销

抽奖促销是网上应用较广泛的促销形式之一，是大部分网站乐意采用的促销方式。网上抽奖活动主要附加于调查、产品销售、扩大用户群、庆典、推广某项活动等。消费者或访问者通过填写问卷、注册、购买产品或参加网上活动等方式获得抽奖机会。

4. 积分促销

积分促销在网络上的应用比起传统营销方式要简单和易操作。网上积分活动很容易通过编程和数据库等来实现，并且结果可信度很高，操作起来相对较为简便。积分促销一般设置价值较高的奖品，消费者通过多次购买或多次参加某项活动来增加积分以获得奖品。积分促销可以增加上网者访问网站和参加某项活动的次数，增加上网者对网站的忠诚度，提高活动的知名度等。

同步案例 9－2

通用汽车互联网营销

通用汽车利用互联网展开关系营销，致力于建立和强化与公众的关系。通用汽车网站的设计始终体现了这一指导思想。

1. 通过页面顶部呈文档卡形式的标签，访问者可方便地在本页与“遍及世界的轿车和好车”栏目间切换。

2. 针对不同的顾客，通用汽车将产品分为新车和二手车。

3. 对欲购新车的顾客，公司推荐的流程是：虚拟展示厅——选择车型——选择支付方案——选择汽车供应商。

4. 对二手车，则有经公司认可的确保质量的二手车网站可查。

为了使顾客购车方便、手续简单，公司在“选择车型”栏目中设计了一系列简洁的问答，让顾客自己来决定适合自己需要的满意款式。顾客购车时，可先点击你所选中的车型，然后提交给导购系统，导购系统会以此为条件自动选出最适合的车型。为了付款的方便，通用汽车公司为购车者提供了各种购车方案。顾客可根据其实际能力选择付款额度和次数，这样一来，系统就能优化出最经济的方案。

同步实训 9－1

利用网站发布和搜索信息

［实训目标］

培养学生利用网站发布信息和搜索信息。

［实训内容］

在阿里巴巴商贸网站上注册企业会员，进一步搜索某类商品信息，并发布企业信息。

［实训操作］

（1）登录阿里巴巴商贸网站。

（2）根据网站提示，注册企业会员。

（3）以会员身份登录网站，搜索一类产品的信息。

（4）在网站上发布自己的产品信息。

［成果要求］

（1）班级每五人成立一个小组。

（2）每个小组成员成立一个虚拟企业。

（3）在阿里巴巴商贸网站上注册企业会员。

（4）在阿里巴巴商贸网站上搜索一类产品的信息。

（5）在阿里巴巴商贸网站上发布自己的产品信息。

9.5 网络营销策划的误区防范

1. 网络营销易如反掌

有人认为，网络进入的门槛很低，每个企业都可以轻松开展网上营销。不错，网络营销可以有不同层次，建立一个商务营销网站不难，在网站上处理一些商业交易也很平常。但是，想在网络营销的实战中进行有效的、成功的商务运作，就远非想象的那么简单了。

在网络营销的过程中，商业的基本流程变了，同顾客和分销商的关系变了，获得数据的渠道和方法变了，定价的原则和策略变了。网络营销人员面对的是完全新奇而又陌生的课题，新技术和新思维所带来的碰撞和激荡是巨大的。事实上，网络营销是一项系统工程，它不仅仅因为在营销的过程中，将采用一种全新的技术和手段，进行商务运作，更是一种影响企业未来生存的选择，一种现代企业的经营能力和竞争实力的表现和反映。

2. 网络营销就是网络推广

有人认为网络营销就是网络推广，这是极为片面的。网络推广重在推广，希望通过推广后，给企业带来更多的网站流量、网络排名、注册量等，目的是扩大被推广对象的知名度和影响力。而这项工作只是网络营销的一部分。企业更高层次的需求是利用网络提供良好服务，建立顾客关系，打造品牌形象。有的网站还可以实现在线销售。网络营销侧重于营销层面，更重视网络营销后是否产生实际的经济效益。

3. 网络营销就是网上销售

有人将网络营销与网上销售混为一谈，这是不正确的。网上销售当然属于网上营销，但两者并不相同。网络营销的目的并不仅仅是为了促进网上销售，很多情况下，网络营销活动不一定能实现网上直接销售的目的，但是可以促进网下销售的增加，并且增加顾客的忠诚度。

网络营销的目的表现在多个方面，例如，提升企业品牌价值、加强与客户之间的沟通、拓展对外信息发布的渠道、改善对顾客服务等。从网络营销的内容来看，网上销售也只是其中的一个部分，并且不是必须具备的内容。

4. 网络营销是虚拟营销

有人说网络营销是虚拟营销，其实，这种说法是值得研究的。人们常把网络的特点和网络营销的特点混淆起来。不错，我们在开展和进行网络营销的过程中，是在网络的虚拟空间进行的，但是营销活动的本身需要有形的信息、服务和实体活动的支持。

网站要有丰富的商品信息和营销服务功能作支撑。消费者只有切实感受到商品的价值，并对它们深信不疑，才能产生购买行为。企业还要提供快捷、方便、安全的货币支付手段和物流配送措施。因此，可以说网络营销是在虚拟空间进行的实在的商务活动，是陆地商务市场的网络化发展。只有夯实了网站建设和实体销售的基础，网络营销才能顺利开展。

本章知识脉络

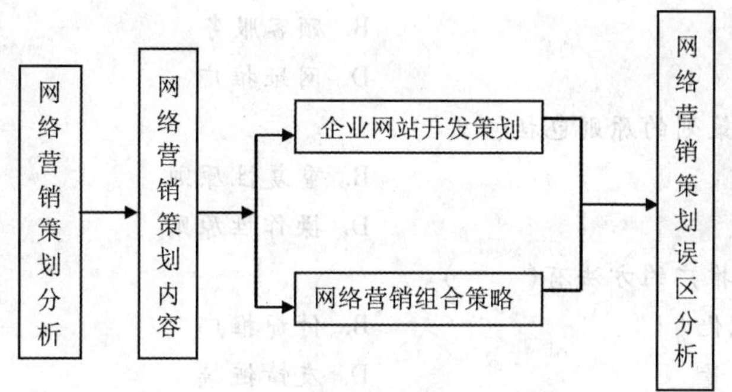

本章导入案例点评

在导入案例中，企业按照网络营销策划逻辑顺序，建立了一个网上营销型网站。通过该网站，公司可以实现企业信息发布、形象展示、网络公关、信息交流沟通等功能。为了推广自己的网站，公司除了加强网站与网页内容的设计之外，还运用了搜索引擎营销和传统的新闻发布会、印刷品营销等手段，不失为一个成功的策划。

思考与练习

1. 单选题

(1) 下列特征中，不属于网络营销特征的是(　　)。

A. 互动性　　B. 个性化

C. 轰动性　　D. 经济型

(2) 企业在进行网络营销的目标包括(　　)。

A. 营销目标　　B. 市场占有率目标

C. 利润目标　　D. 生产管理

(3) 企业网站的类型包括(　　)。

A. 企业形象型　　B. 网络公关型

C. 客户服务型　　D. 网上营销型

(4) 网页内容设计中排除非目标访问者方法有(　　)。

A. 声明某一类人群　　B. 身份认证

C. 定向投放广告　　D. 特殊链接引导

(5) 网络分销的渠道成员包括(　　)。

A. 生产商　　B. 经销商

C. 电子商务网站　　D. 消费者

2. 多选题

(1) 网络营销的功能包括(　　)。

A. 信息发布　　B. 顾客服务

C. 网上调研　　D. 网址推广

(2) 网络营销策划的原则包括(　　)。

A. 系统性原则　　B. 重复性原则

C. 创新性原则　　D. 操作性原则

(3) 搜索引擎推广的方法有(　　)。

A. 搜索引擎优化　　B. 付费推广

C. 减少网页数量　　D. 友情链接

(4) 网络定价策略可分为如下几种(　　)。

A. 牟取暴利定价　　B. 低价策略

C. 个性化定价　　D. 集体议价

(5) 网络公共关系策略包括(　　)。

A. 为竞争者制造负面新闻　　B. 网站推广

C. 网络新闻　　D. 栏目赞助

3. 简答题

(1) 企业网络营销策划的分类有哪几种?

(2) 企业网络营销策划的内容有哪些?

(3) 企业网站的基本功能有哪些?

(4) 网络推广的手段有哪些?

4. 案例分析题

案例资料:

某网站的推广计划

某公司生产和销售旅游纪念品，为此建立一个网站来宣传公司产品，并且具备了网上下订单的功能。

该网站制定的推广计划分为4个阶段，每个阶段3个月左右：网站策划建设阶段、网站发布初期、网站增长期、网站稳定期。主要包括下列内容：

1. 网站推广目标。计划在网站发布1年后达到每天独立访问用户2000人，注册用户10000人。

2. 网站策划建设阶段的推广。也就是从网站正式发布前就开始了推广的准备，在网站建设过程中从网站结构、内容等方面对Google、百度等搜索引擎进行优化设计。

3. 网站发布初期的基本推广手段。登录10个主要搜索引擎和分类目录（列出计划登录网站的名单）、购买2~3个网络实名/通用网址、与部分合作伙伴建立网站链接。另外，配合公司其他营销活动，在部分媒体和行业网站发布企业新闻。

4. 网站增长期的推广。当网站有一定访问量之后，为继续保持网站访问量的增长和品牌提升，在相关行业网站投放网络广告（包括计划投放广告的网站及栏目选择、广告形式等），在若干相关专业电子刊物投放广告；与部分合作伙伴进行资源互换。

5. 网站稳定期的推广。结合公司新产品促销，不定期地发送在线优惠券；参与行业内的排行评比等活动，以期获得新闻价值；在条件成熟的情况下，建设一个中立的与企业核心产品相关的行业信息类网站来进行辅助推广。

6. 推广效果的评价。对主要网站推广措施的效果进行跟踪，定期进行网站流量统计分析，必要时与专业网络顾问机构合作进行网络营销诊断，改进或者取消效果不佳的推广手段，在效果明显的推广策略方面加大投入比例。

（资料来源：高凤荣.《网络营销实务》. 北京：机械工业出版社，2009.）

思考题：

（1）你认为该网站的推广策划有何可取之处？

（2）你能否提出更好的网站推广方案？

5. 业务模拟训练

案例实务操作

训练目标：

整体上把握企业网站开发策划的内容与思路。

训练内容：

市场分析；企业网站开发策划；企业网站功能定位；企业网站结构与内容设计。

训练操作：

参照上面的案例分析题，利用刚学过的网络营销策划知识，为该公司网站进行更详细的功能定位，并为其设计网站内容和结构；提出该产品的网络营销策略。

成果要求：

针对生产型企业和旅游产品特征，建立企业营销型网站，明确网站的功能；提出完整的网站首页导航和相应的二级网页内容；提出可行的网络营销方案。

第10章 管理营销过程

知识要点 (1) 营销管理；(2) 营销计划；(3) 营销控制；(4) 营销评估；(5) 营销组织策划的理论；(6) 营销控制策划的理论；(7) 营销评估策划的理论。

能力目标 (1) 对营销管理策划有整体的把握；(2) 能够对企业进行组织的策划；(3) 能够对企业进行控制的策划；(4) 能够对企业进行评估的策划。

导入案例

TCL家电营销网络组织与管理

从1981年组建以来，TCL集团的发展，特别是以彩电为代表的家电产品的营销，是与其营销网络的建设和不断完善密切相关的。

TCL有一套完善的网络营销组织体系。早在1991年TCL公司就在上海建立了第一个以销售音像设备为主的销售分公司，随后在哈尔滨、武汉、成都建立了销售分支机构。为配合彩电产品的全国市场销售，1993年正式开始组建了TCL电器销售公司，成为全国最早建立和拥有自己独立营销网络的电子企业之一。销售公司成立后，按照大区—分公司—经营部—分销商的组织机构，步步为营，精耕细作，把网络一直建立到了农村的城乡结合部。TCL把全国分为七个大区，建立了32家分公司、200家经营部、400家分销点、200多个专营连锁店和800多个特约维修专营店，并拥有数千家授权经销商，直属用户服务网遍及全国。在整个中国，从南到北，从东到西，每隔100公里就至少有一家TCL公司直接投资的营销机构。因此，TCL网络已经成为中国家电最为庞大、最为细腻的营销服务网络，七个大区中最大区的人口为2.6亿，最小区西北区的人口为8000万；分公司按省建立，独立核算；经营部位于地区及以上城市或100万人口以上县级地区；400家分销点中独立核算的就占200多家。在巩固、完善和拓展国内市场，保持国内网络同行业领先地位的基础上，TCL目前还正计划有步骤地开拓海外市场。

TCL公司对营销网络的管理主要是从以下几方面展开的：

1. 对营销人员的管理。TCL公司强调员工要有一个共同的企业核心价值观，并且切实把“为员工创造机会”这一口号深植于网络人员的管理中。TCL强调人性化的管理，以顺应人性的方法进行管理，注重调动人性中积极的一面。信任员工，在网络组织结构中权力下放，产品价格在一定范围内的变化完全由营销人员决定，充分让网络营销人员当家做主，确立以员工成长为中心；TCL不仅仅依靠企业文化实现网络的目标，还在激励机制上重视精神和物质的有机结合，激励网络人员自发的工作激情和创造能力。TCL激励机制主要包括教育计划、福利和奖励三部分。

2. 对经销商的管理。TCL认为在营销网络中，厂、商是一个利益共同体，一损俱损，一荣俱荣。因此，管理好经销商的关键在于建立"双赢"的目标和稳定的合作。首先加强理念上的沟通，力求经销商能够理解和接受TCL理念，要有共创品牌的意识。

3. 对营销结构的管理和调整。TCL的家电营销网络通过多年的发展已逐步成形，为适应市场的变化，2000年开始推行营销网络扁平化，实行"管理重心下沉"，网络管理从集权走向分权，在销售公司已分解为七个大区进行管理的基础上，又将分公司由原来的销售平台转变为管理平台；"销售重心下移"，销售中心下放到各基层经营部，经营部主权增加。加之实施"精耕细作"的战略，减少了网络的环节，节约了销售成本，使营销网络竞争力大大增强。同时也真正体现了"网络制胜"的优势。2000年TCL还着手加强"航空港"营销平台的改造，充分发挥企业营销网络的兼容力和扩张力。

4. TCL家电营销的销售服务是网络体系中的重要一环。秉承为顾客创造价值的理念，TCL全面落实完善售后服务网络，建立售后服务基金；推进"千店工程"的建设，将服务网络延伸到每一个乡镇。与经销商合作推出"送货上门，上门调试"的服务。提出"以速度战胜规模"的方针，产品从出厂到用户手中，最快可在五天之内实现。TCL三年免修报修，终身维护，一律免收服务费；24小时内城内服务到位；24小时全天候电话服务，节假日照常服务。

（资料来源：案例改编自 http：//wenku. baidu. com）

企业的业绩最终是由销售部门来实现的，所有的策划都要由营销人员，特别是销售人员来实现。离开销售，企业的营销就会成为空中楼阁。而营销工作的核心在于营销管理。如何使自己的营销管理工作更加出色和有效，是每个营销管理人员关注的问题。本章的学习目的是使学生能够对营销管理的整体策划有全面的认识，很好地掌握营销组织策划、营销控制策划和营销评估策划的内容和方法，为企业营销提供保障。

10.1　营销管理分析

10.1.1　营销管理的内涵

菲利普·科特勒在他的《营销管理》一书中这样定义了营销管理：为实现组织目标而对旨在建立加深和维持与目标购买者之间有益的交换关系的设计方案所做的分析、设计、实施和控制[①]。即：营销管理是一个过程，是企业为了实现经营目标对其营销活动进行的计划、执行和控制，是企业为实现企业任务和目标而发现、分析、选择和利用市场机会的管理过程。

从微观角度来看，市场营销管理是一个企业通过市场的媒介，获取最大效益的各种活动，是一种有序的管理过程，即：市场分析→营销计划的制订→计划的组织与实施→营销控制。

承担营销管理策划的部门对企业营销活动的成败与否具有举足轻重的作用。因为企业从分析市场营销机会开始，到选定自己的目标市场，确定具体的营销战略战术，以及实施整个营销计划和落实将采取的各种保证措施等，整个有序的活动过程源于科学的营销管理策划。营销管理策划对过程的管理必须谨慎。

根据营销管理与管理的共通性，我们可以将营销管理的职能理解为以下几个方面：计划，就是为企业探索未来，制订行动计划；组织，就是企业建立组织的物资和社会的双重结构；指挥，就是使企业的人员发挥其应有的作用；协调，就是为企业连接、联合调动所有的活动及力量；控制，就是使企业注意是否一切都按已制定的规章和下达的命令进行。

营销管理的实质是需求管理[②]。需求管理是指企业在开展市场营销的过程中，一般情况下要设定一个在目标市场上预期要实现的交易水平，而实际需求水平可能高于、等于或低于这个预期的需求水平。换言之，在目标市场上，可能会出现超量需求、微量需求或没有需求的情况，也可能出现负的需求或有害需求的情况。营销需求管理就是针对不同的需求类型，设计和采取相应的营销管理策略，以达到最好的营销效果。

10.1.2 营销管理的创新

熊彼特说："创新就是实现生产要素和生产条件的一种新组合。"当企业步入竞争时代后，一个最为重要的问题就是通过创新来提高企业的竞争力和竞争地位。营销管理同样也是如此，这是企业内部的需求，也是竞争环境的需求。一般来说，营销管理创新包括多方面，如营销思维、营销观念、营销管理方法等，主要包括以下三个方面：

1. 由个人管理向团队管理转变

个人管理市场是过去许多企业通用的做法，一般由营销部门派出业务代表来管理某个地区的销售市场，业务代表负责这个地区的产品宣传、销售、与客户关系的沟通。但是随着市场经济竞争的发展，市场的复杂性逐渐显露出来，单纯依靠个人对某个市场区域的管理出现了很多不可控制和不可预期的因素。这些因素可能会使企业多年建立的网络和市场毁于一旦。因此，在营销管理的逐步发展中建立团队管理是如今的一个发展趋势，也是一种管理创新。届时，企业将通过完善的营销人员和组织的搭配，在组织的统一调度下，组成具有一个整体的团队，并为企业进行产品推广。

2. 建立完善的市场营销信息管理系统

21世纪是信息发达的时代，在新的时代，企业要想保持竞争力，就要在营销管理上走向成熟，并着手建立市场信息系统。这是企业在市场营销管理的一个必要举措，也是获

---

① 菲利普·科特勒．市场营销管理．北京：中国人民大学出版社，1998. 17－20.

② 菲利普·科特勒．市场营销．北京：华夏出版社，2005. 18－19.

取市场信息的一次创新。企业市场营销信息管理系统主要包括：企业经营环境信息系统的建立和完善；总体市场环境信息系统的建立；企业内部信息系统的建立。建立完善的市场营销信息管理系统可以使企业更快、更方便、更全面地了解并运用企业内外的各种信息，从而使企业及时做出有效可行的管理决策。

3. 注重顾客关系和客户数据库管理

在现代营销发展中，客户已经成为企业宝贵的财富和重要的战略资源。在团队管理的基础上建立客户资料管理数据库，对企业了解客户的需求，掌握客户资料，创造出更为适合客户需求的服务具有重大意义。一般来说，客户关系管理的基本内容有三个方面，即客户分析、客户忠诚度管理、客户投诉管理。

10.1.3　营销管理策划的内容

在国内的企业中有这样一种现象：几乎每一个企业都在他们的营销报告中强调营销管理的重要性，然而多数企业的营销部门一次又一次的出现纰漏，比如营销员团队意识差、做出的策划方案执行不力、新旧营销人员的矛盾难以处理等。怎样才能避免出现这些纰漏呢？营销管理又有什么“秘诀”呢？通过现实中对企业营销管理的分析我们可以发现，企业通过加强对营销组织的策划、营销控制的策划、营销评估的策划的管理，可以提高营销管理的水平，有效改善企业的营销状况。

由此，营销管理策划的内容可以概括为：营销组织的策划，建立完善的营销组织机构，对市场营销进行切合实际、富有实效的组织领导；营销控制的策划，营销管理者要确定应对哪些营销活动进行控制，分析影响营销控制的各种因素，找到有效的营销控制的方法；营销评估的策划，营销管理者要确定营销评估指标与营销评估的方法，在此基础上进一步改善市场营销的管理活动。

10.2　营销组织的策划

营销组织是企业市场营销计划的执行部门，是企业实现经营目标的核心职能部门。没有高效运行的营销组织作为保证，再好的计划也不可能达到预期的目标。因此，企业必须设计一套适合自身发展的有效的营销组织结构，建立市场营销部门与其他职能部门的有效沟通机制，同时，在市场营销部门的内部，企业也必须建立一种能够进行市场营销计划、实施和控制的有效机制。

10.2.1　企业营销组织的类型

营销部门是一个企业营销活动的主体，必须具有对企业营销总体战略的策划、实施、控制能力和具体业务管理能力，这样才能使企业以市场为导向，在与企业的其他部门共同努力下，顺利实现企业的营销目标。营销部门的结构要根据企业营销目标、企业所处环境及企业自身条件而定。

1. 按功能设置的营销组织

这是一种常见的营销组织结构，企业按各种功能进行组织安排，各司其职，一般由企业负责营销的副总经理统一领导，协调各部门的活动。(见图 10－1)

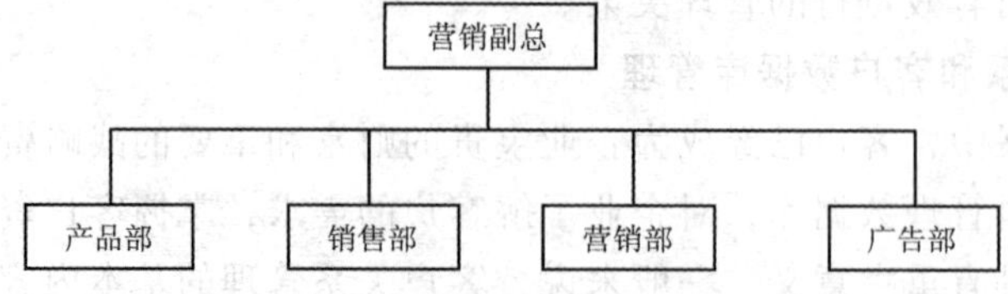

图 10－1　功能设置的营销组织结构

产品部：其职能范围是使企业的产品的构成顺应消费者的需求及市场的动态变化，从而提高营销效益，实现营销目标。

销售部：其职能范围是与其他职能部门积极配合，在不断满足市场要求的服务过程中，实现企业的销售收入。

营销部：其职能范围是组织、分析、控制、改善其他营销职能部门的活动，同时对企业营销活动实行日常性管理。

广告部：其职能范围是负责整个营销过程中的广告制作和投放。

2. 按任务导向的营销组织

这是按不同性质的营销目标和任务进行组织安排的一种方法，企业根据不同类别的地区、产品或者不同的顾客群体来设置营销组织（见图 10－2）。这个组织中的每个分支部门相对独立，因此每个分组织都有自己的营销功能专家，如调研人员、广告人员、促销人员、营销服务人员和销售人员等。

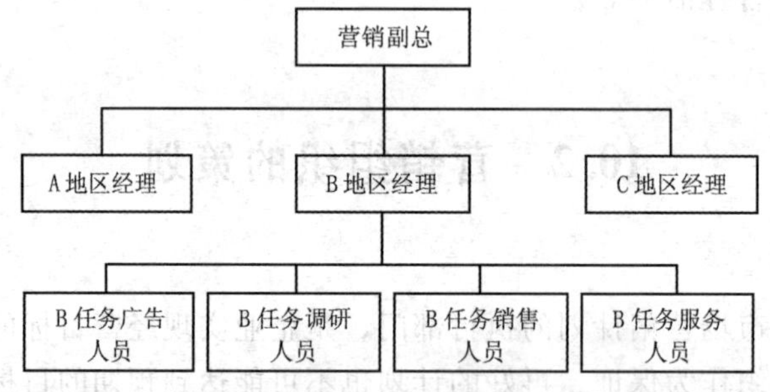

图 10－2　任务导向的营销组织结构

任务导向的营销组织通常细分为地区导向、产品导向和顾客导向这三种具体的营销组织。一般而言，地区导向的营销组织适合那些目标顾客相对集中的企业；产品导向的营销组织适合那些具有多条产品线的企业；顾客导向的营销组织适合那些目标顾客价值大、数量不多且分散在各地的企业。

在导入案例中，可以看出，TCL 集团的分公司制就是任务导向型的营销组织。

3. 营销矩阵型结构

这种结构就是在职能分工管理的基础上，根据企业的实际具体情况，设置各产品项目主管。虽然各职能部门仍各司其职，但由负责营销的副总经理统一领导协调各部门的活动（见图 10－3）。

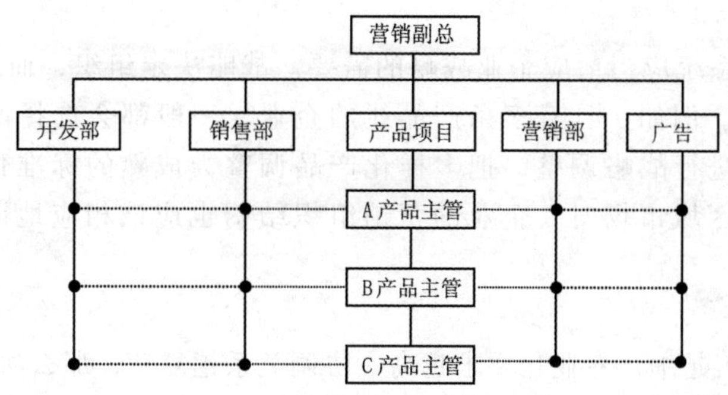

图 10－3　矩阵型营销组织结构

在这种营销矩阵型结构中，特设的产品项目部将会对其所有产品项目负有完全责任，而其他职能部门则必须为各具体的产品项目配备必要的执行人员，以协助该产品主管的工作。职能部门配备的产品项目执行人员则受双重领导，各职能部门和产品项目部都直接接受负责营销的副总经理领导，即在执行产品项目方面受产品项目部领导，而在执行其他日常工作方面，仍受其原职能部门领导。

矩阵组织将组织内各有关部门有机地联系在一起，从而加强了组织内部各职能部门之间、产品项目之间与职能部门之间的协作。

想想看

根据对矩阵组织结构的分析，想一想：哪些企业比较适合矩阵式的组织结构？请举例说明。

10.2.2　影响企业营销组织形式选择的因素分析

营销组织的选择与运行往往受众多因素的影响，这些因素一般可分为外部因素和内部因素两大类。

1. 外部因素

首先是环境因素，主要有产业、供应商、政府政策、顾客等。环境的变化是引起企业组织变化的重要因素之一，企业只有正确把握住环境的变化以及这种变化对企业的影响，才能更好地提高企业的组织效率；其次是竞争者，竞争者营销组织选择及运行的示范效应对企业的影响最大。在新经济形式下，竞争的双方可以同时获益，这往往使企业模仿或者借鉴竞争者的营销组织模式；最后是供需关系。供需变化直接影响企业生产经营的规模和产品结构，因此，需要按供需变化对组织进行调整。

在导入案例中，TCL 集团为了适应市场需要，于 1993 年建立了覆盖全国的网络营销组织。1998 年，随着竞争的激烈和管理水平的提高，公司又将重心下放，将分公司的职能转变为管理平台，减少了流通环节，提高了竞争能力。

2. 内部因素

（1）组织目标

实现组织目标是设计营销组织时必须首先要考虑的问题。例如，当企业旨在完成某项任务而不注重日常管理时，任务导向的结构较为有效。

（2）战略

企业营销组织系统应当适应企业战略的需要。战略决定组织，而组织又会随着战略的变化而进行调整。例如，具有多条产品线的企业，一般都会选择产品导向的组织形式，但是，当企业进行战略调整，把多样化产品调整为成熟的标准化产品，并且战略定位为开拓更多的区域市场时，企业的营销组织结构也应该相应地调整为地区导向的组织形式。

（3）规模

规模越大，分工越细，专业化要求越高，协调关系越复杂，那么功能导向和矩阵组织形式将是优先考虑的对象。

在导入案例中，随着经营规模的扩大，为了发挥规模优势，改变各自为战的局面，TCL公司于2000年着手加强“航空港”营销平台的改造，充分发挥企业营销网络的兼容力和扩张力。

（4）企业的发展阶段

一般而言，企业的创办初期，规模较小，经营的产品种类单一，专业人员有限，工作任务较轻，一个人可以同时扮演几种不同的角色。因此，在这时组织结构较为简单，通常由营销经理一个人承担了调研、销售、广告等工作。随着企业规模的扩大，专业化程度越来越高，营销经理无法同时执行多种任务，这时，企业必然转向功能型组织结构。当一个企业生产的产品数量增加到多种，产品差异化较大时，就可以采用产品经理组织结构。

（5）技术

当今科技发达，信息技术的采用可以使企业管理控制更加优化，具有不同技术特点的企业，其营销组织也不相同。

10.2.3 营销组织设计的基本步骤

营销组织设计的基本步骤，我们可以通过图表的形式来表示（见图10－4）。

10.2.4 营销组织系统的优化

由于企业的发展、企业内部条件的变化和企业外部环境的变迁，企业营销组织的优化成为营销组织策划的一个重点。营销组织的优化是一项涉及面广、影响深远、时间较长的系统工程。

1. 责任、权利、利益分配明确，相互统一

在一个企业里，权利、责任、利益是否分配明确，权利和责任是否相互统一，对企业组织系统的影响是深远并且重大的。企业里如果出现有权无责的情况，那么权利运用就会无意义；如果出现有责无权的状况，那么责任就会无法落实；如果有权有责、无利可享，则工作会缺乏动力。所以，只有责任、权利和利益的对等统一，以责定利，以责授权，员工才能明白自己的角色，才会有工作主动性，从而提高营销组织的效率。

2. 健全各种管理制度

营销活动的开展具有较强的个性和独立性，尤其在我国，受文化传统的影响，这种个性与独立性更加明显。而过度的个性与独立性很有可能导致营销组织运行的失控。一种好

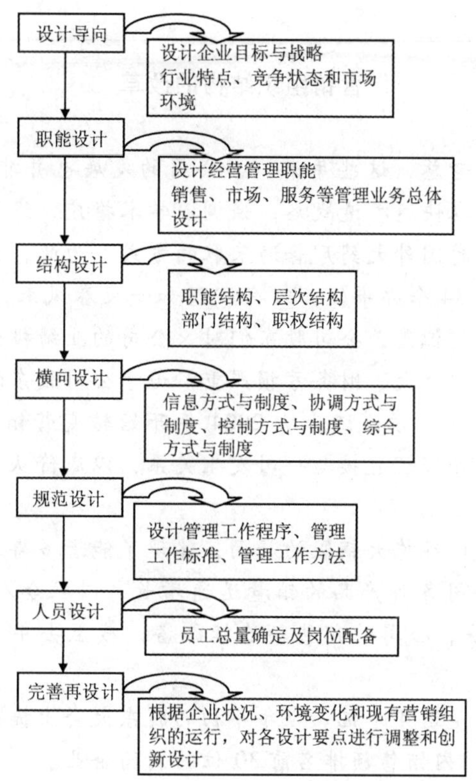

图 10－4　组织设计步骤图

的方法是：规范员工行为，健全企业管理制度。企业在设计营销组织时，必定会制定相关的管理制度，这种管理制度是否健全，那就要看各种管理制度的建立是否简单易行、有效合理，是否能保证企业营销活动以及信息沟通科学化、标准化、规范化。

3. 人和岗位合理配置

营销人员在知识、品质、心理等方面肯定会存在个体差异，这就需要根据岗位及其各项工作需要去安排相应人员上岗，同时使人和岗位工作量平衡。如果人和岗位不能合理配置，比如低能力者居高位、营销人员对所在岗位业务不通等，将会导致营销组织内人员心理不平衡，营销组织运行不畅，使营销组织难以长久维持。所以说，以岗选人，知人善任，使人和岗位合理配置，是优化营销组织系统的基本要求。

4. 塑造良好的组织文化

营销工作有大量的对外联系和对内沟通任务，而且面对客户需求，往往不是一位员工、一个部门就能单独应付的任务，这需要营销组织内外各部门的相互配合支持。也就是说要培养营销人员的合作意识，通过多种方式逐步塑造有利于提高营销组织运行效率的组织文化。营销组织在进行文化建设时，增加一些情感性、自我约束性和差别对待性等内容，有利于增强营销人员对组织的感情投入和归属意识。如此一来，便能强化组织的凝聚力。

同步案例 10-1

营销组织结构的改革

背景资料：

李伟是×制药企业的老总，这些年来，×公司的发展也并非一帆风顺。2002 年公司的产品刚投放市场时，采取快速渗透战略，强调以学术推广、终端促销、创建品牌效应来带动产品销售，这也是当时国外大药厂普遍采取的方式。为此，公司组建了地区型的销售组织，全国分为 8 个区共 34 个办事处，颇有“忽如一夜春风来，千树万树梨花开”的味道，在业界引起一番轰动。但是，公司股东们对×公司的业绩极为不满。他们认为公司市场开发速度太慢，销售费用太大，财务亏损严重。迫于公司股东的压力，以及结合国内药品销售的特色，公司在经过多方论证后从 2004 年开始转变营销体制，采用底价承包制。取消了区域经理，各办事处经理直接与公司发生关系，以底价从公司拿货，全权负责当地的销售。

这种销售体制打破了以往吃大锅饭的局面，体现了能者多得、优胜劣汰，最终实现公司和销售人员的双赢。公司各种产品的销量迅速增长，以往令人头痛的回款问题大大减轻。从 2004 年到去年年底，公司的销售额连续翻番，截至去年年底，公司销售总额达 4 个亿，利润 5000 万。

但是公司目标绝不只是这 4 个亿。今年年初的股东大会上提出的下一个 5 年计划是销售额突破 10 个亿，成为国内销售额排名前 30 位的制药企业。

然而，李伟清楚，依照现在的市场与企业模式，要实现这一战略目标是极为困难的。根据销售总经理王强把上季度的销售报表做了详细分析，最近大部分地区的销量增长均呈下降趋势，有几个品种的销售与去年同期持平，公司寄予厚望的新产品 A 的销售也极为不理想，只有 4 个办事处有少量出货。

于是，李伟专门组织了一次销售经理会议，探讨公司的营销改革问题。会上市场部总监张宁的发言值得深思：随着底价承包制的实施，市场部费用骤减，市场部职能日益缩小，基本退缩成医学部的功能，有着国外大企业从业背景的张宁一直以来都觉得气闷：“我认为要想成为国内一流企业，创品牌、树立企业形象是十分重要的，这几年我们实行底价承包制，在公司原始积累阶段这种体制无疑是有效的。但是从长远来看，不利于公司创建和维护品牌形象。”

营销管理部陈经理说：“底价承包制导致销售人员相对分散，各自为政，只注重自身利益，给企业落实营销政策和各项规章制度带来极大的困难和阻力，不利于企业整体营销运作。”陈经理还列举了一些例子。

“我认为，我们的销售网络主要集中在医院，零售市场开发不够，如果加强在这方面的重视，销量增长的潜力巨大。”市场部产品经理张丽最后发言：“另外，我们目前在全国主要城市共设有 34 个办事处，销售人员共 160 人，如此人力远不足以覆盖整个大陆，有待开发的市场空白点很多，这也是销量增长的来源。”

……

李伟仔细考虑这些经理们的意见，每个人说的角度不同，但问题的根源在于公司的组织结构不合理。看来公司首先要做的就是构建新的营销组织结构。

问题： 1. 结合本案例讨论企业营销组织结构是否是一成不变的？

2. 如果你是×公司的老总，你将如何解决该公司的问题？

分析提示：

每种营销组织结构都具有自己的特点，适应特定的情况。企业应当根据环境和条件的变化适时调整。李总需要考虑两个方面：原先的市场如何保持；面对新市场和新的竞争形势，公司如何调整公司体制，调整自己的营销策略。

10.3 营销控制的策划

所谓营销控制，就是指市场营销管理者检查市场营销计划的执行情况，如果计划与执行结果不一致，则要找出原因，并采取措施，以保证计划的完成①。

10.3.1 营销控制的基本过程

营销控制过程较为复杂，涉及的要素也比较多，一般情况下，在营销控制基本过程中，必须做好以下三个方面的工作：

1. 制订计划，建立标准

计划是建立控制的依据，因此控制过程的第一步就是要制订计划。由于计划的详细程度和复杂程度不一样，营销主管人员也不可能观察每一件事情的进展情况，因此，就需要建立标准。标准的制定，应当具体，尽可能量化。同时，标准的制定应当切合企业实际，并有激励作用。

2. 衡量绩效

衡量绩效就是将控制标准与实际结果进行比较。经过衡量之后，如果结果与标准相符，或好于标准，则应总结经验，继续工作；若结果未能超过承受范围，则应找出原因。

3. 采取管理行动来纠正偏差或不足

如果偏差是由于工作的不足所产生的，管理者就应该采取纠正行动。这种纠正行动的具体方式包括管理策略、组织结构、补救措施或者培训计划上的调整，也可以是重新分配员工的工作或解雇员工；工作中的偏差也有可能来自不现实的标准，指标定得太高或太低，在这种情况下，就要根据实际情况修订标准。

10.3.2 营销控制的基本内容与方法

概括来说，营销控制就是企业用于跟踪营销活动过程的每一个环节，确保能够按照计划目标运行，而实施的一套完整的工作程序。营销控制主要包括营销战略控制、年度计划控制、盈利能力控制和效率控制。

1. 营销战略控制

营销战略控制是高层次的市场营销控制，其内容是审计企业的战略、计划是否有效地

---

① 乔瑞中，刘艳梅．管理控制系统研究．技术经济与管理研究，2004，(1)：55－56.

抓住了市场机会，是否同市场营销环境相适应；其控制对象是否控制营销环境、营销系统、营销战略、营销效益、营销组织、营销功能。

2. 年度计划控制

年度计划控制是指在本年度内采取调整和纠正措施，检查市场营销活动的结果是否达到了年度计划的要求。其内容有市场占有率分析、销售分析、营销费用率分析、财务分析、客户态度分析和预算分析。

相对应的方法分别是分析决定不同因素对销售的不同影响和具体地区的销售差异分析；分析全部市场占有率、服务市场占有率和相对市场占有率；分析营销费用与销售额之比；分析销售利润率、资产收益率、资本报酬率、资产周转率；分析固定客户样本、客户调查以及客户建议和投诉；分析营销预算日进度控制、每周评估、月度检查、季度评估。

3. 盈利能力控制

盈利能力控制是分析年度计划控制以外的企业各产品在各地区，运用各种营销渠道的实际获利能力，从而指导企业扩大、缩小或者取消某些产品和营销活动①。盈利能力控制包括三项内容，即渠道费用控制：控制工资、奖金等直接推销费用，控制广告成本、销售促进费用等促销费用，还要控制运输费用、仓储费用和其他营销费用以及生产的材料费、人工费和制造费；损益表控制：把工资、租金等各种性质的费用分解给推销、广告、包装、运输、开单、收款等各项功能性营销活动，将各项功能性费用分配给批发、零售等营销渠道，综合收入、生产成本和营销费用；重要盈利能力指标控制：控制销售利润率、净资产收益率、资产周转率、存货周转率、现金周转率和应收账款周转率。

4. 效率控制

盈利能力分析显示出企业关于某一产品、地区或市场所得的利润差，那么紧接着下一个问题便是有没有高效率的方式来管理销售人员、广告、销售促进及分销。由此我们可以找到其控制的内容及方法，即销售人员效率控制：明确每位销售人员平均每天推销访问的次数，每次销售的平均时间，每次推销的平均收入与成本，每一时间段的新顾客数，每一时间段丧失的顾客数以及销售成本占总销售额的百分比；广告效率控制：明确每种媒介的广告成本，客户对每一媒介注意、联想和阅读的百分比，客户对广告内容与效果的评价，广告前后客户态度的变化以及受广告刺激引起的访问或购买次数等；促销效率控制：明确优惠销售所占百分比，每一销售的陈列成本，示范引起的访问次数等；配送效率控制：明确存货水平、仓储位置、分装、配货重组与运输效率等。

想想看

回想一下前面各章节所讲的营销策划的内容。根据上面所讲的营销控制的内容，谈一谈企业对整个营销策划工作过程应该如何实施控制？

10.3.3 有效营销控制的原则

所有机敏的营销主管人员都希望有一个有效的、适宜的控制系统协助他们的工作，使

① 戴亦一. 营销管理. 北京：朝华出版社，2004. 227.

一切活动能按照计划进行，从而有效地实现其预定目标。为此，有效的营销控制应当遵循以下原则：

1. 适度控制原则

适度控制是指控制的范围、程度和频度要恰到好处。这种恰到好处的控制要注意以下几点：

首先，防止控制过多或控制不足。有效的控制应该既能满足对企业营销活动的监督和检查的需要，又要防止与营销组织成员发生强烈的冲突。

其次，要处理好全面控制与重点控制的关系。任何营销组织都不可能对每一个部门、每一个环节的每一个人在每一时刻的工作情况进行全面控制，要找出影响企业营销成果的关键环节和关键因素，并据此在相关环节上进行重点控制。

最后，使花费一定费用的控制得到足够的控制收益。一项控制，只有当它带来的收益超出其所需成本时，才是值得的。

2. 适时控制原则

企业营销活动中产生的偏差只有及时采取措施并加以纠正，才能避免偏差的扩大，防止偏差对企业不利影响的扩散。这就要求营销管理者及时掌握能够反映偏差产生及其严重程度的信息。如果等到偏差已经非常明显，而且对企业造成了不可挽回的影响后，反映偏差的信息才姗姗来迟，那么，即使这种信息非常系统、客观，也不可能对纠正偏差带来任何作用。

3. 弹性控制原则

许多企业在营销活动中可能会遇到某种突发的、无力抗拒的变化，这些变化使企业营销计划与现实条件严重背离。有效的营销控制应该有灵活性或弹性。弹性控制通常与控制的标准有关，一般来说，弹性控制要求企业制定弹性的营销计划和衡量标准。

4. 客观控制原则

营销控制应该针对企业及其营销的实际情况，采取必要的措施，促进企业的营销活动有序、有效的进行。因此，有效的控制必须是客观的，符合企业实际的，它源于对企业营销活动状况及其变化的客观了解和评价。

10.3.4　营销评估

营销评估是营销管理策划的一个重要组成部分。市场营销涉及许多评估问题，如广告效果评估、促销效果评估、策划效果评估等。评估的方法也多种多样，在此，仅对一般情况下的营销管理策划评估指标和评估方法做出简要分析。

1. 营销策划效果评估

营销管理策划效果直接关系到被策划企业的经济效益。检验和评估营销管理策划整体效果的指标很多，归纳起来主要有以下三个重要指标：

（1）盈亏状况

企业进行营销管理策划的目的是为了提高经济效益，实现效益最大化的营销战略目标。这也是营销管理策划的出发点和归宿点。因此盈亏状况是策划企业最先关注的。

（2）销售增长率

销售增长率是指企业产品的现销售额或销售量（报告期）占原销售额或销售量（基

期）的比率。一般来说，衡量企业的月售增长率通常以10%为临界，当销售增长率大于10%时，其效果可观，属于高增长率；如小于10%，则属于低增长率。

（3）相对市场占有率

相对市场占有率又称市场占有份额，指某企业产品市场占有率与同一市场、同行业最大竞争对手的市场占有率之比值（倍数）。相对市场占有率通常是用1倍作为衡量标准的临界，大于1倍为高占有率，小于1倍为低占有率。

2. 营销评估方法

（1）德尔菲技巧法

这是一种集预测和研究为一体的专家评估方法，是一种涉及衡量和控制有关将来情况的判断，中心作业是收集一些专家对将来可能发生的情况或事实的判断，这些资讯收集后，再回发给专家经过几次的评估，不断地修正其假设和判断，从而确保各项决策的准确性。通常企业在对某个项目决策或实施前作预测时才选用这一方法。

（2）利益相关分析法

利益相关分析是针对企业产品而言的一种分析评估方法，是最近发展的较为复杂的观念测试形式，使营销人员能自行分析评估各种观念。其具体步骤：列出产品特性—列出各种特性的情况定义—选择实验设计以提供情况组织给消费者—各属性的联合组合选择排列次序—个人次序选择的统计应用以发展其效用函数—在其效用函数和现有的产品和各种属性情况下，发展市场模拟以预测消费者的市场选择。

（3）投资回报衡量法

销售额和收入可以用这样的方法计算评估：决定过去和目前产品的销售额和假定销售额是类似产品类型的目标市场占有数额的某一百分比；决定推荐产品的市场潜势和假定计划的配额强势、促销、价格策略等实行之下的市场的某一百分比；决定类似产品的销售额；至于成本的决定包括：计算人工、制造费用、原料、营销费用的成本；使用类似产品的成本数额。

（4）聘请专家评估法

由专家、学者和企业负责人共同对企业各项政策的落实情况及最终效果与预测或预定的企业战略计划进行分析评估。

同步案例 10－2

制定企业销售目标

背景资料：

某企业想在2004年获得200万元利润，并且它的目标利润率是销售的10%，那么，销售收入目标值必须是2000万元。如果企业产品的平均价格是50元，那么，它必须销售出40万单位的产品。如果它对整个行业的销售预计是530万单位，那么，它必须占有7.55%的市场份额。为了保持这个市场份额，企业必须建立一定的目标，例如消费者对品牌的知名度、分销范围等。因此，销售目标可以是：

（1）在2004年获得总销售收入2000万元，比去年提高9%；

（2）销售量为40万单位，它占有预期的市场份额7.55%；

(3) 经过该计划工作后，产品的知名度从 20% 上升到 40%；
(4) 扩大 10% 的分销网点数目；
(5) 打算实现 50 元的平均价格；
(6) 销售利润率是 10%，企业年获利 200 万元。
(资料来源：市场营销网)

问题： 试分析企业销售目标的内容与制定方法。

分析提示：

计划与目标管理是销售管理的基本手段。销售目标是由多个目标组成的体系，它包括不同项目的目标以及一些总目标的分解。

10.4　营销管理策划的误区防范

在激烈的市场竞争中，企业非常需要正确的营销管理策划方案，来帮助解决营销中出现的问题，夺取市场竞争的胜利。但是，由于过去一些策划公司和策划人员为了自己的短期利益，不负责任地推销一些所谓的“高超方案”，使不少企业耽误了营销机会。综合众多学者和专家的见解，营销管理策划的误区可以归纳为以下几个方面：

1. 策划教条主义化

有些人在企业营销一线的实践经历时间比较长，有丰富的行业营销管理经验，甚至对自己所从事的行业市场营销还有一定的研究，因此就认为可以做好策划了。实践证明，有实践经验是做好策划的必要条件，但不是充分条件。也就是说，要做好策划，做一个优秀的策划者，一定要有市场营销的实践经验，没有实践经验，不了解企业的营销运作，不了解行业动态的策划人，可能会凭空编造，很难做好策划。但是，策划人不仅要有实践经验，还要具有丰富的专业知识。

2. 策划能力“神话”化

随着市场竞争的激烈，企业在经营与管理中遇到的难题越来越多，一些管理者就把解决问题的希望完全寄托在某些策划者的策划上，这是极其错误和危险的。首先，企业自身能力是最重要的。任何一个企业在市场竞争中，首要任务是苦练内功，企业的综合素质和领导者的综合素质是决定企业成败的关键因素。因此，企业应该是首先围绕自己本身，想方设法加强企业的市场应变能力和核心竞争能力。

3. 策划方案大肆造势化

有些人认为一个好的策划就是要把方案写得好。而与此同时，不少策划人时刻想制造轰动效应，以求得媒介的免费宣传与消费者的关注。然而，营销管理策划关于传播部分的要求是有效传播，即将正确的信息传达给潜在消费群。所谓“造势”也好，“轰动效应”也好，绝大部分只能是帮助提高知名度，而追求此效应的企业，为了一时的新闻价值，往往不能将正确的产品或项目信息传递给有效的购买人群，最终导致营销管理策划工作只能停留在追求热闹的表面上。

4. 策划方案模仿化

一些企业为了节省策划时间与成本，喜欢模仿成功企业的策划方案，这实际上是对策划核心的误解。策划的核心是创意，也就是说，每一个策划方案都是一种新思维的表现，是赢得竞争胜利的先决条件。在市场竞争中，市场的形势复杂多变，一个企业要获得竞争的优势，就必需对自己的竞争手段进行创新，这样才能战胜对手。如果策划方案可以模仿，这样的方案不能叫策划方案，也没有力量去战胜对手，甚至还可能贻误商机，给企业造成不必要的损失。因而，策划方案是不能模仿的，一定要从创新基点出发来构思符合自己企业的策划方案，这样才能体现策划方案的价值。

本章知识脉络

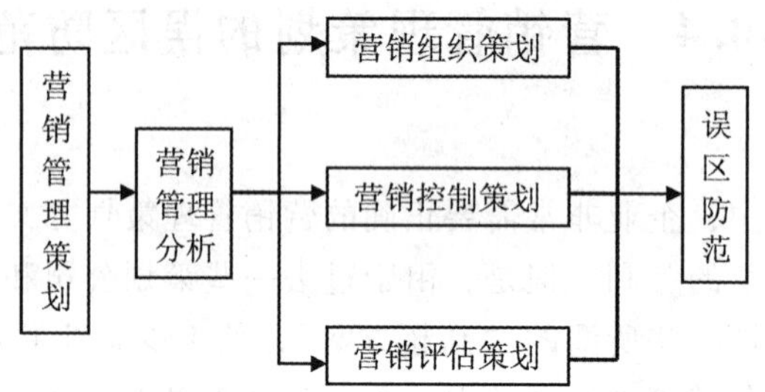

本章导入案例点评

在营销管理工作中，营销组织的构建与营销组织的管理与激励是两个工作重点。TCL集团从成立以来得到了持续、快速发展，与其营销网络的建设和不断完善是分不开的。

应当说，科学的营销管理是企业成功的基本条件。

思考与练习

1. 单选题

（1）市场营销中的英文缩写“4C”，除 Consumer（消费者）、Cost（成本）、Convenience（便利）以外还有（　　）。

A. Customer（顾客）　　B. Contribution（贡献）

C. Communication（沟通）　　D. Construction（构建）

（2）营销管理的实质是（　　）。

A. 过程管理　　B. 需求管理

C. 供给管理　　D. 顾客管理

（3）某公司职员在执行产品项目方面受产品项目部领导，而在执行其他日常工作方面，仍受其原职能部门领导。这表明，该公司的组织结构是（　　）。

A. 按功能设置的营销组织

B. 按任务导向的营销组织

C. 营销矩阵型结构

D. 按地区设置的营销组织

(4) 许多企业在营销活动中可能会遇到某种突发的、无力抗拒的变化，这些变化使企业营销计划与现实条件严重背离。这就要求企业应坚持(　　)。

A. 适度控制原则　　B. 适时控制原则

C. 客观控制原则　　D. 弹性控制原则

(5) 这是一种集和预测和研究为一体的专家评估方法，是一种涉及衡量和控制有关将来情况的判断，中心作业是收集一些专家对将来可能发生的情况或事实的判断，这些资讯收集后，再回发给专家经过几次的评估，不断地修正其假设和判断，从而确保各项决策的准确性。这种评估方法称为(　　)。

A. 德尔菲技巧法　　B. 利益相关分析法

C. 投资回报衡量法　　D. 聘请专家评估法

2. 多选题

(1) 营销管理策划的内容可以概括为(　　)。

A. 营销组织的策划　　B. 营销控制的策划

C. 营销评估的策划　　D. 营销过程的策划

(2) 营销控制主要包括(　　)。

A. 战略控制　　B. 年度计划控制

C. 盈利控制　　D. 效率控制

(3) 检验和评估营销管理策划整体效果的指标很多，归纳起来主要有三个重要指标(　　)。

A. 成本率　　B. 销售增长率

C. 相对市场占有率　　D. 盈亏状况

(4) 年度营销计划控制的内容包括(　　)分析。

A. 销售　　B. 市场占有率

C. 营销费用率　　D. 财务

3. 简答题

(1) 简述营销组织设计的步骤。

(2) 营销控制的内容包括哪几个方面？企业进行营销控制应坚持怎样的原则？

(3) 企业进行营销评估的方法有哪些？

4. 案例分析题

案例资料：

从 2000 台到 120 万台的飞跃

——格兰仕 2002 年卖火光波炉

格兰仕在成为微波炉行业的领导者后，不断地弃旧图新。光波炉恰恰在概念上、功能上、工艺上都具备了推动微波炉升级换代、带动企业突破行业“紧箍咒”的先锋特质。

导入期：重点透析产品实质

产品是整个策划案的依托点。格兰仕试图使一种新产品为消费者接受，实际上是在改变他们旧有的利益诉求。年轻消费者、二次消费者、追求生活高品质的现代家庭容易接受新鲜事物，品牌认知度高，而且可能是一个非凡人际关系圈中的“消费权威”，是引爆光波炉流行的“联系人”和突破点。因此，在导入期，公司将重心放在挖掘产品深层次的新颖性，通过文雅细致的报纸软文将信息传递给他们，相应的，渠道拓展定位在目标消费群体所在的大中型城市。

燃点期：降低价格是扩大市场的一大杀手锏

“80%的销售额来自现有顾客；60%的新顾客来自现有顾客的推荐。”在第一批消费族群培育起来后，口碑效应和报纸软文拉动形成合力，对新顾客产生影响。产品的定价很多时候是根据目标消费群体的变化来定。

沸点期：让渠道沸腾起来

企业战略最好也在渠道公开。有人主张，对外要保守企业战略的秘密，希望让经销商围着企业转，格兰仕一贯认为，广大经销商是格兰仕的事业伙伴，企业战略中本来就应留有经销商的重要一席。在光波炉的市场推广过程中，格兰仕只是一个播火者，消费流行的真正爆发和持续需要渠道的畅通和经销商的积极推动。“全国1000家著名商场联合推荐格兰仕光波炉”主题促销正是在这样的背景下孕育出来的。6月是流火的季节，也是加热厨房家电消费新潮流、传播厨房新概念的极佳时段。公司策划了一个“现代厨房总动员”活动，在通过报纸、电视媒体传播“现代厨房新概念”的同时，发动全国30多个营销中心组织烹饪演示团深入各级市场一线，让消费者亲眼目睹光波炉“光波保鲜、营养健康”的独特功效及其方便实用等优势特征。“眼见为实”，事实是一个令消费者足以相信的购买理由。

点睛期：挖掘广告促销的拉力

把握广告心理有时比广告内容更重要。9月份开始，家电业进入常规旺季，这时，广告创造的“眼球注意力”也最容易转化为市场购买力。今天，每个人每天都要面对成千上万的营销信息，只有把握住了消费者喜好的信息，才是可能被消费者真正接收到的有效信息。很多时候，有的企业因为太注重品牌推广而忽视了挖掘产品深层次的新颖性。格兰仕光波炉支持阿迪力打破世界纪录，给我们的营销广告提供了一个很好的切入点，阿迪力的成功，等于用现身说法生动地传达出世界首创光波炉“光波+微波，高效双火力”、“杀菌更彻底，营养更美味”的功能诉求点。通过央视强大的媒体覆盖率和传播辐射力，既高度认可现实用户的明智之选，又让潜在的消费群体知道格兰仕光波炉能带给他们什么利益。广告效应，加上卖场促销的锦上添花，将市场销售推向一个新的高峰。

光波炉推广擦亮“格兰仕模式”光波炉2002年营销计划的成功推广，实际上就是格兰仕企业发展模式顺利演变的一个形象诠释。过去，一般的家电企业是“哑铃型”模式，即重点是“两手抓”，一手抓品牌推广、市场网络，一手抓技术研发和市场服务；格兰仕则是“橄榄型”模式，即将有限资源高度集中于生产制造上。随着世界制造业大批向中国转移，出现了更专业的“哑铃型”企业，即“两头重”，一头是品牌推广，一头是市场网络，原有的技术人员失去了研究载体；格兰仕则通过与跨国公司由竞争走向竞合，结合自身在专业化、超大规模化生产等方面的比较优势，整合了全球一流的生产线、装备、技术、管理经验等，将企业的发展模式由过去的“橄榄型”转变成现在的“串糖葫芦型”，即制造、技术研究、生产管理、工艺改造、消费者服务、品牌推广等多个流程并重，正是企业综合实力的提升，让格兰仕得以在需要的时候对不同的营销要素调配自如。

功夫不负“栽菊人”

可喜的是，格兰仕的付出赢得了超出预期的收益。2002 年，格兰仕光波炉全年销售突破 120 万台，比预定目标高出 20% 以上，将中国微波炉市场带入光波时代。相应的，格兰仕本企业和行业的总体销售质量获得明显提升，渠道信心也因此大涨。

2003 年，一场突如其来的“SARS”成为阻碍许多企业正常发展的“拦路虎”，格兰仕以光波炉为“开路先锋”，在出口连月超过 100 万台的同时，在中国市场也创造出了同比增长 50% 以上的业绩。目前，光波炉占格兰仕微波炉中国总体销量的比重近达 60%。今天的业绩，证明格兰仕及时把握住了微波炉行业新一轮技术升级的方向，更坚定了格兰仕带动同行企业由过去“请消费者注意”向今天“请注意消费者”的观念转变的决心。

（案例来源：根据《经济观察报》同名文章改编。）

思考题

（1）格兰仕作为微波炉行业的绝对领导者是如何再创奇迹的？

（2）本案例对市场领导者企业有何启示？

5. 业务模拟训练

营销管理实务操作

训练目标：

熟练掌握营销管理策划的各个环节。

训练内容：

营销组织策划；营销控制策划；营销评估策划。

训练操作：

学生每 6 人组成一个小组，就近调查一个大中型企业的销售公司，了解其销售队伍的规模，画出组织结构图；了解其某一年的销售计划、销售目标体系；了解销售人员的工作制度、过程管理规定、考核目标、奖惩制度；了解员工对公司考核制度的看法；分析该公司销售管理模式的优缺点。

成果要求：

提交完整的调查报告，内容包括销售人员组织分工；各类考核制度；各团队和员工的销售目标及其完成情况；公司的激励机制等内容，并对该管理模式进行分析，提出改进建议。

主要参考文献

[1] 陈启杰．市场调研与预测．上海：上海财经大学出版社，2004.
[2] 菲利普·科特勒．市场营销．北京：华夏出版社，2003.
[3] 张明玉，张文松．企业战略与实践．北京：科学出版社，2005.
[4] 艾·里斯，杰克·特劳特．定位．北京：中国财政经济出版社，2003.
[5] 朱华锋．营销策划理论与实践．安徽：中国科学技术大学出版社，2008.
[6] 梅尔文．德弗勒．大众传播学诸论．北京：新华出版社，1990.
[7] 王锋．如何进行整合营销．北京：北京大学出版社，2004.
[8] 甘华鸣．新产品开发流程操作手册．北京：中国物资出版社，2004.
[9] 杨德慧．策略思维．北京：北京大学出版社，2005.
[10] 帕特里克·巴韦斯．孙选中等译．只需更好．北京：商务印书馆，2006.
[11] 徐哲一，武一川．策划管理十堂课．广州：广州经济出版社，2004.
[12] 李琦．浅议企业文化研究．北京市计划劳动管理干部学院学报，2002，(03).
[13] 何佳讯．品牌形象策划——透视品牌经营．上海：复旦大学出版社，2000.
[14] 余明阳，姜炜．品牌管理学．上海：复旦大学出版社，2006.
[15] 郑方华．营销策划技能案例训练手册．北京：机械工业出版社，2006.
[16] 王延臣，苗晋峰．品牌命名策略探析．经济论坛，2008，(16).
[17] 成加兵．企业品牌延伸策略研究．市场论坛，2009，(03).
[18] 牟淑云，于文凯．企业运用品牌延伸策略分析．商业经济，2004，(11).
[19] 卢泰宏，高辉．品牌老化与品牌激活述评．外国经济与管理，2007，(2).
[20] 阎旭临．企业品牌策划与营销．经营管理，2008，(5).
[21] 程春生．新经济时代的品牌策划．理论经纬，2002，(2).
[22] 江占民，吴春霞．现代企业营销渠道．北京：中国时代经济出版社，2004.
[23] 田素华．我国企业的分销渠道策略．中外管理，1999，(2).
[24] 刘鸿渊．论企业营销渠道管理．商业研究，2004，(12).
[25] 冯芷艳，郭国庆．企业营销的关键资源．企业管理，2001，(3).
[26] 李飞．营销渠道设计与管理．北京：清华大学出版社，2003.
[27] 袁绍岐．论营销策划的成功要素．商业经济文荟，2001，(4).
[28] 吴健安．市场营销学．北京：高等教育出版社，2000.

[29] 陈志平．企业招商实战指导．企业管理文摘．2009，(3)．

[30] 张鹤．渠道诊断．北京：京华出版社，2004．

[31] 陈季修．促销·透过心灵的37种商业说服．北京：中国发展出版社，2006．

[32] 靳俊喜．促销管理与策划．大连：东北财经大学出版社，2001．

[33] 杨伦超，卢永忠，曾伟球．促销策划与管理．重庆：重庆大学出版社，2007．

[34] 理查德·J. 塞米尼克著．徐惠忠，张洁译．促销与整合营销传播．北京：电子工业大学出版社，2005．

[35] 姜玉洁，宗清辉，陈静宇．促销策划．北京：北京大学出版社，2006．

[36] 陈放．营销策划学．北京：蓝天出版社，2005．

[37] 李颖生，刘春雄，金焕民．营销创新．北京：企业管理出版社，2006．

[38] 李颖生，林三卓．中国市场促销报告．北京：企业管理出版社，2004．

[39] 林成安．促销管理．北京：北京工业大学出版社，2004．

[40] 杨明刚．市场营销—100个案与点析．上海：华东理工大学出版社，2005．

[41] 卞权．公关策划艺术．上海：同济大学出版社，2005．

[42] 熊超群，潘其俊．公关策划实务．广州：广东经济出版社，2004．

[43] 姚慧忠．公共关系理论与实务．北京：北京大学出版社，2004．

[44] 温孝卿，吴晓云．公共关系学．天津：天津大学出版社，2004．

[45] 黄柯．论体育赞助．成都体育学院学报，2001，(04)．

[46] 田世昌，丛湖平．何以调动我国体育赞助者的热情．体育文化导刊，2002，(03)．

[47] 王裕民，于洪波，王淑娟．论我国企业的危机公关策略．东北大学学报，2001，(04)．

[48] 李庆．公关危机中的媒介作用及其对策．经营谋略，2003，(03)．

[49] 蔡丹红．如何使策划从轰动效应走向轰动效益．山西高等学校社会科学学报，1999，(04)．

[50] 黎敏．公关营销的失误与规避．企业改革与管理，2004，(12)．

[51] 郑晖．论名牌战略的公关策划艺术．安庆师院社会科学报，1997，(02)．

[52] 彭曙曦，吴予敏．深圳广告26年．北京：社会科学文献出版社，2006．

[53] 陈放，江华，李成书．广告策划学．北京：知识产权出版社，2000．

[54] 严学军，汪涛．广告策划与管理．北京：高等教育出版社，2006．

[55] 何修猛．现代广告学．上海：复旦大学出版社，2005．

[56] 熊超群．营销广告策划实务．广州：广东经济出版社，2004．

[57] 胡晓云．世界广告经典案例——经典广告作品评析．北京：高等教育出版社，2004．

[58] 张桂平．广告策划与品牌个性塑造．北方经济，2005，(2)．

[59] 刘华玉，李倩．新媒体环境下的广告策划．艺术探索，2008，22 (5)．

[60] 何家讯．现代广告案例——理论与评析．上海：复旦大学出版社，1998．

[61] 饶德江．广告策划．武汉：武汉大学出版社，1996．

[62] Yakimova, R, and M Beverland. The brand - supportive firm: An exploration of or-

ganizational drivers of brand updating. Journal of Brand Management, 2005, (6).

[63] 刘进.7Q 卓越销售技巧. 济南: 黄河出版社, 2009.

[64] 张昊民. 营销策划. 北京: 电子工业出版社, 2005.

[65] 高凤荣. 网络营销实务. 北京: 机械工业出版社, 2009.

[66] 瞿彭志. 网络营销. 北京: 高等教育出版社, 2004.

[67] 赵洪立. 市场营销技能实训教程. 北京: 中央广播电视大学出版社, 2007.

[68] 李文义, 许福源. 企业文化的多维视角. 济南: 黄河出版社, 2009.